진리를 향한 이정표

이슬람 원리주의 혁명의 실천적 지침서

옮긴이 서정민

한국외국어대학교 국제지역대학원 중동아프리카학과 교수로 재직중이며,《중앙일보》 중동전문위원을 맡고 있다. 한국외국어대학교 아랍어과와 통역대학원 한국어-아랍어과를 졸업한 뒤에 이집트 카이로아메리칸 대학 정치학과를 거쳐 영국 옥스퍼드대학교에서 정치학 박사 학위를 받았다. 2007년 중반까지《중앙일보》카이로 특파원으로 5년간 중동 현지에서 활약했다. 주요 저서로는《부르즈 칼리파》,《인간의 땅, 중동》,《이집트 사람들》(역서) 등이 있다.

진리를 향한 이정표
이슬람 원리주의 혁명의 실천적 지침서

초판 1쇄 인쇄 2011년 7월 5일
초판 1쇄 펴냄 2011년 7월 21일

지은이 | 사이드 쿠틉
옮긴이 | 서정민

펴낸이 | 홍석근
주 간 | 김관호
편집장 | 김동관
책임기획 | 최종은
관리팀장 | 이성희

펴낸곳 | 도서출판 평사리 Common Life Books
출판등록 | 제313-2004-172호(2004년 7월 1일)
주 소 | (121-848) 서울시 마포구 성산1동 277-1 3층
전 화 | (02) 706-1970
팩 스 | (02) 706-1971
홈페이지 | www.commonlifebooks.com
이메일 | commonlife@hanmail.net

ISBN 978-89-92241-30-4 (03340)

· 값은 표지에 있습니다.
· 표지 사진의 저작권을 허락받고자 하였으나 저작권자를 확인할 수 없었다. 향후 저작권자가 확인되면 정당한 대가를 지불할 예정이다.

진리를 향한 이정표

이슬람 원리주의 혁명의 실천적 지침서

사이드 쿠틉 지음 · 서정민 옮김

평사리
Common Life Books

일러두기

1. 이 책은 Sayyid Qutb, *Milestones*(Damascus: Dar al-Ilm)를 저본으로 하고 A. B. Mehri가 편집한 *Milestones*(Birmingham: Maktabah, 2006)를 참고해 완역하였다.
2. 부록으로 실은 〈한 원리주의자가 본 사이드 쿠틉의 삶과 사상〉은 Maktabah 판에 있는 A. B. Mehri의 〈Biography〉를 번역한 것이다.
3. 본문에 인용된 쿠란 구절의 번역은 《성 꾸란—의미의 한국어 번역》(최영길)을 기본으로 Dar al-Ilm의 저본을 참고했다.

모든 영광을 알라에게!
나는 15년 동안 지하드를 수행했고,
이제 순교자의 길을 간다.

(1966년 4월, 사형 판결을 받고)

| 옮긴이의 글

"나는 파라오를 죽였을 뿐이다." 이집트 육군 소령 칼리드 알 이슬람불리의 주장이다.

1981년 10월 6일, 이스라엘과 치른 제4차 중동전쟁의 '승리'를 기념하는 행사장에서 군대의 사열을 받던 안와르 사다트 대통령이 암살당했다. 귀빈석을 지나던 군인들이 갑자기 수류탄을 던지고 기관총을 난사했다. 이 암살 작전을 이끈 사람이 바로 알 이슬람불리다. 그는 이집트 최대 이슬람 운동인 무슬림형제단에서 파생되어 나온 과격 운동 단체, 알 지하드 al-Jihad* 소속이었다.

사다트 대통령의 암살은 시작에 불과했다. 이후 이슬람 과격 세력은 중동 각국에서 반정부 투쟁을 벌였다. 1990년대에는 알제리, 이집트 등이 내전에 준하는 상황에 놓이기도 했다. 이라크의 쿠웨이트 침공 다음 해인 1991년, 미군이 사우디아라비아에 주둔하기 시작하면서 이슬람 과격 운동은 국제화 양상을 보이기 시작했다.

* 1970년대 말에 등장한 이집트의 과격 이슬람단체다. 단체의 이름인 지하드는 국내에서 성전(聖戰)이라고 자주 해석되고 있으나, 지하드는 그보다 넓은 의미를 가지고 있다. 알라의 뜻을 따르려는 모든 노력을 지하드라고 한다. 성전에 속하는 군사적 지하드는 '소(smaller) 지하드'라고 칭한다.

이슬람의 성지인 메카와 메디나가 위치한 사우디에 기독교를 '사실상의 국교'로 삼고 있는 패권국가 미국의 군대가 주둔한다는 사실 자체가 이슬람 과격 세력을 자극했다. 이어 9·11 공격이 발생했고 이를 빌미로 미국이 취한 '보복조치', 즉 아프가니스탄과 이라크 침공은 이슬람 과격 세력의 활동을 더욱 자극했다. 이 와중에 2004년 이라크에서 김선일 씨, 2007년 아프가니스탄에서 한국인 봉사단원, 그리고 2009년 예멘에서 한국인 관광객과 봉사대원이 살해되는 사건이 발생했다.

  1979년 이란의 이슬람 혁명에 이어 발생한 알 지하드의 이집트 대통령 암살로 전 세계의 학계와 정계, 언론계는 이슬람 운동에 관심을 집중했다. 이런 관심은 9·11 테러 이후 더욱 고조되었다. 종교 갈등을 정면으로 다뤄 큰 화제가 되었던 새뮤얼 헌팅턴의《문명의 충돌The Clash of Civilizations》에서도 이슬람은 가장 위협적인 요소로 제기되었다. 지난 30여 년간 이슬람 과격 운동을 다룬 단행본과 논문의 수가 수만 건에 달한다. 1993년 이집트에서 유학생활을 시작했을 때 필자가 이슬람 과격 운동을 전공하기로 결심한 것도 이 때문이다. 당시 중동에서도 가장 중요한 화두는 이슬람 과격 운동이었다. 필자가 이집트 수도 카이로 중심부에 위치한 카이로아메리칸 대학에 첫 수업을 들으러 가던 날, 학교에 인접한 총리 집무실에서 폭탄테러가 발생하기도 했다.

  필자가 이집트에서 쓴 석사논문, 영국에서 집필한 박사논문, 그리고 지난 30년간 출판된 이슬람 운동에 관한 여러 저술에 빠지지 않고 등장하는 인물이 바로 사이드 쿠틉Sayyid Qutb이다. 그의 대표적인 저서《진리를 향한 이정표Milestones》*는 중동의 정치와 사회, 그리고 이슬람 운동을 전공하는 학생이라면 꼭 읽어야 하는 필독서다. 필자도 여러 차례 읽었고 학위 논문은 물론 연구 논문들에 수도 없이 인용했다.

쿠틉의《진리를 향한 이정표》에 나오는 여러 주장과 해석은 현대의 모든 이슬람 과격 운동에 심대한 영향을 미치고 있다. 그들의 사상적 기반과 행동 양식, 좀 더 상세히 언급하면 정치, 사회, 문화, 경제, 그리고 대외관계를 조망하는 극단적인 시각의 틀을 제공하고 있다. 사다트 대통령을 암살한 알 지하드라는 단체도 그중 하나다. 알 지하드 외에도 알 타크피르 와 알 히즈라al-Takfir wa al-Hijra**, 자마아 알 이슬라미야Jama al-Islamiyya*** 등 이집트는 물론 중동 전역에서 활동하는 이슬람 무장단체들은 무슬림형제단에 뿌리를 두고 있다.

1928년 이집트에서 등장한 무슬림형제단은 이슬람 역사상 최초의 대규모 사회운동 단체였다. 초기에는 이슬람의 정신에 따라 사

---

* 이 책은 그동안 한국의 학계나 언론에서《길가의 이정표》,《길 위의 이정표》라는 제목으로 소개되어왔다. 그런데 나는 이번에 한국어판을 번역하면서《진리를 향한 이정표》라는 제목으로 출간하기로 하였다.

** 1969년 이슬람 과격 지도자 슈크리 무스타파(Shukri Mustapha)가 창설한 이집트 이슬람 과격 단체. 알 타크피르는 사회 전체를 '이단'이라고 규정하는 것을 의미하고, 알 히즈라는 이 이단의 사회로부터 이주해 진정한 이슬람 사회를 구축하자는 단체의 목표를 담고 있다.

***이슬람 단체라는 의미다. 1970년대 무슬림형제단이 폭력적인 방법을 포기하고 온건 노선을 표방하자 떨어져 나온 이슬람 과격 단체. 특히 1990년대 초반부터 이집트의 폭력사태를 주도하고 있다.

회를 개혁하고자 한 온건 단체였다. 하지만 이집트 왕정, 그리고 1952년 혁명으로 등장한 가말 압둘 나시르Gamal Abd al-Nasser가 주도한 사회주의 세속 정부의 탄압을 받으면서 과격해지기 시작했다. 아직도 무슬림형제단의 본류는 선거 참여를 통한 점진적이고 평화적인 사회개혁을 꾀하고 있지만, 이러한 온건 노선에 반기를 들고 여러 과격 단체들이 파생되어 나왔다. 위에 언급한 세 단체가 그 대표적인 예다.

이렇듯 무슬림형제단으로부터 과격 단체들이 우후죽순 파생되어 나오게 된 이념적 근거를 제시한 사람이 바로 쿠틉이고, 그 이념서가 바로《진리를 향한 이정표》이다. 1906년에 이집트 남부의 무샤 마을에서 태어난 쿠틉은 어렸을 적부터 쿠란을 공부했다. 이후 영국식 교육을 받기 위해 수도 카이로로 이주하여 교사 자격증을 취득한 뒤 아랍 문학을 연구하여《가시》라는 소설책을 내기도 했다. 이후 1939년부터 이집트 교육부 공무원 생활을 시작했고, 정부 장학금으로 1948년에서 1950년까지 미국에서 유학했다. 노던 콜로라도 대학교에서 교육학을 전공한 그는, 미국 체류 기간에《이슬람의 사회정의》라는 책을 집필했다.

미국 생활은 그의 이슬람 정체성을 더욱 확고하게 만들었다. 이후 건강이 악화된 그는 결혼도 하지 않고 이슬람에 대한 연구에 몰두하게 된다. 연구와 집필 활동을 통해 명성을 얻어 이집트 내 이슬람 지도자로 부상했고, 무슬림형제단의 지도부에 참여할 수 있었다. 1952년, 아랍사회주의를 표방한 나시르가 쿠데타를 일으켜 국왕을 축출하고 혁명위원회 지도자가 되면서 쿠틉의 정치적 입지는 더욱 강화되었다. 나시르는 무슬림형제단과의 협력을 추구했다. 쿠틉은 당시 국가개혁을 주도한 최고 권력기관이었던 혁명위원회의 일원이었다.

하지만 무슬림형제단이 샤리아이슬람법 시행의 첫 단계로 금주禁酒 조치를 요구하면서, 세속적 사회주의를 추구하던 나시르와 반목하기 시작했다. 1954년 나시르가 무슬림형제단에 대한 탄압을 시도한 직후 쿠틉은 체포되어 나머지 생애를 거의 옥중에서 보냈다. 한때 잠시 석방되기도 했지만, 나시르 암살기도 사건으로 다시 체포되어 1966년에 처형되었다. 그는 옥중에서 이슬람 혁명을 위한 저서를 양산해냈다.《진리를 향한 이정표》와《이슬람: 미래의 종교 Islam: The Religion of the Future》, 30권 분량의 쿠란 주해서인《쿠란의 그늘에서In the Shadow of the Koran》등이 옥중에 있는 동안 출판되었다. 옥중이라는 극한 상황에서 집필된 책들은 대부분 급진 이슬람 원리주의 성향을 가질 수밖에 없었다.

"나는 파라오를 죽였을 뿐이다"라는 사다트 암살범의 발언은《진리를 향한 이정표》에서 논의된 과격 이념과 행동양식을 축약한 것이다.《진리를 향한 이정표》에서 쿠틉은 현재 이슬람권 지도자들이 모두 이슬람적인 기준과 맞지 않다고 규정했다. 암살범 알 이슬람불리는 쿠틉의 분류에 따라 이집트 대통령 사다트를 이슬람 이전의 정치지도자를 의미하는 '파라오'에 비유하였으며, 쿠틉이《진리를 향한 이정표》에서 언급한 '비이슬람적인 체계와 인물을 무너뜨리는 것이 모든 무슬림의 의무'라는 행동강령을 그대로 실행한 것이자 비무슬림 지도자를 '응징'한 것이라고 볼 수 있다.

이슬람의 급진 이념 및 운동에 있어 가장 영향력 있는 인물로 평가받고 있는 쿠틉의 대표적인 저서이자 행동지침서인《진리를 향한 이정표》가 담고 있는 내용은 크게 4가지 분류 기준을 통해 파악해 볼 수 있다. 모든 이념이 그렇듯이 현상에 대한 규정, 현상이 발생한 원인에 대한 분석, 현상이 가져온 결과, 그리고 현상을 바꾸기 위한 해결책이 그 분류 기준이다.

첫째, 쿠틉은 현재 이슬람권의 상황이 이슬람 이전의 상황인 '자힐리야Jahilliya, 신의 가르침에 대한 무지(無知), 이슬람 출현 이전의 시기 또는 그 상태'라고 규정하고 있다. 철저히 이분법적인 시각이다. 쿠틉은 사회를 이슬람의 질서와 타락하고 무지한 자힐리야의 질서라는 두 범주로 나눈다. 그는 또 전 세계를 '이슬람의 영토Dar-ul-Islam, home of Islam'와 '전쟁의 영토Dar-ul-Harb, home of hostility'로 구분한다. 이슬람 국가가 세워지고, 샤리아의 권위가 서고, 그리고 알라Allah, 하나님이라고 번역될 수 있으나 이 번역본에서는 알라로 통일한다가 금지한 것이 지켜지는 곳이 이슬람의 영토이고 나머지 지역은 타도 대상인 전쟁의 영토다.

둘째, 현재의 비이슬람적인 상황이 발생한 원인에 대해 쿠틉은 이슬람의 신성한 가르침에 대한 무지 때문이라고 설명한다. 이슬람 본래의 체계와 가치를 따르지 않고 공산주의와 같은 서구의 이념, 우상 숭배, 그리고 왜곡된 서구의 종교와 문화를 수용한 것이 그 원인이라는 것이다.

셋째, 이런 현상이 가져온 결과는 비참할 뿐이라고 쿠틉은《진리를 향한 이정표》에서 지적하고 있다. 진정한 종교인 이슬람을 받아들이지 않은 사회에는 무익하고 오도된 철학과 이론, 이념과 체계만이 존재하며 그 안에서 인간은 개인의 욕망과 이익만을 추구하는 '동물적 삶'을 살아갈 뿐이라는 것이다.

마지막으로 쿠틉이 제시하는 해결책은 행동주의다. 이슬람 이념을 바탕으로 하는 행동을 통해서만 사회병폐의 치유가 가능하다는 것이다. 오직 알라에 대한 완전한 복종을 바탕으로 자힐리야를 제거해야 한다고 쿠틉은 주장한다. 이슬람과 자힐리야, 즉 비이슬람적인 모든 것은 공존할 수 없기 때문에 자힐리야를 제거해야 한다는 것이다. 그 중심 내용이 지하드다. 지하드를 통해 자힐리야를 일소하고 이슬람 사회를 부활시켜야 한다고 쿠틉은 강조한다. 이를 통해야만 무슬림들은 이 지상에서 모든 악과 고통과 탄압을 제거하고, 알라의 주권이 지배하는 알라의 통치가 구체화되는 궁극적 목표를 달성할 수 있다는 것이다.

《진리를 향한 이정표》는 단순한 이념서가 아니라 행동을 강조하는 일종의 지침서라고 할 수 있다. 이슬람 운동을 추구하는 모든 단체와 대원들은 온건하거나 과격한 그들의 성향과 관계없이 쿠틉의 《진리를 향한 이정표》를 꼭 읽는다. 《진리를 향한 이정표》의 영향력은 1980년대와 1990년대 이슬람 운동에 국한되지 않는다. 21세기 9·11 테러 이후에도 활동을 지속하고 있는 국제 테러 단체 알카에다, 아프가니스탄과 파키스탄의 탈레반, 레바논의 히즈불라, 팔레스타인의 하마스, 인도네시아의 제마 이슬라미야 등 모든 과격 단체들의 이념과 행동지침은 쿠틉의 《진리를 향한 이정표》에 담긴 내용에서 크게 벗어나지 않는다. 이슬람 과격 이념, 이슬람 과격 운동, 테러리즘, 이슬람과 서방의 관계 등에 관심을 갖는 일반인들,

이를 연구하는 학자들, 그리고 테러 관련 정책을 세우는 정부기관 관계자들이 놓치지 말고 꼭 읽어야 하는 책이 바로《진리를 향한 이정표》다. 쿠틉의《진리를 향한 이정표》를 읽지 않고 이슬람 운동과 테러리즘을 논하는 것은 경전을 읽지 않고 특정 신앙에 대해 얘기하는 것과 같다.

2011년 4월
쿠틉이 보고 자란 이집트의 나일강을 내려다보며……

| 차례

옮긴이의 글　　6
옮긴이 해제 : 이슬람 과격주의와 사이드 쿠틉　　18

서문.　**인류의 새로운 리더십과 무슬림공동체**　　49

제1장.　**쿠란 세대의 독특함**　　63
　　독특한 배움의 방법　　69
　　과거와의 단절　　73

제2장.　**쿠란적 방식의 본질**　　79
　　쿠란의 핵심 '라 일라하 일랄라'　　83
　　권력이 아닌 신앙의 방식　　85
　　개혁 운동이 아닌 이슬람　　89
　　메카 계시의 특징　　95
　　믿음을 강조한 메카 계시　　97
　　이론이 아닌 쿠란　　102
　　실천의 종교 이슬람　　106

이슬람 체계의 독특한 확립 방식　109

이슬람 재건의 특별한 방식　111

제3장. 이슬람 사회의 특성과 올바른 형성 방법　115

이슬람 사회 건설에서 무함마드의 역할　120

인간성을 강조하는 이슬람 사회　123

제4장. 알라를 위한 지하드　129

지하드의 특성　135

지하드의 방식　138

인류의 자유를 위한 이슬람　143

방어적 전쟁이 아닌 지하드　146

영원한 투쟁 지하드　152

지하드의 진정한 명분　160

영토가 아닌 인류를 위한 지하드　166

주도권 장악을 위한 지하드　169

제5장. 라 일라하 일랄라 – 이슬람적 삶의 방식　175

신앙고백과 무슬림공동체　178

다양한 유형의 자힐리야 사회　183

'무함마드는 알라의 사도다'　190

제6장. 보편적인 법, 샤리아 195

　　인간의 삶을 조직하는 샤리아　199
　　샤리아 준수의 필요성　205

제7장. 이슬람은 진정한 문명이다 207

　　유일한 문명인 이슬람 사회　211
　　문명은 이론이나 물질이 아니다!　214
　　문명의 기초는 가족이다!　216
　　그릇된 문명에 대한 쿠란의 경고　220
　　이슬람 사회의 독특한 특징　224
　　미래의 희망, 이슬람 문명　227

제8장. 이슬람의 개념과 문화 231

　　이슬람에서의 학문　235
　　이슬람에서의 문화　239
　　알라의 인도가 진정한 지식이다!　241
　　눈에 보이지 않는 참지식　244

제9장. 무슬림의 국적과 믿음 249

　　'이슬람의 영토'에는 국적이 없다　253
　　믿는 자들은 모두 형제다　258
　　국적은 신앙이 결정한다!　267

제10장. 광범위한 변화 273

자힐리야와의 타협은 없다! 276

자신 있게 이슬람을 전하라! 283

광범위한 변화가 더 매력적이다! 284

패배주의를 경계하라! 288

해결책은 바로 이슬람에 있다! 292

이슬람의 축복으로 그들을 인도하자! 294

제11장. 승리를 얻은 신앙 297

우월한 이슬람 신앙과 신자 300

초기 무슬림들의 자신감 304

믿는 자는 좌절하지 않는다! 307

제12장. 이것이 바로 그 길이다! 315

알라의 보상과 처벌을 기억하라! 323

최고의 보상은 알라를 기쁘게 하는 것! 327

인내하고 서두르지 말라! 330

헌신적인 알라의 종이 되라! 331

믿음의 전쟁에서 승리하라! 334

한 원리주의자가 본 사이드 쿠틉의 삶과 사상 338
사이드 쿠틉 저작 목록 359

| 옮긴이 해제 **이슬람 과격주의와 사이드 쿠틉**

이슬람 과격주의는 이슬람 원리주의 운동이 급진화하면서 새로운 용어로 자리 잡게 되었다. 이슬람 원리주의는 '이슬람 본연의 기본적인 원리와 원칙으로 회귀하자'라고 주창하는 이념이다. 학자들은 대체로 이 번역서의 원저자인 쿠틉이 과격주의 형성에 촉매 역할을 했다는 점에 동의하고 있다. 이슬람 원리주의가 이슬람 과격주의로 전환되도록 이념적 바탕과 행동지침을 마련한 인물이 바로 쿠틉이라고 할 수 있다.

 지하드 정신의 자의적인 해석을 바탕으로 급진적이고 과격한 행동을 수행하는 정치 이념인 이슬람 과격주의는 중동에서 활동하는 여러 폭력적 반정부 이슬람 운동의 이념적 바탕이 되었을 뿐만 아니라 아프가니스탄, 이라크 등지에서 발생하고 있는 글로벌 과격주의의 씨앗이 되었다. '해제'를 통해 이슬람 원리주의의 발전 과정과 과격주의 운동의 태동에 대해 고찰하고자 한다. 특히 이 과정에서 쿠틉의 사상이 어떤 영향을 주었고 그 결과가 무엇이었는지 살펴보고자 한다. 결론적으로 말하면 쿠틉의 저서와 가르침은 21세기에도 이어지고 있는 이슬람 과격주의, 특히 글로벌 이슬람 과격 운동의 단초를 제공했다고 할 수 있다.

이슬람 원리주의의 발전

이슬람은 종교의 기능에 국한되지 않는다. 정치, 사회, 경제, 문화에 강력한 영향력을 행사하며 인간의 구체적인 삶의 양식과 가치관의 토대가 된다. 때문에 이슬람을 보편적, 그리고 신학적 이론이자 인간 삶의 방식이라고 일컫는다. 이슬람은 또 무슬림들의 가장 기본적인 공동체 의식으로 자리 잡아 왔다. 민족, 혈통, 인종, 지역의 전통적 분류를 뛰어넘는 무슬림공동체Ummah라는 강력한 정치·사회 체제의 근간이 되어 왔다.

따라서, 아직도 무슬림들은 이슬람의 사도 무함마드가 세운 무슬림공동체, 그리고 그를 이은 네 명의 정통 칼리파아부 바크르, 우마르, 우스만, 알리의 통치 방식을 가장 '이상적인' 정치·사회체제라고 믿고 있다. 그러나 내부의 분열, 외부의 침략 등으로 무슬림공동체가 와해되고 약화되면서 공동체 지도부에 대한 적지 않은 불만도 등장했다. 이때마다 반정부 비판 세력은 공동체 지도부가 무함마드와 네 명의 정통 칼리파에 의해 확립된 이슬람 체제를 따르지 않는다고 비난해왔다. 이들이 제시해온 해결책을 한마디로 정리하면 바로 '원리주의'다. 쿠란과 무함마드의 가르침, 그 원리로 돌아가자는 것이다. 그것을 통해서만 완전한 국가와 이슬람의 강성을 달성할 수 있다는 것이다.

이븐 타이미야의 원리주의

그 대표적인 예가 이븐 타이미야Ibn Taymiyyah, 1263~1328의 원리주의 사상이다. 4대 이슬람 법학파(한발리, 샤피이, 말리키, 하나피) 중에서도 가장 엄격한 한발리Hanbali 학파의 신학자인 이븐 타이미야는 1263년 이라크 북부 하르란Harran에서 태어났다. 신학자 집안에서 태어난 그는 어렸을 때부터 이슬람 교육을 받는다. 철저한 교육 덕분에 그는 불과 18살에 이슬람학 교수가 되어 시리아의 다마스쿠스에 있는 우마이야 모스크에서 가르치기 시작했다.

하지만 그의 가르침에는 반체제 성향이 짙었다. 그럴 만한 이유가 있었다. 1258년 몽골의 침략으로 이슬람 역사에서 가장 흥했던 압바시드Abbassid 왕조가 붕괴했고, 당시 이슬람의 자존심이었던 바그다드는 철저히 유린되었다. 그의 부모는 몽골의 통치를 피해 다마스쿠스로 이주했다. 개인적인 상황뿐만 아니라 무슬림공동체 차원에서도 정치적 혼란기였다고 할 수 있다. 더불어 이슬람권은 그 이전부터 시작된 유럽의 십자군 원정에도 분노하고 있던 상황이었다.

그의 이념적 행보는 이슬람 학자들에 대한 비판으로부터 시작되었다. 그는 이슬람 제국이 몰락하고 몽골의 통치를 받고 있는데도 이에 안주하는 학자들의 태도를 맹렬히 비난했다. 몽골 통치자와의 충돌도 서슴지 않았다. 1299년, 그는 무슬림 학자들을 이끌고 몽골 통치자 카잔Qazan을 찾아가 다마스쿠스에 대한 공격과 약탈을 중단할 것을 요구했다. 이븐 타이미야에 설득당한 카잔은 다마스쿠스의 무슬림들에게 대사면령을 내렸다. 그러나 1303년, 몽골이 다시 다마스쿠스에 군사적 공격을 감행하자 이븐 타이미야는 직접 군사를 이끌고 저항에 나서 승리를 거뒀다.

이후 자신감에 넘친 이븐 타이미야는 더욱 강력한 이슬람 원리주의를 주창하게 된다. 몽골 정부를 비이슬람적인 체제로 규정하는 한편, 레바논의 시아파와 시리아의 수피이슬람 신비주의 종단을 이단이라며 공격했다. 더불어 유럽의 십자군 원정을 지지하고 동참하는 부족들에 대한 비난도 잊지 않았다. 그의 이런 과격 이념과 행동은 당시 다마스쿠스를 점령하고 있던 마믈루크 왕조는 물론 친정부적 이슬람 학자들을 자극했다. 결국 그는 1306년 체포되어 카이로에서 18개월간 옥살이를 치렀고, 1308년에 다시 체포되어 수개월간 구금되었다. 석방 후 후학 양성에 몰두했으나, 그의 과격주의를 염려한 마믈루크 정부는 1320년에 다시 그를 다마스쿠스의 감옥에 6개월간 투옥했다. 1326년 여름에도 수피 종단에 대한 비난이 빌미가 되어 옥살이를 시작했고, 결국 1328년 9월에 옥중에서 숨을 거뒀다.

이븐 타이미야의 가르침은 쿠란과 순나무함마드의 전통과 규범의 원리로 돌아가자는 것이었다. 그는 신과 인간의 절대적 부동성不同性을 강조하고, 신과의 신비적인 합일을 부정하였다. 인간의 최고 목적은 이바다Ibada, 즉 신에 대한 헌신에 있다고 보고 그 기초를 샤리아이슬람법의 절대성과 그것의 완전한 실천에 두었다. 이와 같은 입장에서 수피적인 범신론이나 세속적 권력에 추종하는 이슬람 신학자들의 타락을 날카롭게 공격하여 수피 종파와 신학자들의 반감을 샀다.

이븐 타이미야는 쿠란과 순나에 근거하지 않은 모든 것을 비드아bid'a, 인간이 만든 것로 규정하고 이를 부정했다. 몽골의 법과 통치

방식도 모두 비드아에 속한다고 주장했다. 이 비드아를 수용하고 따르는 것은 후에 쿠틉이 주장한 것처럼 자힐리야_{이슬람 이전의 무지로} 돌아가는 것이라고 설명했다. 결국 이를 제거하기 위해서는 지하드가 필요하다고 역설했다. 또한 몽골 정부와 체제를 공격하는 것은 진정한 무슬림의 의무라고 강조했다. 이런 그의 사상은 18세기 와하비즘을 탄생시키고 근·현대 이슬람 원리주의의 출발점이 되었다고 할 수 있다.

사우디의 와하비즘

와하비즘Wahabism은 수니파에 속하는 극단적인 보수주의 신앙이다. 비교하자면, 기독교의 청교도 신앙보다 더 엄격하다고 볼 수 있다. 이슬람문명의 주요 성지를 돌아다니면서 18세기 이슬람 사회의 병폐를 직접 경험한 압둘 와합Muhammad ibn Abdul Wahab, 1703~1791이 1745년에 창시한 이념과 운동이다. 이븐 타이미야의 원리주의를 이어받아 이슬람 전통으로 돌아가자는 것이 가장 핵심적인 사상으로, 현재 사우디아라비아의 정치와 사회에 강력한 영향을 미치고 있다. 특히 살라프salaf, 조상의 정신을 이어받아야 한다고 주장함으로써 현재 북아프리카 등지에 퍼져 있는 살라피야salafiyyah 원리주의 운동의 근간이 되었다. 이는 이슬람에서 이상 국가를 만든 조상들, 즉 무함마드와 정통 칼리파 네 명의 행동을 따르자는 것이다.

이븐 타이미야와 마찬가지로 한발리 학파의 신학자인 압둘 와합은 사우디의 나즈드 지역에 위치한 우야이나에서 태어났다. 사우디

내 강력한 부족인 바누 타밈Banu Tamim 출신인 그는 사우디를 넘어 이라크 남부의 바스라까지 찾아가 여러 스승들에게 다양한 이슬람 신학을 배운다. 1740년에 고향으로 돌아온 그는 이슬람 종교와 이슬람 세계에 대한 박학다식함으로 큰 인기를 얻어 고향의 부족 지도자도 그의 추종자가 될 정도였다.

정치적 지지를 확보한 그는 엄격한 이슬람 규율을 사회에 적용하기 시작한다. 우상 숭배를 배격하고, 비이슬람적인 음주, 도박, 춤, 흡연 등은 물론 화려한 치장도 금했다. 간통한 자들을 돌로 쳐 죽이는 관습도 다시 살려낸다. 그의 금욕주의적 이슬람 사상이 정치권력과 결합하자 인근의 부족들은 우려했고, 그중 일부는 그를 살해하려고 했다. 결국 그는 고향을 떠나 주변의 디리야Diriyya 지역에 정착한다.

그런 그를 통일국가 형성이라는 꿈을 가지고 있던 무함마드 이븐 사우드가 초청했다. 두 사람의 운명적인 만남이 이렇게 시작되어 사우디 국가 형성의 기초가 된 합의가 이뤄졌다. 압둘 와합의 이슬람 운동을 실천하는 조건으로 이븐 사우드는 압둘 와합의 이념적 지지를 확보했다. 두 사람은 종교적 열정과 군사적 힘을 바탕으로 거룩한 성전을 실행해가는 강력한 종교·정치 운동을 발전시킨다. 결국 이븐 사우드와 그의 후손들은 통일국가를 향한 140년간의 전쟁에서 최종적인 승리를 거두게 된다. 1922년에 사우드 가문은 사우디 지역 대부분을 장악하게 되고, 1932년에 압둘 아지즈 이븐 사우드Abd al-Aziz ibn Saud가 사우디아라비아 왕국을 건설한다.

이슬람 국가 건설이라는 위업 달성의 이념적 기초를 제공한 압둘 와합은 타우히드Tawhid, 유일신론의 엄격한 교리를 실천하고 설교하는 데 헌신했다. 그는 선견과 혜안을 가진 존경받는 법학자였으며, 철학적 방법론이나 사변 신학자들의 논쟁법을 멀리하는 한편 변혁적 이론이나 미신적 논리의 학문을 강력히 부정하고 배척했다. 그의 눈에는 당시 아라비아 사회가 이슬람 이전 시대와 다를 바 없는 부패하고 타락한 사회로 비쳤다. 그는 이슬람 사회가 낙후한 원인을 무슬림들이 이슬람의 올바른 길에서 벗어났기 때문이라고 보았으며, 이를 바로잡기 위해서는 무슬림들이 진정한 이슬람으로 돌아가 이슬람 원리를 실천하고 근본 교리와 경전인 쿠란으로 돌아가야 한다고 주장했다. 따라서 인간과 신 사이에 중개자가 있다고 믿는 유일신 부정설과 수피즘을 배격하고 쿠란을 문자 그대로 해석해야 한다고 가르쳤다.

와하비즘은 보수적 이슬람 운동의 근대적 시발점이 되었지만 지나치게 보수적인 경향과 엄격한 행동주의 때문에 주변의 아랍 지역으로 쉽게 전파되지는 않았다. 오히려 와하비즘은 아랍 지역보다는 인도, 중앙아시아, 아프리카 등지의 이슬람 원리주의 운동에 큰 영향을 주었다. 이들 이슬람 원리주의자들은 자국의 부패정권에 대한 공격과 더불어 이라크, 아프가니스탄 등지에서 서방 세력을 몰아내는 데 적극적으로 참여했다. 1979년에 소련이 아프가니스탄을 침공했을 때 소련군에 대항해 무장투쟁을 전개한 게릴라 조직 무자히딘mujahidin도 와하비즘 추종자들이었고, 오사마 빈 라덴Osama bin Laden이 이끄는 국제적 이슬람 과격 단체 알 카에다Al-Queda도 와하비즘의 영향을 받은 극단적인 단체다.

현대 이슬람 운동의 뿌리, 무슬림형제단

압둘 와합이 사망하고 7년이 지난 뒤인 1798년, 프랑스가 이집트를 침략해 점령한 사건은 이슬람권의 사상 변화에 큰 전환점을 제공했다. 이는 제국주의를 바탕으로 강성해진 유럽 국가가 십자군 전쟁 이래 최초로 이슬람권을 군사적으로 점령한 사건이었다. 이 사건의 영향으로 당시 이슬람권을 지배하고 있던 오스만 제국이 몰락하기 시작했다. 중세에 유럽을 능가하던 이슬람문명에서 처음으로 유럽 국가에 영토를 내주는 사건이 발생하면서 다양한 부흥주의revivalism가 시작되었다. 이란 출신의 알 아프가니Sayyid Jamal al-Din al-Afghani, 1839~1897, 이집트 출신의 압두Muhammad Abdu, 1849~1905, 그리고 레바논 출신의 리다Rashid Rida, 1865~1935는 이슬람의 영광을 다시 찾아야 한다고 주장한 대표적인 학자들이다. 이들은 서구의 물질적인 발전을 받아들여야 한다는 이슬람 개혁주의를 주창하기도 하고, 이슬람권이 이슬람의 원칙과 원리에 입각해 다시 힘을 합쳐야 한다는 민족주의적 범이슬람주의를 내놓기도 했다. 서구의 침략에 맞서기 위한 이슬람권의 대응방안을 놓고 여러 주장이 등장한 것이다.

하지만 이들의 주장은 '이념적' 논쟁의 한계를 극복하지 못하고 잡지나 강연을 통해 무슬림들의 의식을 개혁하자는 주장에 그치고 말았다. 정작 이슬람권에서 실질적으로, 그리고 포괄적으로 국가 차원의 개혁 작업이 성공한 사례는 터키의 무스타파 케말 아타튀르크케말 파샤가 이끈 세속적 민족주의 운동이었다. 몰락하던 오스만 제국을 부흥시키기 위해 19세기에 진행된 탄지마트Tanzimat,

1839~1876 개혁 운동이 실패하면서, 케말 파샤는 이슬람 제국을 포기하고 터키 민족국가 형성을 위한 세속적 개혁을 단행했다.

케말 파샤가 오스만 제국의 국가적 변신을 단행한 배경은 제국의 몰락과 깊은 관련이 있다. 1920년, 연합국은 제1차 세계대전에 동맹국의 일원으로 참전했다가 패배한 오스만 제국을 세브르 조약으로 분리시키려 했다. 한때 연합군이 이스탄불과 이즈미르를 점령하기도 했다. 이에 대한 반발로 터키 내 민족운동이 촉발되었다. 민족주의와 세속주의를 표방한 청년 터키당Young Turks을 이끌던 케말 파샤 장군은 터키 독립전쟁을 주도했다. 1922년 9월 18일 점령군이 퇴각한 뒤, 케말 파샤는 새로운 터키 건국을 단행했다. 11월 1일, 터키 의회는 술탄제制를 폐지하여 623년간 이어진 오스만 제국의 중동에 대한 지배권을 포기했다. 이어 1923년 10월 29일에 새 수도를 앙카라로 정한 터키 공화국이 정식으로 선포되었다. 1924년에는 칼리파제制를 폐지했고 케말 파샤는 초대 터키공화국 대통령으로 취임했다.

케말 파샤는 터키만의 독립을 성취하고 세속 국가 건설을 위해 노력했다. 그는 재임 기간 내내 개혁과 개방에 몰두했다. 서구의 문물을 받아들이고 이슬람의 영향력을 축소하고자 매진했다. 1925년에는 이슬람 전통 복장을 폐지했고, 남녀의 합동 교육을 실시했다. 1926년에는 새로운 민법을 제정해 일부다처제를 폐지했다. 1928년에 아랍 문자의 사용을 폐지하고 로마자로 터키어를 표기하는 방식을 도입했으며, 1930년엔 여성에게도 선거권을 부여했다. 서구식 법치와 민주적 정치제도에 기반을 둔 터키의 정체政体를 정립한 것이다. 그의 노력을 기리기 위해 터키 국회는 1934년, 조국의 아버지라는 뜻을 지닌 '아타튀르크'라는 경칭을 수여했다.

케말 파샤의 개혁과 세속 국가 건설은 이슬람권에 큰 충격을 주었다. 제국의 주인이 이슬람 정치 시스템을 포기하고 세속적 민족주의로 전환하면서, 일부 무슬림 신학자들은 터키를 '배신자'라고까지 묘사했다. 터키의 개혁과 변신은 분명히 이슬람의 틀에 기초한 것이 아니었다. 터키의 세속화 작업에 충격을 받은 이슬람 원리주의자들은 이에 맞설 수 있는 새로운 운동을 모색해야 했다. 그 대표적인 결실이 이집트에서 시작된 무슬림형제단의 사회운동이다.

무슬림형제단Muslim Brotherhood은 1928년에 이집트 북동부의 이스마일리야라는 곳에서 창립되었다. 터키가 칼리파 제도를 폐지한 뒤 4년도 지나지 않아 현대적 의미의 이슬람 사회운동이 시작된 것이다. 무슬림형제단은 앞서 언급한 알 아프가니, 압두, 리다 등이 제시한 부흥주의의 이념적 성격을 벗어나 본격적인 '운동movement'을 추진했다. 터키의 세속주의 개혁 작업에 맞서는 이슬람 원리주의 운동을 벌이고자 한 것이다.

청년 교사 하산 알 반나Hassan al-Banna가 창설한 무슬림형제단은, 초기에는 민족주의적 성격을 띠고 있었다. 이집트는 제1차 세계대전 이후 1922년에 영국으로부터 외형적 독립을 쟁취했으나, 수에즈 운하 운영권과 국가 방위에 관한 결정권 등은 여전히 영국의 손에 남아 있었다. 이집트의 국왕은 실질적으로 영국의 하수인에 불과했다. 이런 상황에서 영국과 결탁한 세력의 독재와 부패가 만연했고, 국민들은 이들에 대항할 새로운 야당 세력을 갈구했다. 무슬림형제단이 당시 영국군 대부대가 주둔하고 있던 도시 이스마일리야에서 출범한 것도 이런 배경과 맞물린다.

무슬림형제단은 초기엔 토론과 자선을 행하던 소규모 집단이었다. 하지만 1930년대 중반에는 카이로에 본부를 만들고, 1940년대에는 전국에 500여 개의 지부를 둔 이집트 최대 사회운동 세력으로 성장했다. 외세의 지배와 고통스런 삶에 방황하는 이집트 대중에게 간단하면서도 강력한 메시지를 전달한 것이 성공의 비결이라고 할 수 있다. 즉, 하산 알 반나는 망가진 국가의 자존심과 힘을 다시 일으켜 세우기 위해 필요한 것은 이슬람으로 돌아가는 것과 이슬람법 샤리아의 실행이라고 주장했다.

사회운동으로 시작된 무슬림형제단은 농민과 저소득층을 주요 지지 세력으로 확보하면서 점차 정치성을 띠기 시작했다. 이런 정치적 성향은 하산 알 반나의 설교와 글에서 점차 정립되고 있었고, 1945년에는 조직의 목표와 행동양식을 담은 정관이 마련된다. 정관에 따르면 무슬림형제단은 쿠란을 근거로 한 평등하고 부유한, 그리고 자유로운 이슬람 사회를 건설하는 것을 목적으로 한다. 또한 이 목표를 달성하기 위해 제시된 네 가지 행동양식은 설교·팜플렛·신문·잡지·서적을 통해 무슬림형제단의 견해를 알리는 전도al-dawu'a, 추종자와 대중을 위한 교육al-tarbiyya, 샤리아 원칙의 의무화al-tawjib, 이슬람 사원·학교·병원을 통한 봉사al-amal였다.

무슬림형제단은 빠르게 성장했다. 지나친 과격주의가 아니라 사회를 우선 개혁하는 점진적인 이슬람화를 추구하면서, 1940년대 중반에는 50만에 달하는 단원을 확보한 정치세력으로 부상했다.

이에 위협을 느낀 정부의 탄압에 맞서 무슬림형제단은 비밀 무장 단체al-jihaz al-sirri까지 조직했다. 그들은 1948년 이스라엘의 독립선포 이후 벌어진 제1차 중동전쟁 당시 이집트 정규군과 함께 전투에 참여했다. 결국 이런 군사적 활동과 이슬람 국가 건설이라는 정치적 목표는 당시 파루크 국왕과 영국을 자극할 수밖에 없었다. 정부는 무슬림형제단의 해체를 명령했고, 하산 알 반나는 암살당했다.

사이드 쿠틉의 삶과 사상

지도자의 암살에도 불구하고 무슬림형제단은 사라지지 않았다. 현재도 이집트를 포함해 대부분의 이슬람 국가에는 무슬림형제단이 공개적으로, 또는 지하에서 활동하고 있다. 이집트의 경우 정부는 무슬림형제단을 정당으로 인정하지 않고 있지만 무소속으로 의회선거에 출마해 최대 야권 세력을 구성하고 있다. 무슬림형제단은 점진적이고 온건한 이슬람 사회운동의 성격을 유지하고 있다. 테러와 같은 과격행동에 반대하고 있어 다양한 계층의 반정부 세력으로부터 지지를 얻고 있다. 하지만 이 같은 주류 지도부의 온건 노선에 반발한 일부 단원들은 별도의 과격 조직을 결성하여 활동에 나서고 있다. 알 지하드Jihad, 알 자마아 알 이슬라미야al-Jamaa al-Islamiyya, 이슬람 단체, 알 타흐리르 알 이슬라미al-Tahrir al-Islami, 이슬람 해방운동, 알 타크피르 와 알 히즈라al-Takfir wa al-Hijra, 종교적 파문과 이주 등이 대표적인 단체들이다. 이런 단체들에 이념적 기반을 제공한 장본인이 바로 이 책의 저자 사이드 쿠틉이다.

반역죄로 처형된 부농의 아들

1966년에 형장의 이슬로 사라진 사이드 쿠틉은 굵직한 굴곡의 삶을 살았다. 쿠틉은 1906년 이집트 남부 아시유트 주州의 한 농촌에서 부농의 아들로 태어났다. 상당한 재력과 자상함으로 존경받던 아버지 쿠틉 빈 이브라힘Qutb bin Ibrahim은 정치에도 관심을 보여 당시 집권당 당원으로서 자신이 거주하던 마을의 지역 대표를 지낸 인물이다. 시골 마을에서 사우디아라비아의 메카로 성지순례를 다녀올 정도로 재정적 여유가 있었던 아버지는 쿠틉의 교육에도 아낌없이 투자했다. 신실한 이슬람 신자였던 그는 쿠틉이 자리에 앉을 수 있을 때부터 쿠탑kuttab, 한국의 서당과 비슷한 쿠란 교육방에 보내 이슬람 교육을 받게 했다. 쿠란 등 종교적 지식의 습득은 물론 인성교육과 사회적 소양을 갖추기 위해 당시 필수적인 교육과정이었다.

아버지 이브라힘은 이슬람 교육에 만족하지 않았다. 이슬람은 삶의 방식으로서 가져야 할 기초적 소양이며, 사회와 국가에 기여하기 위해서는 서구식 교육을 받아야 한다는 점을 이브라힘은 잘 알고 있었다. 고향에서 중·고등학교 과정을 마친 쿠틉은 아버지의 지원으로 카이로에서 서구식 교육을 받는다. 무슬림형제단 창설자 하산 알 반나와 마찬가지로 당시 최고의 교육기관이었던 다르 알 울룸Dar al-Ulum에서 4년간 수학한 뒤 1933년 교사자격증을 받게 된다. 교사로 일하면서 그는 문학도로서 소설을 쓰고 여러 언론에 문학 평론을 게재하였다. 1988년 노벨문학상을 받은 이집트의 소설가 나깁 마흐푸즈Naquib Mahfuz의 작품을 여러 차례 긍정적으로 평가해 무명의 마흐푸즈가 유명한 소설가로 성장하는 데 일조하기도 했다. 당시 교사들 사이에서는 무슬림형제단의 활동이 유행처럼 퍼졌지만 쿠틉은 이에 큰 관심을 두지 않고 창작과 평론에 몰두한다. 그의 문학적 깊이와 성실함을 높이 평가한 이집트 교육부는 1939년에 그를 정식 장학사로 채용하게 된다. 공무원으로서 그는 미국 유학을 떠나는 1948년이 될 때까지 서구화가 이슬람권의 제반 문제를 해결하는 길이라고 믿고 있었다.

사고의 전환점, 미국 유학
그러나 1948년에서 1950년까지 정부의 지원으로 체류한 미국에서의 생활은 그의 사고를 완전히 뒤바꿔 놓는다. 이집트 교육부에서 보다 높은 지위에 오르기 위해 시작한 유학 기간에 그는 자신의 자아와 가치관을 새롭게 정리한다. 처음 입학한 워싱턴의 윌슨 교육대학과 콜로라도 주립대학교를 거쳐 스탠퍼드 대학교에서도 몇 개월간 지낸 후, 공부를 중단하고 미국 전역을 여행한다. 미국 내 여러 주요 도시들을 방문하고 유럽에서도 시간을 보낸 뒤 이집트로 귀국한다.

미국 생활은 그에게 큰 충격을 주었다. 서구화가 이슬람의 제반 문제를 해결해 줄 것이라는 믿음이 깨진 것이다. 그는 미국 체류 중이던 1949년에 《이슬람의 사회정의》라는 책을 출판하면서 서구화가 아닌 이슬람을 통한 사회개혁의 필요성을 강조한다. 미국 사회와 문화에 대한 충격과 더불어 기관지와 폐에 생긴 병으로 그는 더욱 이슬람에 의존하게 된다. 서구화된 여성은 도덕적인 순결과 정숙함을 가질 수 없다고 생각한 그는 여성에 대한 혐오증도 가지게 되고 결국 급속도로 서구화되고 있던 이집트 사회에서는 자신의 이상형을 찾을 수 없다며 독신을 천명한다.

이렇게 미국과 유럽에서 그가 겪은 심신의 고독은 반서구 감정으로 표출된다. 이집트로 귀국한 직후 발표한 〈내가 본 미국〉이라는 글을 통해 쿠틉은 미국의 물질주의, 무분별한 개인의 자유, 경제체제, 인종주의에 대해 비판한다. 더 나아가 잔인한 권투시합, 스포츠에 대한 지나친 열정, 헤어스타일, 표면적인 대화와 우정 등 사소한 것들까지 서구의 병폐와 연결시켜 설명한다. 예를 들어 미국의 저속한 문화현상을 비판하면서 그는 "미국인들은 흑인들이 자신들의 원시적인 성향과 소음을 만족시키기 위해 연주하는 재즈에 열광하고 있다"라고 설명한다.

특히 남녀 간의 만남과 성적인 접촉에 대해서는 강한 반감을 드러낸다. "교회를 갈 때에도 남녀가 '동물처럼' 섞인다"라고 표현한 그는 미국 여성의 성적인 욕망을 다음과 같이 설명한다. "미국 처녀는 자신의 몸이 가진 유혹의 능력을 잘 알고 있다. 얼굴에, 눈짓에, 타는 듯한 입술에 그것이 잘 나타난다. 봉긋한 가슴, 터질 듯한 궁둥이, 선을 드러낸 허벅지와 다리에서 풍기는 유혹의 몸짓을 미국 여성은 잘 알고 있고 숨기려 하지 않는다."

쿠틉은 미국의 정치 역시 강하게 비판한다. 특히, 1948년 이스라엘의 건국에 지지를 보낸 미국 정부의 불공정한 태도에 강하게 반발한다. 팔레스타인의 의사를 무시하고 이스라엘에 유리한 상황을 미국이 그대로 수용하고 지지하는 것은 반이슬람적이고 반아랍적인 정책이라고 통렬히 비난한다. 미국에서 겪은 불편한 경험, 그리고 이에 따른 사고의 전환은 그의 삶을 180도로 바꾸어 놓는다.

새로운 직업, 무슬림형제단

쿠틉은 미국적 삶의 방식을 원시적인 것으로 여기고 종교, 예술, 그리고 가치에 있어 후진성을 면치 못한 체제로 규정한다. 결국 미국에서의 경험이 서구화를 거부하고 이슬람주의를 신봉하는 계기가 된 셈이다. 귀국 후 1년도 되지 않아 그는 공무원 생활을 끝내고 무슬림형제단에 가입하여 기관지인 《알 이크완 알 무슬리민무슬림형제단》의 편집국장직을 맡게 된다. 미국에서의 저술활동과 귀국 직후 신문 및 잡지에 반서구적 기사 게재로 그는 이미 무슬림형제단 내에서 최고의 인기를 누리는 사상가 또는 이념가로 인정받고 있었다. 이후 몇 개월이 지나지 않아 그는 무슬림형제단의 선전담당 책임자인 동시에 최고위원회 위원으로 임명된다. 단시간에 무슬림형제단의 최고 지도부 반열에 오를 수 있었던 것은 그의 화려한 글솜씨와 미국 등에서 겪은 다양한 경험 덕분이라고 할 수 있다.

최고위원으로 임명된 지 1년도 채 지나지 않아 혁명이 발생한다. 1952년 7월, 친서방 이집트 왕정은 무너지고 민족주의를 표방하는 자유장교단Free Officers이 쿠데타로 정권을 장악한다. 쿠틉과 무슬림형제단은 가말 압둔 나시르가 이끈 혁명을 공식적으로 지지한다. 왕정을 영국의 제국주의에 봉사하는 비이슬람적인 정부라고 비난해 왔기 때문이다.

최대 반정부 세력이었던 무슬림형제단의 지지를 얻기 위한 나시르의 요청에 응해, 쿠틉은 무슬림형제단의 대표로 당시 최고 권력기관이었던 '혁명위원회'에 참여한다. 쿠틉은 군 장교로 구성된 혁명위원회의 유일한 민간인이었다. 그는 나시르가 이슬람 정부를 세울 것이라고 굳게 믿고 있었다. 하지만 그의 기대와는 달리 혁명위원회는 세속적 민족주의와 사회주의 노선을 표방한다. 결국 알코올 금지 등 이슬람법의 시행을 혁명위원회가 거부하면서, 무슬림형제단은 혁명정부가 자신들의 정치철학과 맞지 않는다는 것을 확인하게 된다.

이런 불편한 관계가 지속되는 가운데 1954년에 나시르 암살기도 사건이 벌어졌다. 이집트 북부 도시 알렉산드리아를 방문한 나시르 일행에게 가해진 총격사건이었다. 일부 역사학자들은 이를 나시르가 조작한 사건이라고 설명한다. 나시르는 이를 빌미로 무슬림형제단에 대한 강력한 탄압을 감행하여 쿠틉과 수많은 무슬림형제단 단원들이 체포되어 투옥된다. 옥중에서 첫 3년 동안 그는 가혹한 고문을 받았고, 그 이후에야 집필활동이 허용된다. 이 기간 동안 그는 《진리를 향한 이정표》, 《쿠란의 그늘에서》 등을 집필해 출간한다.

10년 이상의 옥살이 끝에 그는 1964년 말 석방된다. 당시 이라크 총리였던 아리프Abdul Salam Arif의 간곡한 요청에 의해서였다. 하지만 8개월 후인 1965년 8월에 그는 다시 체포되어 투옥된다. 죄목은 국가전복기도였다. 법정에서 제시된 증거는 대부분 그가 집필한 《진리를 향한 이정표》에서 인용된 것들이었다. 그럼에도 불구하고 쿠틉은 자신의 집필 내용이 사실과 다르지 않을 뿐만 아니라 이집트의 미래를 위한 올바른 길이라고 꿋꿋하게 반박한다. 결국 그는 사형선고를 받고 1966년 8월 29일 교수대에 오르게 된다. 자신이 선동하지도 않았고 실질적으로 참여하지도 않았던 대통령 암살과 국가전복 음모의 배후로 지목된 것이다. 그의 저서《진리를 향한 이정표》가 유일한 증거물이었다.

세속주의에서 이슬람 과격주의로

1930년대와 1940년대만 해도 세속적 개혁주의를 표방하던 쿠틉이 왜 1950년부터 이슬람 과격주의를 주창하게 되었을까? 이에 대해 여러 해석이 존재한다. 대표적인 것으로는 그가 옥중에서 겪은 고통이다. 1954년에서 1964년까지 잔혹한 고문을 감내하면서, 그리고 주변 무슬림형제단 단원들의 죽음을 지켜보면서 그는 이슬람 정부만이 이러한 권력 남용을 막을 수 있다는 확신을 갖게 되었다는 설명이다. 또 다른 해석은 그가 경험한 서구에 대한 실망이다. 비교적 검은 피부를 가진 유색인종으로서 미국에서 느낀 차별과 미국 사회의 병폐로 인해 그는 세속주의가 결코 성공할 수 없다고 믿게 되었다는 설명이다.

그러나 보다 설득력 있는 설명은 그의 삶 전반에서 찾을 수 있다. 시골 마을에서 보낸 어린 시절, 공무원 생활, 유학, 그리고 무슬림형제단 활동으로 나눌 수 있는 쿠틉의 삶은 그가 집필한 책들에 녹아있다. 예를 들어 자신의 어린 시절에 대한 자전적 기록인《티플 민 알 카르야Tifl min al-Qarya, 시골 출신의 한 소년》는 이슬람의 정치이론에 대해 거의 언급하지 않은 세속적이고 문학적인 작품이다. 그럼에도 불구하고 이 책 역시 쿠틉이 어린 시절 보고 들은 동네의 이슬람 신비주의, 미신, 쿠란, 그리고 불공정한 사건과 같은 사회적이고 종교적인 문제를 자주 언급하고 있다. 쿠틉의 후대 작품은 이와 유사한 주제, 즉 쿠란 해석과 사회정의, 그리고 정치적 이슬람을 다룬다.

작가로서의 쿠틉의 삶도 그의 철학에 적지 않은 영향을 주었다. 그의 저서 《알 타스위르 알 판니 피 알 쿠란al-Taswiir al-Fanni fil-Quran, 쿠란의 예술적 표상》에서 쿠틉은 쿠란의 문학적 평가와 그 해석을 위한 방법론을 발전시킨다. 그의 이러한 해석 방식은 그의 쿠란 주해서인 《쿠란의 그늘에서》에 그대로 적용된다. 방대한 분량의 이 주해서는 후에 《진리를 향한 이정표》 집필의 기초 자료가 된다. 그의 개인적 경험과 지적 발전의 결과가 최종적으로 종합되어 있는 《진리를 향한 이정표》는 그가 믿는 진정한 이슬람 체제를 설명한 종교적·정치적 성명서 또는 행동지침서라고 할 수 있다. 《진리를 향한 이정표》는 이집트의 친서방 왕정은 물론 세속적 나시르 정권을 포함한 무슬림 정부를 알라가 아닌 인간의 가치와 이념을 기초로 하는 타락한 것이라고 규정하고 타도의 대상이라고 가르친다.

《진리를 향한 이정표》와 다른 저서에 담긴 그의 정치·종교철학을 정리하면 다음과 같다.

(1) 현대 이슬람 또는 비이슬람 국가의 사회 및 정치체제를 지배하고 있는 개념은 자힐리야다. 이슬람과 자힐리야는 정반대의 개념으로, 믿음과 배교, 알라의 통치와 인간의 통치, 그리고 신과 사탄으로 비교할 수 있다.

(2) 진정한 무슬림의 의무는 이슬람으로의 귀의를 위해 선교활동을 수행하고, 공격적 지하드를 통해 자힐리야 사회를 일소

해 이슬람 사회를 부흥시키는 것이다.

(3) 이슬람의 궁극적 목표는 이 지상에서 모든 악과 고통과 탄압을 제거하고 알라의 주권이 지배하는 이슬람 통치, 즉 하키미야hakimiyya를 구체화하는 데 있다.

(4) 오직 이슬람만이 진실의 종교다. 다른 모든 종교, 철학, 이념, 체제는 무익하고 오도된 것이다. 유대교와 기독교인은 불신자들이다. 이슬람에 대한 그들의 해석과 시각은 이슬람의 부흥을 막고 있다. 특히, 소수이지만 유대인은 이슬람에 커다란 위협이다.

(5) 믿음이란 매일의 언행으로 실현되는 것이다. 때문에 무슬림은 항상 '알라 외에는 신이 없고, 무함마드는 알라의 사도다'라는 신앙고백을 믿고 되새겨야 한다.

(6) 변화는 행동과 원리주의 혁명에서 생겨난다. 현실에 안주하는 사람과 사회는 결코 잘못된 것을 바꿀 수 없다. 올바른 변화는 다른 인간의 속박에서 개인이 해방되는 것을 의미한다. 이는 신실한 모든 무슬림의 의무다. 이슬람을 진정으로 믿는 자들만이 이런 변화를 수행할 수 있다.

(7) 지하드란 서구의 학자 또는 중동의 일부 학자들이 해석하는 것과는 전혀 다른 개념이다. 지하드는 방어적인 것이 아니라 공격적인, 그리고 적극적인 것이다. 진정한 지하드는 오직 이슬람만이 전파되도록 전 세계를 지속적으로 해방시키는 것이다.

《진리를 향한 이정표》와 현대의 이슬람 과격 운동

《진리를 향한 이정표》에 담긴 쿠틉의 사상과 과격주의 운동 지침은 오늘날에 이르기까지 거의 모든 이슬람 과격 운동의 이념적 주춧돌이 되고 있다. 파키스탄의 마울라나 마우디디Maulana Mawdudi, 하산 알 반나, 그리고 이란 이슬람 혁명의 지도자 루홀라 아야툴라 호메이니와 함께 쿠틉은 현대의 가장 영향력 있는 무슬림 사상가이자 운동가로 간주된다. 과격주의자들은 단지 그의 사상뿐만 아니라 그의 장렬하고 '영웅적인' 죽음에도 존경을 표하며 따르려 한다.

그의 저서들은 현재도 가장 많이 읽히는 이슬람 서적 가운데 하나이며, 다양한 언어로 번역되었다. 《진리를 향한 이정표》를 비롯해 그의 저서들에 담긴 사상과 철학이 현재까지도 전 세계적으로 중요한 현안이 되고 있는 서구화, 근대화, 정치개혁, 이슬람과 서방의 대립, 초국가적 무슬림공동체, 지하드 등 광범위한 분야에 적용되고 있기 때문이다. 또한 이슬람 전파, 사회정의, 교육 등에 대해 쿠틉이 정립한 이념적 접근법은 아직도 유효하다. 이슬람 국가 대부분이 현재까지도 비민주적이고 억압적인 동시에 점차 더욱 세속화하고 있기 때문이다. 따라서 쿠틉의 처형 이후에도 더욱 가속화되고 있는 중동의 세속주의 체제에 대항하는 쿠트비즘Qutbism은 현재까지 이어지고 있다고 볼 수 있다.

《진리를 향한 이정표》와 사다트 암살

쿠틉의 사상과 삶은 세속주의 정권에 저항하는 이슬람권 무장단체들의 본보기가 되어 왔다. 쿠틉이 처형되고 1년이 지난 1967년, 이슬람 무장단체들이 본격적으로 등장하게 되는 중요한 역사적 사건이 발생한다. 이스라엘과의 제3차 중동전쟁에서 이집트와 아랍 연합군이 대패한 것이다. 이슬람의 제3성지인 팔레스타인의 예루살렘도 이스라엘에 점령당한다. 범아랍민족주의를 주창하던 나시르의 국내외 리더십이 붕괴하는 결정적인 계기였다. 이 틈을 타 여러 반정부 과격 이슬람 단체들이 등장한다. 위에서 언급한 알 지하드, 알 자마아 알 이슬라미야, 알 타흐리르 알 이슬라미, 알 타크피르 와 알 히즈라 등이다. 이들은 무슬림형제단의 분파로, 쿠틉의 사상에 직접적인 영향을 받아 암살, 폭동, 정부 전복기도 등 다양한 폭력행위를 주도한다.

이 과정에서 쿠틉의 사상적 흐름을 이어간 과격 이슬람 이념가가 등장한다. 사다트를 암살한 단체인 알 지하드의 이념적 배경을 대표하는 선동가 파라즈Muhammad Abd al-Salam Faraj이다. 쿠틉의 고향인 아시유트의 지방대학에서 결성된 이 조직의 사상가 파라즈는 무력투쟁을 이슬람의 여섯 번째 의무로 규정한다. 신앙고백, 예배, 희사, 단식, 그리고 성지순례로 구성된 전통적인 이슬람의 다섯 의무에 하나를 더 추가한 것이다. 성전을 최상의 투쟁방법으로 간주하며 작성한 파라즈의 행동강령은 《알 파라이드 알 가이바the Neglected Duty, 간과한 의무》라는 소책자에 잘 나타난다. 이 소책자는 쿠틉의 《진리를 향한 이정표》를 간단히 정리하면서 보다 과격한 표현으로 행동강령을 나열한 지침서다.

파라즈는 하산 알 반나나 쿠틉과는 달리 이슬람 신학을 본격적으로 공부한 바 없이 대학에서 전기공학을 전공한 인물이다. 그는 저소득층, 그리고 지방 출신의 한계를 극복하지 못하고 단 한 번도 정상적인 직장을 얻지 못해 정부와 사회에 대한 극심한 불만을 가지게 된 젊은이였다. 이런 그의 과격사상은 급속히 퍼져나갔다. 나시르와는 정반대인 사다트 대통령의 자본주의 개방정책이 성공을 거두지 못하고 실업률만 올라가던 시대적 상황 아래, 친서방 엘리트 계급만이 혜택을 받는 정책으로 많은 젊은이가 직장을 얻지 못하고 점차 반정부적 성향에 빠져들게 되었기 때문에 고등학교, 기술학교, 대학교를 졸업한 실업자를 쉽게 지지세력으로 얻을 수 있었다.

특히 사다트 대통령이 이스라엘과 평화조약을 체결한 이후에는 군부, 대통령 경호대, 관료, 언론에서까지 정부 전복을 추구하는 알지하드에 동참하거나 지지하는 사람이 생겨났다. 파라즈는 사다트를 '제국주의와 시온주의의 식탁에 마주앉은 이슬람의 배신자'라고 규정했다. 여기에 더해 1979년에 이란에서 이슬람 혁명이 성공하면서 이집트와 다른 국가들에서도 이슬람 혁명이 성공할 수 있다는 믿음이 사람들의 마음에 생겨나기 시작했다.

쿠틉의 사상을 기반으로 파라즈가 쓴 과격한 행동지침서 《간과한 의무》의 주요 내용을 정리하면 다음과 같다.

(1) 모든 무슬림은 무슬림공동체를 위해 투쟁해야 할 의무를 가지고 있다. 이는 알라와 샤리아에 의해 부여된 의무다. 현재 이슬람 국가들의 법은 불신자의 법이기 때문이다. 진정한 무

슬림이라면 서구에서 기독교인, 공산주의자, 시온주의자에게 훈련받은 무슬림 지도자에게 대항해야 한다. 이런 이단적 국가에 대항해 지하드를 수행하는 것이 자힐리야 사회를 종식시키고 이슬람 사회를 수립하는 유일한 해결책이다.

(2) 이슬람법을 거부하는 무슬림 지도자나 단체는 배교자다. 배교는 최고의 죄악이다.

(3) 무슬림이라고 주장하는 이단 통치자에게 협력하는 것은 죄악이다. 이런 통치자에 대한 처벌은 죽음이다. 진정한 무슬림은 이런 통치자의 정부나 군대에서 봉사해서는 안 된다.

(4) 무장투쟁은 지하드에서 인정될 수 있는 유일한 해결 방식이다. 평화적 방식으로 추구되는 지하드는 어리석고 비겁한 것이다. 이슬람은 초기 이슬람 시대에서 그랬던 것처럼 무력의 사용을 통해서만 성공할 수 있다.

(5) 지하드의 방식은 우선 이집트 내부의 불신자들과 투쟁하는 것이고 나중에 외부다른 이슬람 국가로 확대해야 한다.

(6) 지하드는 누구나 수행할 수 있다. 배우지 못하거나 지식이 모자란다는 이유로 지하드를 기피하는 것은 있을 수 없다. 지하드를 기피하는 주된 이유는 오늘날 무슬림 사회가 안고 있는 굴욕감, 좌절감, 멸시감, 내부 분열에서 발견된다. 불안하고 서글픈 상황이다.

《진리를 향한 이정표》와 알 카에다의 등장

테러를 감행한 알 카에다는 쿠틉의 사상에 영향을 받은 빈 라덴

Usama bin Ladin이 주도했다. 알 카에다는 쿠틉이 주창한 반서방, 반세속주의 투쟁을 실천에 옮기는 국제 테러조직이다. 쿠틉의 이념과 행동지침은 쿠틉의 동생 무함마드 쿠틉Muhammad Qutb에 의해서 빈 라덴에게 전해졌다. 형과 함께 싸우디 감옥에서 풀려난 무함마드 쿠틉은 사우디로 이주해 이슬람학 교수가 된 후, 형의 저서들을 편집하고 다시 출간해 이슬람 지역에 전파하는 역할을 수행했다.

무함마드 쿠틉의 대표적인 제자이자 추종자가 바로 자와히리 Ayman al-Zawahiri다. 이집트 출신으로 알 지하드를 이끌던 자와히리는 후에 알 카에다의 공동 창립자가 된다. 그의 저서《무함마드 기치하의 기사들Knights under the Prophet's Banner》에서 자와히리는 쿠틉에 대해 상세히 소개하며 존경을 표한다.

형의 사상을 전파하던 무함마드 쿠틉이 빈 라덴의 스승이 된 것은 사우디의 킹 압둘아지즈 대학교에서였다. 빈 라덴은 매주 무함마드 쿠틉이 시행한 강연에 빠지지 않고 참석했다. 그와 함께 사이드 쿠틉의 저서를 탐독하며 토론하는 모임을 여러 차례 가지기도 했다고 한다.

이렇듯 쿠틉의 사상에 직접적인 영향을 받은 빈 라덴과 자와히리가 알 카에다를 창설하게 된 배경에는 여러 역사적 사건들이 존재한다.

우선, 앞서 언급한 바와 같이 1979년은 중동 정세는 물론 이슬람 과격 세력의 활동에 전기가 마련된 해였다. 이란에서 이슬람 혁명이 성공하면서 각국의 이슬람 운동이 크게 고무되었다. 이란과 같은 이슬람 혁명정부를 수립하기 위한 움직임이 본격화되었다. 또한 같은 해 발생한 구소련의 아프가니스탄 점령은 이슬람 세력에게 조직적인 훈련과 실전 경험을 제공했다. 아프가니스탄과 파키스탄에 결집한 수만 명의 이슬람 전사들은 전투 현장에서 엄격한 이슬람 교육과 강력한 군사교육을 받았다. 전 이슬람권에서 뜻을 같이 하는 젊은이들이 모이면서 이슬람 과격 세력의 국제화가 급속히 진행되기 시작했다. 아프가니스탄에서 성전을 수행하면서 살아남은 자들은 자국으로 돌아가 반정부 활동에 나서거나 다른 이슬람 국가와 서방 국가로 이주해 반서방 이슬람 운동을 조직했다.

무함마드 쿠틉으로부터 직접 사이드 쿠틉의 사상과 이념을 전수받은 빈 라덴이 바로 이 시점에서 본격적인 활동을 시작한다. 건설업으로 막대한 부를 쌓아올린 집안 출신인 빈 라덴은 아프간 무자히딘의 자금과 물자를 조달하는 임무를 맡았다. 구소련에 저항하는 무자히딘들은 사우디의 재정적 지원을 받았고, CIA와 미군 정보부의 교관이 주도하는 군사훈련을 받았다. 아이러니하게도 빈 라덴이 사우디와 미국의 아프간 현지 중간자 역할을 담당한 셈이다.

1980년대 말 10년간의 악전고투 끝에 구소련은 결국 아프간에서 철수한다. 이슬람 무자히딘이 승리한 것이다. 하지만 이들 무자히딘들의 귀국을 환영한 중동 또는 이슬람 국가의 정부는 거의 없었다. 이념적, 군사적 훈련을 받은 전사들의 귀국이 정권 유지에 대한 위협요소라고 판단했기 때문이다. 적지 않은 무자히딘이 아프간과 파키스탄에 남았고, 일부는 수단, 소말리아, 예멘 등 중앙정부의 통치력이 약한 지역으로 잠입했다. 이 와중에 이라크의 후세인Sadam Hussein 정권이 1990년 말 갑자기 쿠웨이트를 침공한다. 쿠웨이트 해방을 위한 미국 주도 다국적군의 군사작전이 중동에서 진행되면서 반서방 감정이 고조되었다. 특히, 미군이 이슬람 성지인 메카와 메디나가 위치한 사우디아라비아에 주둔한 것은 빈 라덴과 자와히리가 손을 잡고 알 카에다를 결성하여 국제적 반서방 테러 활동을 벌이게 되는 단초를 제공했다. 이후 1993년 미국 월드 트레이드센터 폭파 등 국제적인 대규모 테러가 발생하기 시작했다.

9·11 이후의 이슬람 과격 운동

9·11 테러 이후 미국의 대응은 지나칠 정도로 군사적 조치에 의존했다. 2001년 말, 미국은 아프간을 공격해 알 카에다 세력을 사실상 무력화시켰다. 알 카에다를 지지하던 탈레반 정권을 붕괴시키고 친미 카르자이Hamid Kharzai 정부를 수립했다. 부시George W. Bush 대통령이 주도한 '테러와의 전쟁'은 아프간에서 끝나지 않았고, 2003년에는 테러 지원, 대량 살상 무기 생산, 핵 개발 등을 빌미로 이라크를 공격해 점령했다.

이슬람권의 입장에서 보면 아프간 점령과 이라크 침공은 미국의 과도한 대응이었다. 특히 미국이 주장한 테러 지원, 대량 살상 무기, 핵 개발의 증거가 전혀 발견되지 않은 이라크 전쟁은 이슬람 과격 세력에게 저항의 명분을 충분하게 제공하였다. 이처럼 아프간과 이라크 사태는 이슬람 과격 세력에게 국내 문제보다는 국제 또는 지역 문제에 더 많은 관심을 갖도록 자극했다. 더불어 탈냉전 단극單極 시대의 구조적인 틀 속에서 서방이 지나치게 이슬람권을 '야만 지역'으로 몰아세운 것에 대한 반감도 팽배했다. '문명 간의 충돌'

이라는 서방의 편협한 담론은 과격 세력뿐만 아니라 일반 무슬림 대중도 분노케 하고 있다. 여기에 이스라엘-팔레스타인 분쟁, 아프간 전쟁, 이라크 사태, 이란 핵 문제를 통해 서방의 대중동 정책이 '이중 잣대'를 적용하고 있다는 여론이 확산되면서 중동 언론들조차 반서방 기치를 내세우고 있다.

이런 상황에서 이슬람 과격 세력은 쿠틉의 사상을 기본 이념으로 하면서도 일부 전략을 수정한다. 군사적 완력을 동원하는 미국 주도 서방진영의 움직임에 정면 대응할 수 없기 때문이다. 결과적으로 소규모 무장단체가 대거 등장하게 되었다. 쿠틉의 사상을 바탕으로 하는 알 카에다의 큰 이념하에, 이를 따르는 자생적 소규모 단체가 우후죽순 이슬람권에 등장해 자국의 친미 정권을 공격하거나 서방 시설과 국민에 대한 테러를 감행하고 있다. 9·11 이후 새로운 이슬람 과격 세력이 주도하는 테러 동향의 특징을 정리하면 다음과 같다.

1) 느슨한 이념에 기초한 산발적인 공격이다. 위로부터의 조직적인 연계나 직·간접적인 지시를 받는 세포조직보다는, 큰 이념의 틀을 공유한 자생적인 조직이 국지적으로 활동하고 있다.
2) 요구 사항이나 조직의 이름도 밝히지 않는 '얼굴 없는 테러'의 등장이다. 중동 정부조차 테러 발생 시마다 모두 알 카에다의 소행이라 치부할 정도다.
3) 디지털 테러리즘이다. 인터넷에 오른 테러 교본을 따라 배우고 실천하는 소규모 테러 단체가 속출하고 있다. 이런 소규모

과격 단체는 인터넷을 통해 대원을 모집하며, 이념과 투쟁 방법을 전파하고 무기 조작법과 폭탄 제조방법을 전수한다.

4) 서방에 대한 공격을 지지하는 여론이 형성되고 있다. 중동 내에서의 전쟁과 점령 이후 반미 저항운동에 공감하는 분위기가 확산되어 일부 지식인, 언론도 반미 공격의 정당성을 설파하고 있다.

5) 경제 테러가 증가하는 추세다. 고유가 시대에 친미 중동 정권과 중동 석유에 의존하는 서방에 타격을 주기 위해 유전 시설에 대한 공격이 늘어나고 있다. 이미 이라크에서는 송유관 파괴가 중요한 테러 방법으로 부각된 바 있다.

6) 알 카에다 이념에 영향을 받은 개인의 불특정 목표에 대한 테러 가능성이 고조되고 있다. 화생방 무기나 핵 물질을 이용한 개인적인 행동으로도 대규모 피해를 야기할 수 있기 때문에 그 위험성을 무시할 수 없다. 결과적으로 테러를 완전히 차단한다는 것은 사실상 불가능한 상황이다.

위의 새로운 테러 동향은 알 카에디즘이라는 이념적 틀 안에서 전개되고 있다. 알 카에다가 테러조직의 단계를 넘어 반미와 반서방을 주창하는 이념 운동으로 발전하고 있는 셈이다. 2006년 8월, 영국 항공기 테러 음모와 관련해《뉴욕타임스》는 "빈 라덴이 직접 지휘하는 조직이 테러 위협을 가하고 있다고 주장하는 것은 복잡한 국제적 운동을 지나치게 단순화하는 것"이라고 지적했다. CIA 출신으로《테러 조직을 이해하며 Understanding Terror Networks》라는 저서를 펴낸 마크 세이지먼Mark Sageman은 "알 카에다를 9·11 테러를 저지른 바로 그 조직으로만 생각한다면 현명하지 못한 것"이며 "우리가 아프가니스탄에 들어가 파괴하기 이전에 존재했던 알 카에다는 이제 없다"라고 주장했다. 아울러 "우리는 과거에 존재했던 알 카에다와의 전쟁에는 이겼지만, 알 카에다가 그 일부에 지나지 않는 세계적인 사회운동과의 전쟁에는 이기지 못하고 있다"면서 "이는 점점 더 많은 젊은이가 그 운동에 가담하고 있기 때문"이라고 설명했다.

최근의 국제적인 테러가 단순히 이슬람이라는 종교 때문에 발생한다고 보는 것은 적절치 않다. 이슬람권의 반서방 무력투쟁이 주로 이슬람의 '내재된 폭력성'으로부터 기인한다는 '본질주의essentialism'로 이해되어서도 곤란하다. 특히 9·11 테러 이후 증가하는 유혈사태는 서방과 이슬람권의 새로운 이념적 갈등 구조의 틀로 이해해야 한다. 이슬람권과 미국 주도 서방진영 간의 갈등이 이념적으로 대립하면서 지속적으로 테러가 일어난다는 것이다. 미국은 9·11 테러의 충격을 이념화해 '테러와의 전쟁'을 위한 기반으로 삼고 있다. 이에 대해 이슬람 세계에서는 알 카에디즘이라는 이념적 우산 아래 활동하려는 소규모 과격 무장단체가 급증하고 있다.

문제는 '이념화한 테러'와 '테러와의 전쟁' 구조하에서 발생하는 최근의 테러를 사전에 방지하기가 어렵다는 것이다. 이념을 지탱하는 정치, 경제, 사회, 문화적 갈등과 대립의 구조가 현재의 국제 정치현실에 깊이 자리 잡고 있기 때문이다. 한국으로서는 테러 세력

잠입을 방지하기 위해 최대한 노력하는 한편, 이슬람권과 서방진영 간의 갈등 구조에 휘말리지 않도록 외교적인 노력을 해야 한다. 이를 위해서는 서방에 대한 이해와 정책 분석도 필요하지만 이슬람권의 제반 문제에 대해서도 깊이 이해해야 한다.

쿠틉의《진리를 향한 이정표》는 단순히 무장 세력을 선동하기 위한 책자가 아니다. 이 책은 현대화의 길목에서 혼란을 겪고 있는 이슬람권의 내부적 갈등을 1960년대에 이미 명확히 진단하고 있다.《진리를 향한 이정표》가 언급한 중동 및 이슬람권의 제반 문제와 갈등은 여전히 진행형이다.

서문

인류의 새로운 리더십과
무슬림공동체

이제 인류는 새로운 리더십을 절실히 필요로 하고 있다. 서구인들에 의해 창조된 인류의 리더십은 쇠퇴하고 있다. 서구의 문화가 현저하게 타락해서도 아니고 서구의 경제적, 군사적 파워가 약해졌기 때문도 아니다. 서구 시스템이 제시하는 가치가 종말에 가까워졌기 때문이다. 서구는 이제 그들을 인류의 리더가 되게 해주었던, 그리고 신선하고 활기찼던 가치들을 더는 가지고 있지 못하기 때문이다.

오늘날 인류는 커다란 위기에 직면해 있다. 인류가 완전히 멸망할 수도 있다는 위협 때문만은 아니다. 가끔 종말에 대한 두려움이 엄습하기는 하지만 아직 현실로 나타날 것 같은 심각한 징후는 없다.* 인류가 처한 위기는 건전한 발전과 진정한 진전에 없어서는 안 될 가치들이 결여되어 있다는 데서 비롯된다. 서구인들조차 서구 문명이 인류를 바른길로 인도해줄 건전한 가치들을 제공할 수 없다는 사실과 자신들의 양심을 충족시키고 그 존재 이유를 정당화할 수 있는 어떤 가치도 소유하고 있지 못함을 잘 알고 있다.

서구의 민주주의는 이미 한계에 봉착했다. 그 한계를 극복하기 위해 동구Eastern Bloc, 구소련을 포함한 동·중유럽의 과거 사회주의 국가들의 제도를 빌려올 정도이다. 분배에 바탕을 둔 국민의 복지를 강조하면서 사회주의적인 경제시스템을 도입하고 있다. 동구에서도 마찬가지 현상이 나타나고 있다. 맑스주의Marxism를 위시한 동구의 사회이론들은 초창기에 동구뿐 아니라 서구에서도 많은 사람들을 매

---

* 이 글이 쓰인 1960년대 초반은 미·소 간의 핵무기 경쟁과 '쿠바사태'를 통해 이른바 '핵전쟁에 의한 인류 종말'에 대한 광범위한 우려가 증대되던 시대였다.

료시켰다. 신념에 바탕을 둔 삶의 방식으로 받아들여졌기 때문이다. 하지만 맑스주의는 사상적 측면에서조차 실패하고 말았다. 현재 진정한 맑스주의를 기반으로 하는 나라는 전 세계에 한 곳도 없다고 말해도 과장이 아닐 것이다. 총체적으로 말하자면 맑스주의 이론은 인간의 본성과 욕구에 모두 상충한다. 맑스주의 이념은 퇴보한 사회 또는 오랜 독재체제로 인해 위축된 사회에서나 자리 잡을 수 있었다. 하지만 지금은 이러한 사회 환경에서조차 맑스주의의 유물론적 경제시스템은 실패하고 있다. 맑스주의의 가장 중요한 사상인 유물론이 그 기반을 잃어가고 있는 것이다. 공산권 국가의 리더 격인 러시아가 식량부족을 겪고 있다는 사실이 대표적인 예이다. 차르Tsar, 러시아 혁명 이전의 황제 통치 시대에 러시아는 자체 수요를 채우고도 남을 만큼의 식량을 생산했었다. 하지만 지금은 외국에서 식량을 수입해야 하고, 또 이를 위해 금과 같은 국가 자원을 팔아야 하는 상황으로 전락했다. 가장 큰 원인은 집단농장이라는 시스템의 실패였다. 다시 말해 인간의 본성을 거스르는 시스템의 실패라고 할 수 있다.

이제 인류는 새로운 리더십을 절실히 필요로 하고 있다!

서구인들에 의해 창조된 인류의 리더십은 쇠퇴하고 있다. 서구의 문화가 현저하게 타락해서도 아니고 서구의 경제적, 군사적 파워가 약해졌기 때문도 아니다. 서구 시스템이 제시하는 가치가 종말에 가까워졌기 때문이다. 서구는 이제 그들을 인류의 리더가 되게 해주었던, 그리고 신선하고 활기찼던 가치들을 더는 가지고 있지 못하기 때문이다.

앞으로 등장할 새로운 리더십은 유럽의 천재들이 창조해낸 물질적 성과를 보존하고 더욱 발전시켜야 한다. 더불어 아직까지 인류가 발견하지 못한 고귀한 이상과 가치를 제시해야 한다. 새로운 이상과 가치는 인간의 본성과 조화를 이루는 삶의 방식이어야 하며 긍정적이고 미래지향적인 동시에 실용적이어야 한다.

이슬람은 이러한 가치와 삶의 방식을 가지고 있는 유일한 시스템이다.

과학과 기술이 주도하던 시대는 이제 그 끝을 보이고 있다. 16세기 르네상스와 함께 출발해 18세기와 19세기에 정점에 도달했던 그 시대는 이제 성장할 기운을 상실했다고 할 수 있다.

또한 근대에 등장했던 모든 종류의 민족주의나 쇼비니즘광신적 애국주의, 그리고 이들로부터 파생된 모든 이론과 운동도 대부분 그 생명력을 잃었다. 다시 말해 인간에 의해 만들어진 모든 개인적·공동체적 이론은 실패로 끝나고 말았다.

이처럼, 중요하지만 혼란스러운 역사적 전환기에 이슬람과 무슬림공동체의 시대가 오고 있다. 이슬람의 시대가 도래했다는 것이 물질적인 발전을 부정하는 의미는 아니다. 창조를 통해 알라가 인간을 속세에서 그의 대리자로 삼았을 때부터 이슬람은 물질적 발전을 인간의 의무로 규정하고 있다. 이슬람은 또 물질적 발전을 알라에 대한 인간의 경배 방식 중의 하나이자 인간을 창조한 목적 중 하나로 간주하고 있다. 알라의 말씀인 쿠란은 이를 다음과 같이 언급하고 있다.

주님께서 천사에게 말씀하시길,
내가 지상에 나의 대리자를 둘 것이다. … (쿠란 2:30)

내알라가 진jinn, 이슬람의 신령과 인간을 창조함은
그들이 나를 섬기게 하려 함이다. … (쿠란 51:56)

더불어 무슬림공동체의 때가 도래했다는 것은 알라가 인류에게 명령하신 임무를 수행할 때가 되었음을 의미한다. 알라께서는 다음과 같이 말씀하셨다.

너희는 가장 좋은 공동체의 백성이라 계율을 지키고
악을 배제할 것이며 주님을 믿으라. (쿠란 3:110)

그리하여 주님은 너희들에게 중용의 한 공동체를 선정했나니,
너희는 그 공동체의 증인이 될 것이며
그 선지자가 너희들에게 한 증인이 되리라. … (쿠란 2:143)

※ ※ ※

이슬람은 하나의 사회, 더 나아가 하나의 국가에서 구체적인 형태를 이룰 때 그 역할을 다할 수 있다. 현 시대의 사람들은 자신들이 속한 사회의 추상적인 이론에 귀를 기울이지 않기 때문이다. 따라서 무슬림공동체는 지난 몇 세기 동안 존재하지 않았다고 볼 수 있다. 서구 열강이 이슬람권을 점령해 자신들의 사상과 체제를 강

요했고, 독립 이후에 등장한 대부분의 중동 정권들도 세속주의 시스템을 이어받았기 때문이다.

무슬림공동체는 단순히 이슬람이 존재하는 공간을 지칭하는 게 아니다. 더불어 과거 조상들이 이슬람 체제하에 살았던 곳에서 대를 이어 살고 있는 후손들을 의미하지도 않는다. 생활태도, 사상과 관념, 규칙과 규범, 그리고 가치와 기준을 이슬람의 근본에서 찾는 사람들의 모임을 일컫는 이름이 바로 무슬림공동체다. 하지만 이러한 특징들을 가진 무슬림공동체는 알라의 법이 지상에 적용되지 않게 되면서 사라져버렸다.

그러므로 이슬람이 다시 인류의 리더 역할을 수행하기 위해서는 이슬람의 원래 모습을 회복한 무슬림공동체의 부활이 반드시 필요하다. 무슬림공동체는 여러 세대에 걸쳐 알라의 뜻이 아니라 인간이 만들어낸 체제의 잔재 속에 묻혀 있었다. 또한 이슬람의 가르침과는 전혀 관계가 없는 잘못된 법과 관습의 무게에 짓눌려 있었다. 그럼에도 불구하고 사람들은 이곳을 '이슬람 세계'라고 불러왔다.

나는 이슬람을 '부흥'시키려는 시도를 통해 궁극적으로 인류의 리더십을 되찾아오기까지 아주 긴 여정이 될 것이라는 점을 잘 알고 있다. 무슬림공동체는 오랜 세월 동안 존재감을 상실했고 관심을 끌지 못했다. 그 기간 동안 인류의 리더십은 다른 이념과 국가, 즉 다른 개념과 제도에 넘겨져 있었다. 이 기간 동안 유럽의 천재적인 학자들은 과학, 문화, 법, 그리고 물질적 발명에 있어 놀라운 업적을 달성했다. 이로 인해 인류는 물질적 편안함을 누릴 수 있는 수많은 진보적 성과를 이룩했다. 이런 놀라운 업적을 이룩한 서방에 대해 일방적으로 비난하는 것은 적절치 않다. 소위 '이슬람 세계'라고 부르는 지역이 이러한 물질적 발전에서 완전히 뒤처져 있었기 때문이다.

다시 언급하지만 이슬람을 부흥시키고 세계의 리더십을 되찾아오는 과정에는 상당한 어려움이 따를 것이다. 하지만 우리는 이슬람의 부흥을 위해 첫걸음을 내디뎌야만 한다.

* * *

만약 우리가 통찰력과 지혜를 지니고 위에서 언급한 과업을 수행하려 한다면, 먼저 무슬림공동체가 인류의 리더로서 우뚝 서게 될 이슬람 부흥의 본질을 분명히 파악하고 있어야 한다. 그래야만 우리는 이슬람의 재건과 부흥의 첫 단계에서 실수를 범하지 않을 것이다.

오늘날 무슬림공동체는 물질적인 발명 분야에서 인류에게 위대한 천재성을 보여줄 수 없지만, 반드시 그것이 필요한 것도 아니다. 물론 물질적 번영을 통해 세계의 존경을 받고 이를 통해 세계의 리더십을 재확립할 수도 있다. 그러나 서구에 비해 이 분야에서 우리는 상당히 뒤처져 있다. 유럽의 창의적인 마인드는 우리보다 한참 앞서 있다. 앞으로도 수세기 동안 이 분야에서 유럽과 경쟁하여 우월성을 가지기는 힘들다.

그러므로 우리는 현대 서구 문명이 가지고 있지 못한 다른 질적인 가치들을 지니고 있어야 한다.

다시 한 번 강조하지만 다른 질적인 가치 추구가 물질적인 진보를 게을리해도 된다는 것을 의미하는 건 아니다. 우리는 물질적인 진보에도 최선의 관심과 노력을 기울여야 한다. 현 단계에서 물질적인 진보가 인류의 리더십을 획득하는 데 절대적으로 필요해서라기보다는 우리가 존재하는 데 필수적인 조건이기 때문이다. 그리고 지상에서 인간을 신의 대리인으로 격상시키고 신에 대한 경배를 인간이 창조된 목적 중 하나이자 대리인의 의무로 간주하고 있는 이슬람은 물질적인 진보 또한 인간의 의무사항으로 규정하고 있다.

인류의 리더십을 담당하기 위해서 우리는 물질적인 진보 외에 다른 것을 인류에게 제공할 수 있어야 한다. 이 다른 것이란 오직 믿음과 삶의 방식이어야 한다. 한편으로는 현대 과학과 기술이 제공하는 혜택과 물질적 편안함을 최상의 수준으로 끌어올려 인간의 기본적인 욕구를 충족시켜주어야 한다. 다른 한편으로 질적인 가치를 추구하며 믿음과 삶의 방식이 인간 사회에서 구체적인 형태로 구현되도록 해야 한다. 바로 이것이 무슬림공동체인 것이다.

※ ※ ※

현대적 삶의 방식을 좀 더 상세히 들여다보면 전 세계가 자힐리야Jahiliyyah*에 빠져 있다는 것을 명확히 알 수 있다. 뛰어난 기술적 발명품들이 제공하는 물질적 편안함을 누리며 살고 있다 하더라도 무지하지 않다고 말할 수 없다. 이런 자힐리야는 근본적으로 이 땅

---

* 신의 가르침에 대한 무지(無知), 이슬람 출현 이전의 시기 또는 그 상태를 의미한다. 쿠틉과 같은 과격 이슬람 사상가들은 '자힐리야'라는 용어를 시대를 초월해 사용하면서 현대의 모든 세속주의적 삶의 방식과 사고에 대해 강력히 비판하고 있다.

에 대한 신의 주권sovereignty을 거부한 결과이다. 자힐리야 상황에서는 신의 가장 위대한 속성 중 하나인 주권이 인간에게 전가되고, 일부 소수의 사람들이 다른 다수를 지배하려 한다.

더욱이 지금의 시대는 고대의 자힐리야 시대와는 달리 단순하고 원시적이지 않다. 현재의 자힐리야 상황은 새로운 가치를 창출하고, 집단행동을 통제할 수 있도록 법을 만들고, 그리고 삶의 방식을 선택하는 데 있어 신이 정해놓은 것을 무시하고 인간이 멋대로 결정할 수 있다고 주장하는 형태를 띠고 있다. 신의 권위에 대한 이러한 도전의 결과는 신의 창조물인 인간에 대한 억압으로 나타난다. 공산주의 체제하에서 일반인이 겪는 굴욕과 자본주의 시스템하에서 자본과 제국주의의 탐욕으로 발생하는 개인과 국가에 대한 착취는 신의 권위에 반기를 들고 신이 부여한 인간의 존엄성을 부인하는 데서 비롯된 당연한 결과들이다.

이러한 관점에서 볼 때 이슬람이 제시하는 삶의 방식은 독특하다. 이슬람 외의 다른 시스템에서는 사람들이 여러 형태로 다른 사람들을 숭배한다. 오직 이슬람적인 삶의 방식에서만이 모든 사람이 다른 사람을 섬기는 것에서 해방되고 오직 알라에게만 헌신할 수 있다. 오직 신으로부터만 인도를 받고 한 분만을 위해 경배를 드린다.

바로 여기서 길이 나뉜다. 자힐리야의 길과 이슬람의 길이다. 후자가 바로 우리가 가지고 있고 인류에게 선사할 수 있는 새로운 개념이다. 그리고 바로 이것이 인간의 삶에 있어 실질적인 모든 측면을 올바로 조직할 수 있는 새로운 삶의 방식이다. 이것이 또 인류가 현재까지 모르고 있던 이슬람의 핵심인 메시지이다. 이것은 서구이든 동구이든 간에 유럽의 천재적 학자들이 고안해낸 발명의 산물이 아니다. 오직 이슬람만이 가진 독특한 특성이다.

✽ ✽ ✽

의심할 여지 없이 우리는 이 새롭고 더할 나위 없이 완벽한 것을 가지고 있다. 우리가 비록 물질적 '생산'의 능력은 부족할지언정 그 동안 인류가 알지 못했던 것을 가지고 있는 것이다.

하지만 앞에서 언급했듯이 이 새로운 시스템이 제 역할을 수행하기 위해서는 구체적인 형태를 갖춰야 한다. 이 시스템에 따라 무슬림공동체가 모든 것을 조정하고 주도할 수 있어야 한다. 이런 환경을 만들기 위해 우리는 몇몇 무슬림 국가에서 이슬람 부흥 운동을 시작해야 한다. 오직 이러한 부흥 운동을 통해서만이 세계를 리드하는 지위에 올라설 수 있다. 리더의 자리에 도달하기까지 너무나 멀고 힘들지라도 우리가 선택할 수 있는 길은 부흥 운동을 일으키는 것뿐이다.

그러면 어떻게 이슬람 부흥의 과제를 시작할 수 있을까?

무엇보다 먼저 선봉대가 있어야 한다. 결단력을 가지고 일을 착수할 사람들이다. 전 세계를 에워싸고 있는 자힐리야의 광활한 대양을 넘어 끝까지 진군할 수 있는 사람들이어야 한다. 이들은 모든 분야에 확산되어 있는 자힐리야의 환경에 오염되지 않도록 일정한 거리를 두어야 한다. 하지만 때로는 극복의 대상인 자힐리야에 보조를 맞추며 정확히 그 상황을 파악하기 위한 노력도 기울여야 한다.

더불어 선봉대는 목표를 향해 나아가는 도정의 지형과 이정표를 잘 알고 있어야 한다. 그 출발점이 어디이고, 길의 속성이 무엇이고, 어떤 의무를 수행해야 하는지, 그리고 오랜 여정의 궁극적 목표가 어디인지를 항상 유념하기 위해서다. 이뿐만이 아니다. 이 세상을 뒤덮고 있는 자힐리야에 맞서려면 어떤 시각과 자세를 가져야 하는지 인지하고 있어야 한다. 언제 다른 사람들과 협력해야 하고 언제 그들과 분리되어야 하는지, 어떤 특성과 자질을 계발하고 지녀야 하는지, 선봉대와 맞서게 될 자힐리야가 어떤 특징과 속성으로 무장하고 있는지, 이슬람의 언어로 자힐리야의 사람들을 어떻게 설득해야 하는지, 어떤 주제와 문제들을 논의해야 하는지, 어떻게 이 모든 문제들에 대한 해답을 얻어야 하는지 등을 잘 알고 있어야 한다.

그 길의 이정표는 반드시 이슬람의 근원인 쿠란과 쿠란의 기본적인 가르침이 제시하는 불빛에 의해 밝혀져야 한다. 더불어 신이 그의 뜻을 이루기 위해 불러냈고, 신의 뜻이 정한 방향으로 인류 역사의 노정을 바꿨던 초창기 무슬림들의 정신과 자세에도 의거해야 한다.*

❋ ❋ ❋

그들 선봉대를 위해 나는 이 책 《진리를 향한 이정표》를 집필하

---

* 독실한 무슬림들은 사도 무함마드와 동시대에 살았던 초창기 무슬림들을 존경하는 동시에 그들의 행동과 언행을 따르려 노력하고 있다. 무함마드의 언행을 기록한 '하디스(Hadith)'는 이슬람법의 중요한 원천이 되고 있고, 무함마드의 협력자들이자 후계자들인 아부 바크르(Abu Bakr), 우마르(Umar), 우스만(Uthman), 그리고 알리(Ali)를 '정통 칼리파'라고 칭하며 이들이 통치한 시대를 이슬람의 가장 이상적인 정치 시스템으로 간주하고 있다.

였다. 그들은 앞으로 실현될 새로운 진리를 수행할 사람들이다. 내가 쓴 쿠란 해설집 《쿠란의 그늘에서Fi Zilal al-Quran, In the Shades of Quran》* 중 4개의 장을 가져와** 이 책의 주제에 맞게 수정을 가했다. 그리고 이 서론과 다른 여러 장들은 시간을 두고 여러 번에 걸쳐 써 내려갔다. 나는 쿠란이 제시한 삶의 방식에 대해 오랜 시간 묵상하는 동안 깨달은 진실들을 이 책을 집필하면서 녹여냈다. 이러한 나의 생각들이 때로는 이곳저곳에서 불쑥불쑥 드러날 것이며 서로 연결되지 않을 수도 있다. 하지만 분명한 것은 이러한 생각들이 일맥상통한다는 것이다. 이들 생각들이 바로 길가에 있는 이정표들이다. 길가의 이정표들은 가끔 등장하며 서로 멀리 떨어져 있기 마련이지만 이들 이정표 전체를 모아놓고 보면 하나의 큰 맥락 안에 연결되어 있음을 알 수 있다. 이 책의 내용은 전체 맥락에 대한 첫 번째 부분이라고도 할 수 있다. 신이 허락한다면 나는 앞으로 이 주제를 놓고 더 많은 글을 집필할 수 있길 희망한다.

이러한 나의 희망은 알라의 인도에 따른 것이다.

---

* 쿠틉은 1951년에서 1965년까지 약 14년 동안 30권 분량의 이 방대한 쿠란 해설서를 집필했다. 이슬람 국가와 사회에 대한 쿠틉의 사상이 녹아있는 이 해설서는 대부분 옥중에서 작성되었다. 일부 무슬림들은 쿠틉의 이 해설서가 쿠란에 대한 명확한 해석을 담고 있다고 주장하고 있다. 하지만 대다수 이슬람 학자들은 "지나치게 개인적 의견이 담긴 쿠란 주해"라고 깎아내리고 있다. 30권 분량인 쿠틉의 쿠란 해설서는 영어, 불어, 독일어, 우르두어, 터키어, 페르시아어 등으로 번역되었다.

** 4개의 장은 〈쿠란적 방식의 본질(The Nature of the Quranic Method)〉, 〈이슬람의 개념과 문화(Islamic Concept and Culture)〉, 〈알라를 위한 지하드(Jihad in the Cause of God)〉, 그리고 〈무슬림공동체와 그 속성의 부활(Revival of the Muslim Community and its Characteristics)〉이다.

제1장
쿠란 세대의 독특함

예언자의 동료들이 마신 샘물의 원천은 바로 성스러운 쿠란이다. 오로지 쿠란만이 예언자의 언행과 그의 가르침이 흘러나온 근원일 따름이다. 어떤 이가 믿음의 어머니 아이샤에게 예언자의 성품에 관해 물었다. 아이샤는 답했다. "그의 성품은 곧 쿠란입니다."

어느 나라 어떤 시대를 막론하고 이슬람의 사명을 수행하는 사람들은 이슬람 역사의 특수한 측면을 염두에 두고 깊이 연구해야 한다. 이는 이슬람으로 사람들을 인도하고 이슬람의 사고방식에 익숙해지도록 하는 방법과 관련된 것이다.

한때 이슬람의 말씀은 위대한 한 세대를 만들어냈다. 바로 예언자와 함께 호흡했던 동료들의 세대이다. 이슬람 역사에서, 아니 인류 전체의 역사에서 이들과 어깨를 견줄 수 있는 세대는 찾아볼 수 없다. 이들 이후 그런 역량을 가진 세대는 다시 출현하지 않았다. 역사상 이들과 맞먹을 정도의 역량을 지녔던 개인은 여기저기서 찾아볼 수 있지만 그토록 많은 인물이 한 지역에서 출현했던 것은 이슬람 초기를 제외하고 유례를 찾기 힘들다. 이는 부인할 수 없는 명백한 역사의 진실이다. 이 점을 깊이 숙고해야 그 비밀에 접근할 수 있으리라.

신이 이들 세대에게 남긴 말씀이 쿠란이다. 쿠란은 아직 변하지 않고 우리 손에 남아 있다. 쿠란 외에 또 다른 말씀은 하디스Hadith, 예언자 무함마드의 언행록다. 예언자의 실제 생활과 성스러운 삶의 족적을 담은 역사다. 이 성스러운 기록 역시 우리 손에 있다. 초기 무슬

|제1장| 쿠란 세대의 독특함   65

림공동체가 손에 쥐고 있던 바로 그 기록 그대로다. 이런 기록은 그와 똑같은 역사가 다시는 만들어질 수 없으리라는 것을 보여주는데, 초창기 무슬림들의 삶이 너무나도 모범적이었기 때문이다. 하지만 그 정신과 기록은 현재까지 전해지고 있다. 그때와 다른 유일한 차이가 있다면, 오로지 당시에는 신께서 보내신 예언자 무함마드가 현존해 있었다는 것일 뿐이다. 그러나 오로지 예언자의 존재만으로 그 유일하고 위대한 세대의 출현에 얽힌 비밀이 남김없이 설명될 수 있을까?

알라의 뜻이 이 세상에 세워지고 결실을 맺는 데 예언자의 존재가 절대적이었다면, 전능한 알라는 이슬람을 굳이 전 인류를 위한 보편적 메시지로 만들지 않으셨으리라. 예언자의 존재에 얽매이는 한 이슬람은 특정 지역의 종교에 지나지 않는다. 그러나 알라는 이슬람을 인류 전체를 위한 궁극적이며 거룩한 종교로 삼으셨다. 이슬람은 세상의 종말이 찾아올 때까지 이 지구에서 살아갈 모든 사람에게 내리신 알라의 행동지침이다.

전능하신 알라께서 자신의 가르침에 관한 거룩한 기록 쿠란을 보존케 한 것은, 예언자 시대 이후에도 이슬람이 굳건한 토대를 다지고 인류를 복되게 하리라는 것을 아셨기 때문이다. 그래서 알라는 예언자로 하여금 23년에 걸쳐 사역하게 한 다음 다시 불러올리셨으며, 종말에 이르기까지 이슬람이 역할을 다하리라고 선포하셨다.

따라서 알라께서 보내신 예언자가 없다는 게 위에서 말한 위대한 세대가 다시 출현하지 못한 진짜 이유는 아니다.

그러므로 우리는 다른 이유를 찾아봐야 한다. 이를 위해 우리는 무슬림의 첫 세대가 그 목마름을 해소했던 맑은 샘에 주목해야 한다. 아마도 그 맑은 샘물에 무언가 섞였으리라. 우리는 그들이 단련받은 방식에 주목할 필요가 있다. 아마도 그 방식에 어떤 변화가 있었던 것은 아닐까.

예언자의 동료들이 마신 샘물의 원천은 바로 성스러운 쿠란이다. 오로지 쿠란만이 예언자의 언행과 그의 가르침이 흘러나온 근원일 따름이다. 어떤 이가 믿음의 어머니 아이샤Aisha*에게 예언자의 성품에 관해 물었다. 아이샤는 답했다. "그의 성품은 곧 쿠란입니다."**

성스러운 쿠란은 초창기 무슬림이 목마름을 해소하기 위해 마신 유일한 샘이다. 오로지 쿠란만이 그들의 삶을 가꾸는 틀이었다. 쿠란이 유일한 지침서였던 것은 다른 문명이나 문화, 과학, 학문이나 학파 따위가 없어서가 아니었다. 오늘날 유럽 문화의 토대로 여겨지는 로마의 문화, 문명, 책들이 당시 존재했으며 논리학, 철학, 예술 등에서 서구 사상이 영감을 얻어내는 원천이라 할 그리스 문화의 유산도 있었다. 또한 페르시아의 문명, 예술, 시학, 전설, 종교와 정치체제도 있었다.

다른 문명도 많았다. 가깝게는 인도, 멀리는 중국의 문명도 있었다. 로마와 페르시아 문화는 아라비아 반도의 북쪽과 남쪽에 뿌리

---

* 아이샤 빈트 아부 바크르(Aisha bint Abu Bakr, 613년경~ 678년)는 예언자 무함마드의 부인이자 제1대 정통 칼리파 아부 바크르의 딸이다. '믿는 자들의 어머니'라고 불릴 정도로 이슬람의 전파와 발전에 공헌하였다. 또한 무함마드 사후 그의 언행록인 하디스를 집대성하는 데 크게 기여하였다.

** 쿠란 알 니사(Al-Nisaa) 장.

를 내린 반면, 유대인과 기독교도들은 아라비아의 심장부에 자리를 잡았다. 그래서 초창기 무슬림 세대가 다른 문명과 문화를 알지 못해서 자신의 종교를 이해하는 데 쿠란에만 의존했다고 볼 수는 없다. 오히려 오직 알라의 말씀을 따르며 철저히 실천한 결과가 아닐까? 그 좋은 예로, 우마르가 토라_유대교 경전_에서 몇몇 구절을 따왔을 때 알라가 보내신 예언자가 표현한 불만 속에서 이를 엿볼 수 있다. 알라가 보내신 예언자는 이렇게 말했다. "알라에게 맹세코 말하건대, 오늘날 너희 가운데 모세가 살아있을지라도 나를 따르지 않고는 아무런 의지할 곳을 얻지 못하리라."*

이 일화는 예언자 무함마드가 인도한 초창기 무슬림들의 훈련방법을 잘 말해주고 있다. 그는 이들이 하나의 안내서, 즉 알라의 책 쿠란만 따르도록 인도한 것이다. 이들 무슬림들이 오직 한마음으로 쿠란에 몰두하고 그 가르침에 따라 모든 삶을 영위해야 한다는 것이 무함마드의 생각이었다. 때문에 예언자는 우마르가 쿠란 외의 다른 책에 눈길을 돌렸을 때 불편한 심기를 드러낸 것이다.

초창기 이슬람의 최고 지도자로서 무함마드는 순수한 마음과 정신, 그리고 이해력을 지닌 세대를 키워내야겠다는 의지를 가졌다. 따라서 다른 종교나 문화에 영향을 받지 않은 순수한 쿠란에 계시된 알라의 뜻에 따라 이들을 단련시켰다.

결과적으로 초창기 무슬림들은 한 가지 샘물을 마셨기에 역사상

---

* 알 하피드 아부 얄라(al-Hafidh Abu Yala)가 전한 이 일화는 히마드(Himad), 알 슈비(al-Shubi), 자비르(Jabir) 하디스에 언급되고 있다.

의 다른 세대와는 구별되는 특별한 세대로 남을 수 있었다. 하지만 시간이 지나면서 이 샘물에 다른 근원과 가르침이 섞이기 시작했다. 후대의 무슬림들은 그리스 철학과 논리학, 고대 페르시아의 설화와 사상, 유대교의 경전과 전통, 기독교 신학, 그리고 이와 더불어 다른 여러 종교와 문명의 찌꺼기들까지 받아들여 순수한 이슬람을 오염시켰다. 다른 문명과 종교가 가져온 세속주의적 사상과 시각은 쿠란 해석과 신학 이론에 악영향을 주었고, 더 나아가 이슬람 법학과 이슬람의 다른 기본 원칙에까지 파고들어 뒤섞이게 되었다. 따라서 초창기 무슬림 이후 세대들은 순수한 쿠란의 가르침이 아니라 다른 것들과 혼합된 사상과 개념을 배우고 그것에 따라 훈련받게 되었다. 초창기 무슬림들과 같은 세대가 등장할 수 없었던 이유가 여기에 있다.

따라서 특별하고 위대한 초창기 무슬림들과 이후 세대 무슬림들의 차이가 분명히 나타난다. 이슬람의 가르침에 있어 가장 중요한 근원인 쿠란의 순수성이 다른 근원들과 섞여 오염되었다는 점에서 후대의 무슬림 세대는 올바른 이슬람적 훈련을 경험하기 어려웠으리라.

독특한 배움의 방법

제1세대 무슬림과 그 이후 무슬림 세대의 차이를 결정짓는 또 다른 중요한 요인이 있다. 초창기 무슬림들이 가졌던 독특한 배움의 방법이 그것이다.

초창기 무슬림들은 문화와 정보를 얻거나 즐기기 위한 목적으로 쿠란을 접하지 않았다. 그들은 예를 들어 지식의 양을 늘리기 위해, 과학적 또는 법적 문제들을 해결하기 위해, 그리고 호기심을 해소하기 위한 수단으로 쿠란을 보지 않았다. 그들은 전지전능한 창조주가 자신들의 삶과 무슬림공동체를 위해 계획한 것이 무엇인지 정확히 알고자 했다. 마치 전쟁터에 있는 병사가 자신이 수행해야 할 임무를 파악하기 위해 매일 '오늘의 과제'를 읽듯이, 초창기 무슬림들은 쿠란에서 보고 들은 것을 즉시 행하려는 자세를 가지고 쿠란을 대했다. 그들은 감당할 수 없을 정도의 쿠란 구절을 읽지도 않았다. 한 번에 너무 많은 쿠란 구절을 읽을 경우 그 가르침을 모두 수행할 수 없다고 판단했기 때문이다. 최대 10구절 정도만을 읽고 암기하고 그대로 행했다. 압둘라 빈 마수드Abdullah bin Mas'ood*가 전한 하디스의 구절들을 보면 이런 전통을 정확히 알 수 있다. 마수드는 "쿠란을 읽고 행하라. 그러면 물속이 아니라 쿠란 속에 빠질 것이다"라고 전했다.

가르침에 행동이 수반되어야 한다는 점을 이해하면서 초창기 무슬림들은 영적인 충족과 지식의 문이 열리는 것을 느낄 수 있었다. 만약 그들이 단지 토론, 지식, 정보를 위해서 쿠란을 읽었다면 이러한 충족감을 느낄 수는 없었을 것이다. 더욱이 이런 방법을 통해 단련되면서 가르침을 행동으로 옮기는 게 더욱 수월해지고 부담감

---

* 마수드(652년 사망 추정)는 예언자 무함마드가 메카에서 설교를 시작한 이후 여섯 번째로 개종한 사람이다. 무함마드의 가장 가까운 동료 중 한 명으로, 후에 쿠란과 하디스를 집대성하는 데 크게 기여하였다.

을 떨칠 수 있게 되었다. 결과적으로 쿠란의 가르침은 그들 인성의 일부가 되었다. 쿠란이 삶과 성격에 녹아들면서 그들은 믿음의 살아 있는 모범이 될 수 있었던 것이다. 믿음은 이처럼 책 속에 감추어진 지식이나 정보를 이해하는 것에 그치는 것이 아니라 삶의 방향은 물론 더 나아가 역사의 흐름을 바꾸는 실천적인 역동성을 가지는 것이다.

그 가르침을 행동으로 옮기겠다는 의지를 갖지 않고 읽는 사람들은 쿠란 속에 담긴 보물을 발견할 수 없다. 쿠란은 지적인 내용을 전달하기 위한 책이나 문학 서적이 아니다. 또한 역사와 설화를 전할 목적으로 완성된 것도 아니다. 물론 쿠란에 이와 같은 내용이 담겨 있는 것은 사실이다. 그러나 쿠란이 계시된 가장 중요한 목적은 삶의 방식과 알라를 섬기는 길을 우리에게 알려주기 위한 것이다. 때문에 지고하신 알라는 시간을 두고 단계적으로 초창기 무슬림들에게 쿠란을 계시하셨다.* 시간을 두고 마음과 몸에 새기며 낭송되도록 말이다.

> 내가 쿠란을 부분적으로 계시함은 그대가 백성들에게
> 시간을 두고 꾸준히 차근차근 낭송하도록 하기 위해서다.
> 이를 위해 나는 그것을 단계를 나누어 계시하였노라. (쿠란 17:106)

---

* 예언자 무함마드가 쿠란의 첫 계시를 받은 것은 610년이다. 이후 그가 사망한 해인 632년까지 약 23년간 알라의 계시가 이어진다. 무슬림 학자들은 계시가 내려진 장소를 기준으로 '메카 계시' 그리고 '메디나 계시'로 쿠란의 장을 나누기도 한다.

쿠란은 한 번에 계시되지 않았다. 오히려 쿠란은 시간이 지남에 따라 사상과 개념이 발전하면서 등장한 새로운 문제들, 공동체가 확대되면서 발생하고 나타난 사회적 문제들, 그리고 실용적인 측면에서 공동체가 직면하게 된 새로운 도전들을 해결하기 위해 필요에 따라 계시된 것이다. 하나의 구절 또는 여러 구절의 형태로 특수한 상황과 사건에 해결책을 제시하기 위해 계시되었다. 이렇게 새로 계시된 쿠란의 구절은 사람들의 마음속에 생겨난 의문에 답을 제시했고, 사건의 본질을 설명해 주었으며 이에 대처할 수 있는 방안을 제공했다. 이 구절들은 또 가르침을 이해하고 실행에 옮기는 과정에서 나타날 수 있는 실수를 고쳐주면서 그들을 알라께 더욱 가까이 인도해주었다. 이를 통해 사람들은 알라의 속성에 따라 창조된 우주의 여러 측면을 깨닫게 되었다. 결과적으로 사람들은 삶의 모든 순간이 전지전능한 알라의 지속적인 인도와 지도 아래 있다는 것과, 알라가 펼친 자비의 날개 아래에서 삶을 영위한다는 것을 명확히 알게 되었다. 알라와의 이러한 지속적인 관계를 이해하게 되면서 사람들은 자신의 삶을 알라가 인도한 신성한 삶의 방식에 맞추어갔다.

정리하자면 쿠란의 구절들을 행동으로 옮기는 것이 초창기 무슬림들이 가졌던 독특한 배움의 방법이었다. 반면, 이후 무슬림 세대는 학문적 토론과 즐거움을 추구하는 데 지나친 관심을 보였다. 바로 이것이 위대한 초창기 무슬림과 그 이후 무슬림 세대와의 차이를 결정지었던 두 번째 요인이다.

과거와의 단절

이슬람 역사에서 초창기 무슬림들과 그 이후 무슬림 세대와의 차이를 결정지었던 세 번째 요인은 무엇일까. 이제 그것에 대해 살펴보자.

바로 과거와의 단절이 세 번째 요인이다. 예언자 무함마드 시대에 이슬람으로 개종한 사람은 즉시 자신을 자힐리야로부터 단절시켰다. 이슬람의 테두리 안으로 들어오는 순간부터 그는 새로운 삶을 시작했다. 성스러운 섭리와 법에 대해 무지했던 과거의 삶으로부터 자신을 완전히 격리시켰다. 과거 무지의 삶 속에서 행한 행동들은 이슬람에서는 용납될 수 없는 불순한 것이라고 판단했다. 이러한 인식에서 출발해 그는 이슬람을 새로운 삶의 지침으로 받아들이고 귀의했다. 만약 언제라도 불순한 생각이 들고 과거의 습관들이 자신을 유혹하거나 이슬람의 가르침을 수행하는 데 있어서 나태해진다면, 그는 죄책감 속에서 끊임없이 번뇌하고 자신을 정화하기 위해 다시 쿠란으로 귀의해 그 가르침에 따라 자신을 다지는 작업을 반복했다.

다시 말해 과거 자힐리야의 삶과 무슬림이 된 이후의 삶 사이에는 명확한 단절이 있어야 한다. 심사숙고를 통한 결단을 내려야 한다. 자힐리야와의 관계를 완전히 끊어냈을 때 무슬림은 비로소 완전히 이슬람의 품 안에 들어가는 것이다. 물론 다른 종교를 믿는 사람들과 거래 관계를 맺을 수는 있다. 자힐리야와 단절하는 것과 일상적인 비즈니스를 하는 것은 별개의 문제다.

자힐리야적 환경, 그 관습과 전통, 그리고 그 사상과 개념을 단념하는 것은 다신 숭배를 단호히 부정하고 유일한 주님만을 경배하는 것으로부터 시작되었다. 이를 통해 초창기 무슬림들은 삶과 세계에 대한 자힐리야적 시각을 이슬람적 시각으로 대체했다. 또 새로운 리더십을 가진 무슬림공동체에 완전히 흡수되고, 이 새로운 사회와 리더십에 헌신적으로 충성하는 것으로서 자힐리야와의 단절을 구현했다.

이는 과거의 방식을 버리고 새로운 여정을 시작하는 것이었다. 자힐리야 사회의 가치, 개념, 전통으로부터 받았던 압박에서 벗어나 새로운 길을 떠나는 것이었다. 물론 새로운 여정에 고난은 찾아왔다. 메카를 지배하던 가문들은 이슬람 사상의 확산을 두려워하여 그들을 고문하고 박해했다. 그러나 초창기 무슬림들은 가슴 속 깊이 새긴 결단과 평정심을 잃지 않고 고난을 헤치고 나아갈 수 있었다. 어떠한 자힐리야적 압박도 결의에 찬 무슬림이 지속적으로 자신의 신앙을 지켜나가는 데 장애가 되지는 않았다.

자힐리야가 이슬람 이전 시대에만 존재했던 것은 아니다. 오늘날 우리도 자힐리야에 둘러싸여 있다. 이슬람 초창기 상황과 비슷하다고 할 수도 있고 그 당시보다 더욱 심각한 상황이라고 할 수도 있다. 우리를 둘러싼 모든 환경, 즉 사람들의 믿음과 사상, 습관과 예술, 규율과 법 등 모든 것이 자힐리야다. 심지어 우리가 이슬람 문화, 이슬람의 근원, 이슬람 철학 및 이슬람 사상이라고 간주하는 것들조차 자힐리야적 산물이라고 볼 수도 있다.

이러한 이유에서 진정한 이슬람의 가치가 우리의 마음속에 자리 잡지 못하고 있다. 또, 우리의 생각과 행동이 이슬람의 가르침과 개념으로 빛을 발하고 있지 못하다. 결과적으로 초창기 무슬림들과 같은 역량을 갖춘 사람들의 무리가 현 시대에 나타나지 않고 있다.

때문에 이슬람 운동을 추진해나가기 위해, 그리고 이를 위한 훈련과 교육을 시작하기 위해 현재 우리의 주변에 팽배해 있는 자힐리야의 영향과 잔재로부터 우리 자신을 분리해 내는 것이 절대적으로 필요하다. 초창기 무슬림들이 가르침을 받았던 그 순수한 근원, 즉 다른 것과 섞이거나 오염되지 않은 가장 순수한 근원으로 돌아가야 한다. 우주와 인간 존재의 본질을 이해하고 이 두 본질과 지고하신 알라와의 관계를 파악하기 위해 우리는 순수한 근원으로 돌아가야만 한다. 그리고 그 순수한 근원으로부터 우리의 삶, 정부 시스템의 근간, 정치, 경제 등 모든 분야의 기준을 정립하고 해답을 찾아내야 한다.

이슬람의 순수한 근원, 즉 쿠란으로 돌아감에 있어서 우리는 학문적 지식만을 추구하는 것이 아니라 그 가르침에 따라 행동하려는 마음을 가져야 한다. 인간이 어떤 존재가 되기를 원하는지 알기 위해 우리는 그 순수한 근원으로 돌아가야 한다. 이 과정에서 우리는 쿠란이 가진 문학적 아름다움, 최후의 심판과 같은 놀라운 이야기들, 직관적인 논리, 그 외에 학자들과 문학가들이 경탄해 마지않는 여러 요소를 발견하게 될 것이다. 그러나 이런 것들은 부차적이다. 이런 측면을 발견해내는 것이 쿠란을 공부해야 하는 주된 목적은 아니다. 우리가 추구하는 가장 중요한 목표는 쿠란이 우리에게 요구하는 삶이 무엇인지, 쿠란이 우리에게 인식하기를 바라는 우주에 대한 포괄적 관점이 무엇인지, 쿠란이 우리에게 가르치는 알라와 인간의 관계가 무엇인지, 우리가 가져야할 도덕과 예절은 어떤 것인지, 그리고 우리가 이 세상에 정착시켜야 할 법과 정치 제도가 무엇인지를 깨닫는 것이다.

우리는 또 마수와 같은 자힐리야적 사회 환경, 개념, 관습과 리더십에서 벗어나야 한다. 우리의 사명은 자힐리야 사회의 관행과 타협하거나 복종하지 않는 것이다. 자힐리야 사회는 그 자힐리야적 속성 때문에 절대로 타협의 대상이 될 수 없다. 우리의 목표는 먼저 우리 자신을 변화시킨 후 마침내 전체 사회를 바꾸는 것이다. 우리를 지배하는 사회의 자힐리야적 시스템을 뿌리째 뽑아야 한다. 이 자힐리야적 시스템은 폭력과 억압적인 방법을 통해 우리가 창조주 알라가 계시한 삶의 방식으로 살아가지 못하도록 하고 있다.

이 목표를 수행하기 위한 첫 번째 단계에서 우리는 자힐리야 사회의 가치와 개념들 위에 우뚝 서야 한다. 현재의 자힐리야 사회와 타협하기 위해 알라가 계시한 가치와 개념들을 부분적으로라도 수정해서는 안 된다. 절대로 그렇게 해서는 안 된다. 우리의 길과 자힐리야의 길은 완전히 다르다. 만약 우리가 자힐리야의 길에 한 발짝이라도 들여놓게 된다면, 우리는 목표를 완전히 잃고 헤매게 될 것이다.

이 과정에서 어려움과 시련을 겪고 또 엄청난 희생을 감내해야 한다는 점을 우리는 잘 알고 있다. 하지만 우리가 초창기 무슬림들의 발자취를 따라 걷기를 원한다면 알라께서 우리 의지의 주인이 되어주실 것이다. 다시 말하건대 알라께서는 초창기 무슬림들을 통해 그의 체제를 확립하셨고 자힐리야에 승리를 거두셨다.

그러므로 우리는 나아가야 할 행동 방향과 입장, 그리고 무지로부터 벗어나기 위해 걸어나가야 할 길의 본질에 대해 항상 잊지 말아야 한다. 고귀하고 특별한 예언자의 동료 세대, 즉 초창기 무슬림 세대가 그렇게 자힐리야의 무지에서 벗어난 것처럼.

제2장

쿠란적 방식의 본질

만약 알라의 소명이 초기 단계부터 민족국가 설립을 위한 움직임이나 사회운동 또는 개혁적 시도로 수행되었다면, 그리고 '알라 외에 다른 신은 없다'라는 소명 이외의 다른 꼬리표가 붙었더라면 알라만을 위한 이 축복받은 이슬람 체계는 결코 세워질 수 없었을 것이다.

메카에서 예언자 무함마드에게 13년에 걸쳐 계시된 쿠란의 장들메카 계시은 가장 중요한 본질적 문제를 다루고 있다.* 비록 쿠란이 여러 문체로 계시되었지만 이 본질적인 문제에 대한 논지는 변하지 않았다. (물론 유대교와 기독교도 유사한 점을 지적하고 있지만) 쿠란은 이 본질적 문제가 마치 처음 제기된 것처럼 새로운 방식으로 언급하고 있다. 새로운 종교 이슬람이 가장 중요하고 본질적인 문제로 간주한 사안이었기 때문이다.

그것은 신과 인간, 그리고 그 관계를 규정하는 신앙의 문제였다. 이슬람은 (기독교와는 달리) 본질적인 문제가 인간을 통해 인간에게 전해진다고 규정한다. (알라의 아들이 아니라) 인간이 창조주 알라의 계시를 받아 모든 인류에게 그 가르침을 전한다는 것이다. 이

---

* 쿠란의 계시는 시기에 따라 메카 계시와 메디나 계시로 구분된다. 메카 계시는 주로 종교적인 것을, 메디나 계시는 법적이고 사회적인 문제를 주로 다룬다. 그렇지만 이는 이해를 위한 구분이며 쿠란의 구성이 시간적 흐름에 따라 이루어진 것은 아니다. 즉, 메카 계시와 메디나 계시가 구분되지 않고 묶여 있으며 각 장이 어떤 계시였는지만 알 수 있다. 이슬람에서 서기 622년 무함마드의 메카에서 메디나로의 이주(Hijra, 히즈라)는 질적으로 다른 시간대를 의미하며 이해가 이슬람력의 원년이 된다.

러한 의미에서 이슬람에서는 모든 인간이 동등하다. 지역과 시대에 구분을 두지 않는다. 초창기 시대에 속해 있든 이후 세대에 속해 있든 모두 동등할 뿐이다.

이슬람에서 신앙은 변치 않는 인간의 문제다. 즉, 우주에서 인간의 존재, 인간과 우주와의 관계, 그리고 인간의 궁극적인 목표에 대한 문제다. 그리고 더욱더 중요한 것은 인간과 우주의 창조주 알라와의 관계에 대한 문제다. 인간의 삶에서 이러한 측면은 변할 수 없다. 인간의 존재 이유와 직결되기 때문이다.

메카 계시에서 쿠란은 인간에게 존재에 대한 비밀과 인간을 둘러싼 우주의 비밀을 설명한다. 인간이 누구인지, 어디에서 왔는지, 무슨 목적을 갖고 궁극적으로는 어디로 가는지, 누가 그를 무로부터 존재하게 만들었는지, 그가 누구에게로 돌아갈지, 그리고 그의 영혼이 도착할 궁극적인 종착지는 어디인지에 대해서 이야기한다. 또한, 인간이 만지고 볼 수 있는 것들의 본질은 물론 지각할 수는 있지만 볼 수 없는 것들의 본질에 대해서도 언급한다. 그리고 누가 이러한 경이로운 세계를 창조했고 다스리는지, 누가 밤과 낮을 교차시키는지, 누가 사물을 소생시키고 변화시키는지에 대해서도 알려준다. 쿠란은 또 인간이 창조주, 눈에 보이는 세계, 그리고 다른 인간들과 어떻게 관계를 맺을지에 대해서도 언급한다.

인간의 존재는 이 중요한 문제에 좌우되며 세상이 끝나는 날까지 그럴 것이다. 그래서 13년 동안의 메카 시대는 이 근원적인 문제를 상세하게 설명한다. 인류의 삶과 관련된 모든 다른 문제들과 세부 사안들이 이 문제로부터 비롯된다.

메카 계시에서 쿠란은 이 본질적인 문제를 가장 중요한 주제이자 거의 유일한 메시지로 삼았다. 다른 부차적인 주제나 이로부터 파생된 문제에 대해서는 그리 심각하게 다루지 않았다. 전지하신 알라는 이처럼 신앙과 관련된 문제들이 충분히 설명되도록 하였고, 선택된 사람들이 이를 마음속 깊이 이해할 때까지 다른 부수적인 문제들은 말씀하지 않으셨다. 선택된 사람들이 이를 이해하고 나서야 알라의 종교를 확립할 수 있도록 실질적인 문제를 풀 수 있는 길을 말씀하시고 현실에 적용토록 하셨다.

쿠란의 핵심 '라 일라하 일랄라'

알라의 종교를 추구하고 이에 명시된 삶의 방식을 확립하고자 하는 사람들은 13년이라는 기간 동안 쿠란이 오직 이 신앙에 대해서만 설명했다는 사실에 대해 충분히 고민해야 한다. 이는 신앙을 기반으로 세워져야 할 체계의 세부항목 또는 무슬림 사회의 조직을 위한 관련 법률에 대한 설명을 일부러 미루어 신앙의 논점에서 벗어나지 않게 하기 위함이었다.

예언자 무함마드가 그를 따르는 사람들에게 전한 최초 메시지의 핵심 주제로 신앙과 믿음이라는 근원적인 문제를 선택한 것은 알라의 지혜다. 알라의 사도 무함마드가 이들에게 전한 최초의 말씀은 그들이 '알라 외에 다른 신은 없다'라는 증언을 가슴에 새기라는 것이었다. 무함마드는 누가 사람들의 삶을 진정으로 부양하는지를 가르쳤고, 오직 알라만을 섬겨야 한다는 것을 알리는 데 전력했다.

제한적일 수밖에 없는 인간의 이해력이라는 관점에서 이러한 방식은 아랍인의 마음을 움직이는 데 그리 쉬운 길을 아니었다고 볼 수 있다. 아랍인들은 '라 일라하 일랄라알라 외에 다른 신은 없다'*에서 '일라히신'의 의미가 무엇인지 잘 알고 있었다. 믿음의 대상으로서 여러 신들을 경배하던 상황에서 알라만을 믿으라는 주장에 담긴 속뜻도 파악하고 있었다. 그들은 무함마드가 주창하는 '울루히야'**가 '알라의 주권'을 의미한다는 것도 알고 있었다. 또한 주권이 오직 알라에게 속한다는 주장이 성직자, 부족장, 부유층, 통치자들의 권력에 도전한다는 사실도 인식하고 있었다. 모든 것이 이들 세속적인 지배층이 아니라 결국 알라에게 귀속된다는 의미였기 때문이다. 이는 인간의 마음과 양심, 종교적인 규율, 사업과 부의 분배, 정의의 실행과 관련된 삶의 문제 등 인간의 영혼과 육체에 관한 모든 사안에서 오직 알라의 권위만이 인정된다는 것을 의미한다. 따라서 아랍인들은 '알라 외에 다른 신은 없다'라는 선언이 알라의 위대한 속성인 주권을 찬탈해온 세속의 권력에 도전하는 것이라는 점도 잘 알았다. 이는 알라의 주권이 찬탈된 상황하에서 만들어진 모든 세속의 행태에 대해 부정하고 반기를 드는 것이었다. 또, 알라가 인정하지 않은 법들을 제정한 세속 권력에 대한 선전포고였다. '라 일라하 일랄라'는 당시 아랍인들과 그들 사회에 던지는 의미심장한 메시지였다. 기존의 전통과 법률, 권력의 틀을 바꾸려는 시도

---

* 이 증언은 이슬람의 여섯 가지 믿음 중 가장 중요한 첫 번째 사안인 '신앙고백(샤하다)'이 되었다.

** uluhiyya는 신의 통치가 적용되는 정치 및 사회 형태를 의미한다.

가 담겨 있었다. 예상대로 대다수 아랍인들은 이러한 혁명적인 메시지에 분노했고, 강력히 저항했다.

이런 결과를 예상하면서도 이 소명은 왜 이러한 방식으로 시작되었을까? 그리고 왜 알라는 이 소명이 시작 단계에서부터 고난에 직면하도록 결정하셨을까?

권력이 아닌 신앙의 방식

무함마드가 알라의 사도로서 소명을 받을 당시 아랍인들의 영토와 부는 이방인들의 손에 있었다.

북쪽의 시리아는 로마 제국 통치하에 현지 아랍인을 대리 통치자로 임명해 다스렸다. 남쪽의 예멘은 페르시아 왕국의 보호 아래 있었다.* 페르시아도 역시 아랍인 대리 통치자를 이용해 그곳을 통치했다. 몇몇 오아시스를 제외하고는 대부분 물이 없는 사막 지역인 히자즈아라비아 반도 서부 지역, 티하마아라비아 반도 서부 홍해 연안 지역, 그리고 나즈드아라비아 반도의 중앙부 지역에서만 아랍인들이 주인 행세를 했을 뿐이었다.

이런 어려운 상황에서 무함마드와 같은 지도자가 필요했을 것이다. 무함마드는 사람들에게 '알 아민 알 사디크믿을만하고 정직한'라고 불렸다. 알라의 계시를 받기 15년 전에도 그는 자신의 부족 내에서

---

* 이슬람이 태동할 당시 중동 지역은 동로마 제국과 페르시아의 사산 제국 간 각축장이었다.

신뢰를 받을 만한 역할을 수행했다. 검은 돌*을 어디에 두어야 하는지를 두고 발생한 분쟁에서 쿠라이쉬 부족의 지도자들은 무함마드에게 중재 역할을 요청했다. 지도자들은 그의 결정에 만족했다. 그는 쿠라이쉬 부족 중 명망 있는 가문인 바누 하쉼 출신이었다. 그 출신만으로도 무함마드는 아랍 민족주의의 불을 지피고 이를 통해 결속을 이끌어낼 수 있는 역량이 있었다고 볼 수 있다. 만약 그가 원했다면 아랍인들은 기꺼이 무함마드의 부름에 응했을 것이다. 계속되는 외부세력의 압제, 부족 간의 전쟁과 갈등에 지쳐 있었기 때문이다. 이런 방식으로도 무함마드는 로마와 페르시아 제국의 지배로부터 아랍 영토를 해방시키고 통일된 아랍 국가를 세울 수 있었을 것이다. 굳이 기득권 세력의 반발로 13년 동안 고초를 참아내는 어려운 길을 택할 필요가 없었을지도 모른다.

또, 만약 아라비아가 그의 지도력하에 통일되고 반도 내의 권위와 권력이 그에게 집중되었다면, 이를 이용해 알라가 그를 보내신 목적인 유일신 신앙을 받아들이도록 사람들에게 강요할 수도 있었을 것이다. 또는 자신의 인간적인 권위에 사람들이 복종하도록 만든 뒤 부양자인 알라께 복종하도록 그들을 쉽게 설득할 수도 있었을 것이다.

그러나 전지전능하신 알라는 그의 사도를 이러한 길로 인도하지 않으셨다. 알라는 그가 공개적으로 알라 외에 다른 신은 없다고 선

---

* Black Stone, 현재 메카의 카바 신전 내부에 있는 성스러운 돌로서 고대로부터 숭배의 대상이 되어 왔다.

언하고 소수의 동지들과 함께 어떤 고난이 닥쳐오더라도 끈기 있게 참아내도록 하는 어려운 길로 인도했다.

왜 그랬을까? 알라가 아무런 의미 없이 그의 사도와 초창기 믿는 자들이 탄압받게 하려는 것은 분명히 아니었다. 오히려 알라는 이 방식이 최선의 것이며, 이 외에 다른 방법이 없다는 것을 잘 알고 계셨다. 로마와 페르시아의 억압으로부터 이 땅을 해방시켜 새로운 아랍 독재자를 섬기게 하려고 그의 사도를 인도하신 것이 아니었기 때문이다.

그 진정한 뜻은 단지 다음과 같은 가르침이라 할 것이다. 모든 독재는 사악하다! 지상은 알라에게 속한 것이며 알라를 위해 정화되어야 한다. 그리고 '알라 외에 다른 신은 없다'라는 깃발이 곳곳에 펄럭이지 않는 한, 이 땅은 알라를 위해 정화될 수 없다. 인간은 알라의 종일 뿐이며 '알라 외에 다른 신은 없다'라는 깃발이 펄럭이는 한 인간은 앞으로도 여전히 그럴 것이다.

또한 아랍어에 대한 지식을 가진 아랍인들은 '라 일라하 일랄라'를 다음과 같이 이해한다. 알라의 주권 이외에 다른 주권은 없다. 알라로부터 받은 법 이외에 다른 법은 없다. 다른 인간에 대한 인간의 권위는 없다. 왜냐하면 모든 권위는 알라에게 속한 것이기 때문이다. 이슬람에서 인간의 '분류'는 이러한 믿음에만 근거를 두고 있다. 아랍인이든 로마인이든 페르시아인이든 간에 이러한 믿음 안에서 인종과 피부색을 망라한 모든 사람들은 알라의 인도 아래 동등하다.

이런 믿음을 갖도록 하는 것이 알라의 방식이다.

예언자 무함마드가 알라의 사도로서의 소명을 받을 당시, 아랍 사회는 부의 공정한 분배와 정의가 결여되어 있었다. 소수가 모든 부와 상업 활동을 독점했다. 이들은 고리대금업으로 부를 더욱 늘렸지만 다른 다수의 사람들은 가난했고 굶주렸다. 부자들은 고귀하고 뛰어난 자들로 여겨졌다. 반면, 일반 사람들은 재물뿐만 아니라 존엄성도 명예도 없는 존재였다.

  무함마드는 귀족과 부유한 계층을 상대로 전쟁을 선포하고 그들의 부를 빼앗아 가난한 자들에게 분배하는 혁명적인 사회운동을 시작할 만한 능력을 가지고 있었다. 그러나 그는 그렇게 하지 않았다. 만약 무함마드가 그러한 운동을 시작했다면, 아랍 사회는 두 계층으로 나누어졌을 것이다. 부와 명예를 거머쥔 권력자들의 폭정에 지쳐 이 새로운 운동을 지지하는 다수와, 모든 것을 소유한 소수로 나누어졌을 것이다. 그 대신 예언자는 알라의 말씀을 사회에 전하는 간접적인 방법을 택했다. 이를 받아들인 고귀한 영혼을 가진 소수를 제외한 모든 사람들에게는 와 닿기 힘든 접근법이었다.

  다수의 사람들이 무함마드의 혁명적 운동에 동참하고 그의 지도력을 인정했다면, 그리하여 그가 소수의 부유층들을 굴복시켰다면, 알라께서 명한 유일신 신앙을 전하는 데 있어 무함마드가 자신의 지도력과 권력만으로도 먼저 사람들을 진리의 알라께 복종하도록 강제할 수 있었을 것이다.

  그러나 전지하시고 지혜로우신 알라는 그가 이러한 길을 가도록 이끌지 않으셨다.

  알라는 이것이 올바른 길이 아님을 알고 계셨다. 모든 인간사가 오직 알라의 법에 복종하고, 사회 전체가 알라가 명령한 부의 정당한 분배를 기꺼이 받아들이고, 그리고 부를 나눠주는 자이든 받는 자이든 사회의 모든 개개인이 이러한 체계가 전능하신 알라에 의해 제정된 것임을 굳게 믿는 환경 속에서만이 진정한 사회 정의가 실현될 수 있다는 것을 잘 알고 계셨다. 이런 섭리에 복종하는 것을 통해 인간이 이 세상에서 번성할 뿐 아니라 다음 세상에서도 보상을 받을 것이라고 알라께서 말씀하셨다. 사회가 일부 사람의 탐욕에 따라 좌지우지되고, 이에 대해 다른 사람들은 질투심에 불타고, 모든 사회의 문제가 칼과 총과 공포와 위협에 의해 해결되고, 사람의 마음이 황폐화되고 정신이 몰락한 상태에 빠져서는 절대 안 된다. 알라가 아닌 다른 권위에 기초한 사회 시스템하에서는 이런 상황이 발생하기 마련이다.

개혁 운동이 아닌 이슬람

예언자 무함마드가 알라의 사도로서 소명을 받을 당시에 어떤 관점에서 보더라도 아라비아의 도덕적 수준은 지극히 낮았다. 원시적인 부족적 관습만이 기능했을 뿐이다.

그 당시에는 억압적인 통치가 행해지고 있었다. 유명한 시인 살마Zuhair Selma는 "무기로 자신을 방어하지 않는 자는 사라질 것이요, 남을 제압하지 않는 자는 억압받을 것이다"라며 당시 상황을 묘사했다. 자힐리야 시대의 격언들 중에 "너의 형제를 도와라, 그가 제압하든 또는 제압당하든 간에"라는 말이 있을 정도로 당시 상황은 억압과 저항의 연속이었다.

　음주와 도박이 성행했고 사람들은 이러한 습관을 자랑으로 여겼다. 자힐리야 시대의 많은 시는 술과 오락을 주제로 삼았다. 아비드Turfah Abed의 시를 인용해 보자.

> 만약 젊은 남자에게 세 가지 유희가 없었다면
> 나는 음식 외에 다른 어떤 것도 관심을 두지 않았을 것이다.
> 그중의 하나는 너무 독해서 물을 넣으면 부글거릴 정도의 술을
> 남들보다 잘 마신다는 것이다.
> 술과 오락과 소비는 나의 인생이었고 여전히 그렇다.
> 마침내 모든 부족이 나를 저버리는 날이 왔다.
> 마치 내가 고약한 벌레가 붙은 낙타인 것처럼.

　과거든 현재든 모든 자힐리야 사회에서 그런 것처럼 당시 아라비아에서 간음은 여러 형태로 만연했고, 자랑할 만한 것으로 간주되었다. 아이샤는 자힐리야 시대의 사회 상황, 특히 결혼관습에 대해 다음과 같이 설명했다:

> 자힐리야 시대에는 4가지 형태의 결혼이 있었다. 첫 번째는, 오늘날 우리가 하는 방식과 같다. 즉, 남자가 다른 사람에게 그의 딸 또는 피후견인과의 결혼을 청한 뒤 대가를 지불하고 결혼하는 것이다. 두 번째는, 남자가 그의 부인에게 생리와 다음 생리 기간 사이 임신이 가능한 날짜에 이러이러한 남자를 부르라고 말하고 그 남자를 통해

임신을 하도록 하는 것이다. 그는 아내로부터 떨어져 지내고 아내에게 임신의 징후가 나타날 때까지 접촉하지 않는다. 그 후 남편이 원하면 아내와 관계를 가질 수 있다. 남자는 높은 혈통의 아들을 얻기 위해 이러한 방법을 택한다. 세 번째는, 일처다부제이다. 열 명 이하의 남자들이 한 여자에게 가서 성관계를 갖는다. 만약 여자가 임신할 경우 출산하고 며칠이 지난 후 자신이 관계를 가졌던 남자들을 부른다. 어떤 남자도 이를 거부할 수 없다. 남자들이 모두 모이면 여자는 그들에게 말한다. "모두 결과를 알겠죠, 내가 아이를 낳았어요." 그 후 여자는 남자들 중 한 명을 지목하면서 말한다, "이 애가 당신의 아이예요." 아이의 이름은 지목당한 남자의 이름을 따서 짓게 되고 그의 아이로 간주된다. 그리고 남자는 이를 거부할 수 없다. 네 번째 형태의 결혼은, 많은 남자들이 한 여자에게 가는 것이다. 여자는 그들 중 누구라도 기꺼이 받아들인다. 이것은 사실상 매춘이다. 이런 여성들의 집 앞에는 그 표시로 깃발이 걸려 있다. 누구라도 원한다면 이런 여자들에게 간다. 만약 여자가 임신하고 아이를 낳게 되면, 자신을 찾았던 사람들을 그녀 곁에 모이게 한다. 닮은 얼굴을 찾아내는 전문가를 부른 후 그가 누구든지 아이의 아버지로 지목하면 아이는 그의 아이로 간주되며 남자는 이를 부정할 수 없다.*

이런 상황을 잘 인식하고 있던 무함마드는 윤리적 기준을 세우고 사회를 정화하기 위해 도덕적 개혁 운동을 시작할 수도 있었을

---

* 부카리(Bukhari) 하디스 중 혼인 편.

것이다. 다른 모든 개혁가들이 그랬듯이 무함마드도 사회의 도덕적 타락에 불만을 가진 고결하고 곧은 사람들을 찾을 수 있었을 것이다. 이들은 분명히 그의 사회 개혁 운동에 참여했을 것이다.

만약 예언자 무함마드가 이러한 방식을 택했었다면 어렵지 않게 상당수의 지지 세력을 얻을 수 있었을 것이다. 이런 유형의 사람들은 도덕적 순결성과 불굴의 정신을 가지고 있었으므로 유일신 신앙을 거부감 없이 받아들였을 것이고, 무함마드를 도와 새로운 사회 건설을 위한 여러 의무를 수행했을 것이다. 이런 방식을 취했다면 '알라 이외에 다른 신은 없다'라는 예언자의 외침이 맞닥뜨렸던 강력한 반발을 피할 수도 있었을 것이다.

그러나 지고하신 알라는 이것이 바른 방법이 아니라는 것을 알고 계셨다. 그는 도덕이 오직 신앙의 토대 위에서만 세워질 수 있다는 점을 파악하고 있었다. 신앙은 기준을 정하고 가치를 창조한다. 기준과 가치는 신앙에서 파생되어 나오는 권위를 명확히 규정한다. 그리고 알라는 이러한 권위를 받아들이는 자들을 보상하고, 일탈하거나 저항하는 자들을 벌한다. 이러한 형태의 신앙과 이를 바탕으로 한 고귀한 권위의 개념이 없다면 모든 가치는 불안정해지고, 마찬가지로 그에 근거한 도덕 또한 흔들리게 된다. 가치도 없고, 권위도 없고, 그리고 보상도 없게 되는 것이다.

고난 후에 신앙이 굳건해지고 이렇게 굳건해진 신앙을 근거로 하는 권위가 인정받았을 때, 사람들이 그들의 부양자 알라의 존재를 인지하고 그만을 숭배하게 되었을 때, 그들이 다른 사람들은 물론 자신들의 욕망으로부터 자유롭게 되었을 때, 그리고 '라 일라하 일랄라'가 가슴에 각인되었을 때 알라는 이 신앙과 신자들을 위해 '로마인과 페르시아인'을 알라의 땅에서 몰아내었다. 하지만 이는 '아랍인들'의 권력이 그 땅의 새로운 주인으로 군림하도록 한 것이 아니며 알라의 권위에 대항하는 모든 반도叛徒들이 이 땅에서 없어지도록 하려는 목적이었다. 그들이 로마인이든 페르시아인이든 아랍인이든 간에.

외부 세력을 몰아내고 알라의 권위가 바로 서면서 아랍 사회는 모든 압제로부터 벗어나게 되었고 이슬람의 체계가 수립되었다. 그 체계 안에서의 정의는 알라의 정의였고, 모든 것을 판단하는 것은 알라의 잣대였다. 사회 정의의 기치는 유일신 알라의 이름으로 세워졌고, 그 기치의 이름은 이슬람이었다. 다른 어떤 이름도 첨부되지 않았고 다만 '라 일라하 일랄라'가 그 기치 위에 새겨졌다.

도덕성은 고양되었고 마음과 정신은 정화되었다. 몇몇 예외적인 경우를 제외하고는 알라가 정한 처벌과 권리 박탈이 사람들에게 적용될 필요가 없었다. 사람들 스스로 올바른 삶을 영위할 수 있었다. 양심이 바로 법의 집행자였다. 알라를 기쁘게 하는 것, 알라의 신성한 보상을 바라는 것, 알라의 분노를 두려워하는 것이 경찰과 형벌을 대신했다.

초창기 이슬람 사회에서 질서는 바르게 확립되었으며 개인들의 도덕성은 고양되어 절정에 다다랐다. 인류 역사상 유일했으며 앞으로도 이처럼 완벽한 상태에 이르기란 너무나 힘든 일이 될 것이 틀림없다. 순수한 이슬람 정신을 통해서 그 완벽함이 실현된 것이었다.

이 모든 것은 초창기 무슬림들이 국가·사회체계·법·규율을 이슬람에 의거하여 실천하기에 앞서, 자신들의 신앙·인격·예배·인간관계에서 이슬람을 마음과 삶 속에 먼저 확립했기 때문에 가능했다. 이 종교를 세우는 데 있어 알라가 그들에게 제시한 약속은 오직 한 가지였다. 그것은 승리나 권력도 아니었고, 세속적인 무엇과도 관련이 없었으며 오직 천국에 대한 약속이었다. 분투하고 고난을 견디며 자힐리야 시대 권력자들의 억압에도 신념을 굽히지 않은 것에 대해 알라가 그들에게 말씀하신 유일한 약속이었다. 시대와 장소를 망라하여 모든 권력자들이 용납할 수 없는 '알라 이외에 다른 신은 없다'라는 소명을 믿고 실천한 이들에 대한 알라의 약속은 오직 이것뿐이었다.

　알라가 그들을 시험하였을 때 그들은 모든 개인적인 욕망을 버리고 굳은 신념을 내보였다. 그들이 이 세상에서 보상을 바라지 않으며 '라 일라하 일랄라'라는 말씀이 실현되고 이슬람이 세상에 세워지길 진정으로 바라고 있음을 알았을 때, 그들이 혈통·국적·국가·부족·가문에 대한 소속감에서 자유로워졌을 때, 그리고 도덕적으로 정화된 것을 보았을 때 지고하신 알라는 그들에게 커다란 신뢰, 즉 현세에서 알라의 대리자라는 지위를 부여했다. 그들의 믿음이 순수했기 때문에, 인간관계와 도덕성, 삶과 소유, 그리고 삶의 방식과 태도에 있어 알라의 주권을 마음과 양심에 새기고 있었기 때문에 지고하신 알라는 그들이 현세에서 정치적 권위를 수호하고 신성한 알라의 법과 정의를 수립하는 임무를 수행할 수 있는 사람들임을 인정했다. 알라는 그들이 권위와 권력을 그들 자신이나 가족, 부족, 민족의 이익을 위해 남용하지 않고 다만 순수하게 알라의 종교와 법을 위해 사용할 것임을 알았다. 초창기 무슬림들 또한 진정한 권력의 원천은 오직 알라뿐이며 자신들은 현세에서 그 권력을 위임받았을 뿐이라는 사실을 잘 알고 있었다.

이슬람의 소명은 '알라 외에 다른 신은 없다'라는 기치로 시작되었다. 그 외 다른 모든 주장과 방식은 철저히 배제되었기 때문에 많은 어려움과 고난이 있었다. 그러나 사실상 이 방식은 가장 축복받은 길이었다. 가장 지고하고 신성한 체계를 설립하는 것은 이런 방식을 통해서만 가능했을 것이다.

만약 알라의 소명이 초기 단계부터 민족국가 설립을 위한 움직임이나 사회운동 또는 개혁적 시도로 수행되었다면, 그리고 '알라 외에 다른 신은 없다'라는 소명 이외의 다른 꼬리표가 붙었더라면 알라만을 위한 이 축복받은 이슬람 체계는 결코 세워질 수 없었을 것이다.

메카 계시의 특징

메카 시대 계시된 쿠란은 단순하지만 특별한 방식을 가지고 있다. '알라 외에 다른 신은 없다'라는 가르침을 마음에 깊이 새기고 실천하도록 무슬림들에게 독려하는 방식이다. 어려울 수도 있다. 그러나 메카 계시는 오직 이 방식을 택하고 이 안에서 신념을 밀고 나가도록 가르친다.

따라서 메카 계시는 신앙의 문제에 모든 가르침을 집중했다. 정치와 사회 시스템이나 인간사를 규율하는 법에 관한 세부사항은 언급되지 않았다. 다른 이들을 이슬람 종교로 인도하고자 하는 사람들은 이 점을 신중히 고려해야 한다.

'라 일라하 일랄라'라는 신앙을 강조하는 이 특별한 방식이 이슬람의 본질이다. 이슬람은 전적으로 유일신 신앙을 바탕으로 세워졌고 모든 제도와 법이 이 위대한 원칙으로부터 유래했다. 비유하자면 이슬람은 크고 강건한 나무와 같다. 가지가 하늘 높이 뻗어 있어 넓고 큰 그늘을 제공한다. 이런 나무의 뿌리는 땅속 깊이 박혀 있고 지상의 크기에 비례하여 넓은 지역에 뻗어나간다. 그 체계는 삶의 모든 측면에 영향을 미친다. 크고 작은 인류의 모든 문제를 논하고, 현세뿐만 아니라 내세에서도 인간의 삶에 질서를 부여하고, 가시적인 세계 외에 보이지 않는 세계에 대한 정보를 주고, 물질적인 것들을 다룰 뿐만 아니라 의지와 생각까지 정화시킨다. 다시 한 번 강조하지만 이슬람이란 종교는 크고 강건하고 넓게 뻗은 나무와 같다. 그 뿌리는 나무의 크기에 비례하여 밑으로 깊고 넓게 퍼져 있어 지상의 기둥이 절대 흔들리지 않도록 지탱한다.

이슬람의 이런 본질은 이 종교가 설립되고 조직되는 방식을 규정한다. 바로 인간 영혼의 깊은 곳까지 침투하도록 믿음을 심고 강건하게 하는 것이다. 이러한 방식을 통해서만이 하늘로 높이 솟은 나무_{종교}의 지상 윗부분과 땅으로 깊이 박힌 뿌리 부분과의 관계가 공고해질 수 있기 때문이다.

'알라 외에 다른 신은 없다'라는 말에 담긴 믿음이 마음 깊은 곳까지 파고들어 삶의 모든 부분까지 꿰뚫는 것, 이것이 이슬람에 대한 실질적인 해석이다. 이를 통해 믿는 자들은 독특한 방식으로 규정되는 법과 제도의 세부사항을 철저히 따를 것이다. 실제로, 복종의 정신은 이 신앙의 첫 번째 필요 요건이다. 복종의 정신을 통해 신자들은 열망과 기쁨으로 이슬람의 규율과 법을 배운다. 명령이 주어지자마자 고개가 숙여지고, 그 명령을 적용하는 데 있어서도 듣는 것만으로 충분하다. 이러한 방법으로 음주, 고리대금, 그리고 도박이 금지되었다. 자힐리야 시대의 모든 관습들이 쿠란에 적힌 몇 줄의 글과 예언자 무함마드가 말한 몇 마디에 의해 폐기되었다. 이를 현재의 세속적인 정부들이 기울이는 노력과 비교해 보라. 정책과 명령을 실행할 때마다 정부는 법률, 행정기관, 경찰과 군대, 선전과 언론 등에 의지해야 한다. 그럼에도 불구하고 정부는 기껏해야 공개적으로 진행되고 있는 것에 대해서만 통제를 가할 수 있다. 사회에는 여전히 불법적이고 금지된 일들이 만연하고 있다.*

믿음을 강조한 메카 계시

이슬람의 또 다른 측면도 중요하다. 이슬람은 실용적인 종교이다. 즉, 삶의 실질적인 사안들에 질서를 부여한다. 따라서 이슬람은 현

---

* 알라가 어떻게 음주를 금지했는지에 대해서는 《쿠란의 그늘에서(Fi Thilal al-Qur'an, In the Shade of Qur'an)》, vol.5, pp.78~85 참조. 술을 금지하려는 미국의 노력이 어떻게 실패했는지에 대해서는 아불 알라 마우두디(Abul Ala Maududi)의 저서 《Tanqihat(해설)》를 인용한 인도의 이슬람 학자 사이드 아불 하산 알리 나드비(Sayed Abul Hasan Ali Nadvi)의 《The Loss to the World Due to the Decline of Muslim》을 참조할 것.

실의 문제들을 다루면서 그것들을 유지해야 할지, 고쳐야 할지, 또는 완전히 바꿔야 할지를 결정한다. 결과적으로 알라의 주권을 받아들인 이슬람 사회에서는 법을 제정하는 데 있어 실제로 존재하는 상황들만이 고려된다.

이슬람은 '가정'에 기초한 '이론'이라기보다는 '현실'과 상호작용하는 '삶의 방식'이다. 따라서 먼저 '알라 외에 다른 신은 없다'는 것을 믿는 무슬림공동체가 존재해야 한다. 이 공동체는 알라 외에 다른 모든 권위를 부정하며 오직 알라에게만 복종한다. 또, 이슬람 신앙에 기초하지 않은 모든 법률의 합법성에 도전한다.

오직 이러한 무슬림공동체 사회가 출현하여 여러 가지 실질적인 문제들에 부딪히면서 새로운 법 체계를 필요로 할 때만 이슬람은 법과 명령, 규칙과 규정을 만들어내기 시작한다. 새로운 법 체계는 알라의 권위에 복종하고, 그 권위에 기초하지 않은 다른 모든 법과 규칙을 부정하는 사람들에게만 적용된다.

따라서 이슬람 신자들이 독립적인 위치에 있고 그들의 사회에서 힘을 가져야 한다. 그래야만 이슬람 시스템을 실행하고 이와 관련된 다른 모든 법을 적용할 수 있는 것이다. 또한, 무슬림공동체의 필요에 따라 법을 제정하고 이를 그들의 일상에 적용하기 위해서도 힘이 있어야 한다.

하지만 메카에서 초창기 무슬림들은 독립적이지도 못했고 영향력을 행사하지도 못했다. 이슬람의 가르침을 받아들이지 않고 거세게 반발하는 집단이 주도권을 쥔 메카에서, 초창기 무슬림들은 알라의 법_{샤리아}에 따라 스스로를 조직할 수 있을 정도로 안정된 삶을 갖지 못했다. 이런 이유로 알라는 그들에게 어떤 규칙이나 법을 계시하지 않았다. 그들은 오직 믿음과, 믿음이 그들의 마음에 각인된 후 따라오는 도덕적 원리들에 대해서만 가르침을 받았다. 추후에 독립적인 국가 형태의 무슬림공동체가 메디나Medina에 출현했을 때에야 전반적인 법률들이 계시되었고 무슬림공동체의 필요를 충족시키는 시스템이 생겨났다. 국가의 권력은 단지 그 법을 집행하는 데 필요한 힘이었을 뿐이다.

지고하신 알라는 무슬림들이 후에 메디나에 수립한 완성된 법률과 규칙 체계를 메카 시대에 계시하기를 원하지 않았다. 이는 이슬람답지 않은 방식이었기 때문이다. 이슬람은 현실적이며 통찰력을 가진 종교로, 가상의 문제에 대한 해결책을 찾지 않는다. 우선 무슬림들이 전반적인 상황을 관찰하고 파악하도록 한다. 특정 사회의 형태와 상태 및 기질을 관찰하고, 알라의 법에 복종할 준비가 되었으며 다른 원천으로부터 나온 법에 거부감을 갖는 무슬림 사회가 정착되었다고 판단되면 그 후 이슬람은 사회의 필요에 따른 법제정 방법을 제공한다.

만약 인간이 만든 시스템을 거부하고 샤리아의 실행에 동의하는 사회가 현재 지구상에 단 한 곳도 없다는 걸 알고 있으면서도 이슬람이 완벽한 조직과 법률, 더불어 이러한 법 집행을 위한 정치적 권력까지 제공해주길 원하는 사람들이 있다면, 그들은 이슬람의 특성과 이 종교가 삶에 작용하는 방식에 대해 무지한 사람들이다. 그들은 또한 알라가 이슬람을 계시한 목적에 대해서도 제대로 파악하지 못한 자들이다.

이런 사람들은 이슬람이 자체의 속성과 방식 및 역사를 포기하고 자힐리야 세계에 살고 있는 인간들의 이론과 법률 수준으로 전락하기를 원하는 것이다. 이들은 당장의 욕구를 충족시키기 위한 손쉬운 해결 방법을 원할 뿐이다. 이는 인간이 만든 가치 없는 법들에 얽매인 영혼들의 패배주의적 심리일 뿐이다. 이들은 이슬람이 그 시스템을 적용하는 주체가 존재하지 않는, 즉 신앙이 없는 인간들도 적용할 수 있는 추상적 개념과 이론의 수집물에 지나지 않기를 바란다. 그러나 알라가 이슬람을 위해 규정한 방향은 초창기에 계시한 바로 그것뿐이다. 우선 믿음이 마음에 각인되어야 하며 양심을 지배해야 한다. 진정한 믿음을 가진 사람들은 알라 이외의 다른 신 앞에 고개 숙이거나 쿠란 외의 다른 근원으로부터 법을 만들어내지 않는다. 이런 믿음을 가진 사람들의 집단이 존재하고, 사회 전체에 대해 실질적인 통제권을 갖게 될 때 그 사회의 현실적인 요구에 따른 여러 가지 법이 제정된다.
　바로 이것이 알라가 의도한 것이다. 사람들이 무엇을 원하든 간에 알라가 의도한 바가 아닌 것은 이슬람 방식이라고 할 수 없다.
　이슬람의 부흥을 위해 가르침을 전파하는 이들은 사람들을 인도할 때 이슬람의 근원적인 믿음을 받아들이도록 해야 한다는 것을 명심해야 한다. 자신을 무슬림이라고 주장하거나 그들의 출생 신고서에 무슬림이라고 등록되어 있는 사람이라도 믿음을 재확인해야 한다. '알라 외에 다른 신은 없다'라는 가장 중요한 믿음을 마음 깊은 곳에 새기고, 삶의 모든 측면이 알라의 주권하에 있어야 한다는 것과 알라의 주권에 반기를 들거나 이를 정치적으로 이용해서는 안 된다는 것을 받아들여야 한다. 또한 이러한 믿음이 그들 삶의 방식과 실제 생활에 반드시 적용되어야 한다는 점도 받아들여야 한다.

이슬람의 부흥이 사람들 사이에서 시작될 때 믿음의 이러한 측면이 최우선 순위가 되어야 한다. 초기 이슬람의 소명도 이것에 기초했다. 메카에서 13년에 걸쳐 계시된 쿠란은 이러한 뜻을 전하는 데 집중되었다. 진정한 믿음을 갖고 이슬람에 귀의한 사람들만이 '무슬림 집단'으로 여겨진다. 오직 이런 집단만이 사회에서 구체적으로 이슬람의 체계를 구현할 능력이 있다. 삶의 모든 방면에서 알라에게 순종하고 가르침대로 행동하는 것에 동의한 집단이기 때문이다.

따라서 이러한 사회가 실제로 존재하게 되고 이슬람의 기본적 가르침이 그 사회의 지도적 원리가 될 때 이슬람의 포괄적 가르침에 따라 실질적 필요에 의한 법과 규칙을 제정해 나갈 수 있다. 이것이 실질적이고 현실적이며 현명한 이슬람 체계를 만들어가는 올바른 순서다.

신실하지만 이슬람의 진정한 특성을 이해하지 못하는 일부 사람들은 서두르기 마련이다. 그들은 전지하시고 현명하신 알라께서 명령하신 길이 바로 이것이라는 점을 이해하지 못한다. 이런 사람들은 만약 이슬람의 근본과 이슬람법을 제대로 배우도록 한다면 사람들을 이슬람으로 이끄는 것이 쉬워질 것이라고 주장한다.

그러나 이는 그들의 성급한 바람일 뿐이다. 이것은 우리가 앞서 언급한 바와 같이 예언자 무함마드에게 떠올랐을 수도 있는 생각과 유사하다. 즉, 만약 무함마드가 민족주의, 정치·경제적 혁명, 사회 개혁 운동으로 그의 소명을 시작했다면 그의 길은 훨씬 쉬웠을 것이다.

가장 초기 단계부터, 그리고 사람들을 끌어당길 만한 세세한 가르침들이 제시되기 전부터 알라의 법에 무조건적으로 복종하고 다른 모든 법을 거부하며 오로지 알라에게만 헌신하는 것이 가장 중요하다.

신성한 알라의 법 샤리아에 대한 애정은 알라에 대한 순수한 복종의 결과물이어야 한다. 어느 누구에 의한 노예 상태에서도 해방된 결과물이어야 하며 이러저러한 세부 내용에 있어서 샤리아가 다른 법 체계보다 우월하기 때문에 생기는 애정이 되어서는 안 된다.

알라의 권위에 기초한 샤리아가 최상의 법이라는 점에는 의심의 여지가 없다. 알라의 피조물인 인간이 만든 법을 창조주로부터 받은 법에 비교할 수는 없다. 그러나 이러한 관점이 이슬람 소명의 기초가 되는 것은 아니다. 알라의 메시지는 샤리아를 무조건적으로 받아들여야 하고 모든 형태의 다른 법을 거부해야 한다는 것을 토대로 한다. 이것이 이슬람이다. 이슬람에 또 다른 어떤 의미는 없다. 이러한 기본적인 이슬람 정신에 매료된 사람이라면 이미 이 문제를 해결한 것이다. 이러한 사람에겐 샤리아의 아름다움이나 우월성을 설득할 필요가 없다. 이것이 이슬람 신앙의 실체 중 하나이다.

이론이 아닌 쿠란

다음으로 우리는 쿠란이 13년 동안 메카에서 무슬림들의 믿음과 신앙의 문제를 어떻게 해결했는가에 대해 논의해야 한다. 쿠란은 이것을 이론이나 신학의 형태로 제시하지 않았다. 또한 유일신 사상을 주제로 삼은 학술적인 글에서 주로 사용하는 문체로도 설명하지 않았다.

이 중의 어떤 것도 아니다. 쿠란은 항상 인간의 본성과 영혼에 호소한다. 인간의 삶에 내재하고 있는 알라의 가르침과 섭리에 주목하게 한다. 쿠란은 인간의 본성을 미신으로부터 해방시키고, 인간의 타고난 지성을 최상의 수준으로 끌어올리며, 세상을 향한 창을 열어 알라의 뜻과 그 복잡한 섭리를 인간이 올바로 이해하도록 만든다.

이것이 쿠란의 일반적인 특징이다. 하지만 특별한 측면도 있다. 진정한 믿음의 토대인 쿠란은 (이론이나 추상이 아닌) 생생한 삶의 현장에서 인간을 망가뜨리는 거짓된 관념 및 전통과의 투쟁을 시작했다. 이러한 특별한 상황에서 이슬람을 이론의 형태로 계시하는 것은 바람직하지 않았을 것이다. 사람들의 마음에 드리운 장막을 걷어내고, 인간과 진실 사이에 놓여 있던 장벽을 산산조각내기 위해서 쿠란은 직접적인 대결의 형태를 취했다. 다시 말해 후대의 학문적 신학의 특징이었던 언어 논리에 기초한 지적 논쟁은 이런 대결과 투쟁을 위한 적절한 방법이 아니었다. 쿠란은 인간을 둘러싼 환경 전체와 투쟁을 벌이고 있었다. 거대한 타락의 바다에 빠진 인류 전체를 대상으로 쿠란은 그 모습을 드러냈다. 이런 상황에서 신학이라는 형태는 쓸모가 없었을 것이다. 진정한 신앙의 토대를 구축하는 동시에 쿠란은 삶의 현실적인 문제를 해결하지 않을 수 없었다. 이런 상황에서 쿠란은 이론적인 논의와 추상적인 성찰에만 국한될 수 없었을 것이다.

쿠란은 한편으로는 무슬림공동체의 심장부에 신앙을 세우고, 다른 한편으로는 이 공동체를 통해 주변의 자힐리야를 공격했다. 이를 통해 무슬림공동체의 사상과 관습, 도덕에 미치는 자힐리야의 영향력을 제거하려고 분투했다. 이슬람의 믿음은 신학, 이론, 학문적 논쟁의 형태가 아니라 이렇듯 격렬한 환경 속에서 구축된 적극적이고 유기적이며 생명력 있는 운동이었다. 그리고 이러한 특성을 대표하는 것이 바로 무슬림공동체였다. 관념, 도덕, 교육에 있어서 무슬림공동체의 성장은 구성원의 진정한 믿음으로 이루어졌다. 무슬림공동체가 굳건해지는 것은 신실한 믿음이 깊어지는 데 따른 현실적인 결과였다. 바로 이것이 이슬람의 본질과 정신에 기초하는 진정한 이슬람의 방식이라고 할 수 있다.

이슬람의 메시지를 간직한 사람들은 위에서 기술한 이러한 이슬람의 역동적인 방식을 가슴에 새겨야 한다. 이러한 방식으로 메카에서 믿음을 확산시키고 메디나에서 현실적인 이슬람 사회를 조직할 수 있었다. 그러나 메카에서 믿음을 구축하는 단계와 메디나에서 시스템을 조직한 단계가 별개의 것이 아니라는 점을 명심해야 한다. 믿음의 씨앗이 뿌려진 것과, 이슬람의 가르침에 따라 실질적인 체계를 구축하면서 공동체가 조직되는 것은 동시에 일어난 하나의 단계였다. 앞으로 이슬람 부흥의 시도가 있을 때마다 이러한 포괄적인 방법이 채택되어야 한다.

따라서 신앙을 구축하는 단계는 장기적인 동시에 점진적이어야 한다. 각 단계는 굳게 다져져야 한다. 각 단계는 믿음의 이론을 가르치는 데 힘을 허비해서는 안 되고, 믿음을 실생활로 해석하는 데 이용되어야 한다. 우선 믿음이 사람의 마음속에 각인되어야 한다. 더불어 무슬림공동체의 내적, 외적 성장이 믿음의 진화를 반영하는 역동적인 사회 체계 안에서 구체화되어야 한다. 믿음은 또 이론적, 실제적 측면에서 자힐리야에 대항하는 역동적인 운동이 되어야 한다. 주변의 불순한 세력과 대적하면서 성장하는 살아 있는 믿음이 되도록 해야 한다.

이슬람이 논쟁적인 학문과 문화적 지식에만 국한되는 추상적인 이론의 형태로 발전할 수 있다고 생각하는 것은 잘못된 것이다. 정말로 심각한 오류다! 이러한 위험에 빠질 수 있음을 경계하고 또 경계하라!

쿠란은 한 번에 계시되지 않았다. 그 믿음의 구조를 구축하고 강화하는 데 13년이 걸렸다. 만약 알라가 원했다면 전체 쿠란을 한 번에 계시했을 수도 있다. 그리고 예언자 무함마드의 동료들이 13년에 걸쳐 이를 배우고 익히도록 했을 수도 있다. 그리하여 신자들이 '이슬람 이론'에 통달하도록 만들었을 수도 있다.

그러나 지고하신 알라는 이러한 방법을 택하지 않았다. 그는 다른 것을 원했다. 그는 무슬림공동체와 역동적인 사회운동, 그리고 신앙을 동시에 확립하기를 원했다. 공동체와 사회운동이 신앙의 토대 위에 세워지기를 원했고, 공동체의 역동적인 진보와 함께 신앙 또한 성장하기를 바랬으며, 공동체의 실질적인 삶이 동시에 신앙의 거울이 되기를 원했다. 지고하신 알라는 건전한 인간 사회가 하룻밤 만에 세워지는 것이 아니라는 점을 잘 알고 있었다. 또 무슬림공동체를 조직하는 데 걸리는 시간만큼 신앙을 세우고 발전시키는 데도 많은 시간이 필요하다는 것을 알고 있었다. 그래서 신앙이 완성됨과 동시에 신앙의 진정한 발현이자 현실적인 해석인 강력한 공동체가 생겨나도록 만들었다.

실천의 종교 이슬람

이것이 우리 종교의 특성이다. 쿠란의 메카 계시가 이를 입증하고 있다. 우리는 이 특성을 잘 알아야 한다. 조급한 마음을 갖거나 인간이 만든 쓸데없는 이론들 앞에서 패배주의적 심리에 빠져들어 이 같은 특성을 바꾸려고 시도해서는 안 된다. 이러한 이슬람의 독특한 본질을 바탕으로 초창기 무슬림공동체가 존재하게 되었다. 더 나아가 미래에 진정한 무슬림공동체가 이 세상에 다시 등장할 때에도 그 공동체는 오직 이와 같은 방식과 특성을 통해서만 설립될 수 있다.

 이슬람은 생기 넘치는 사회의 동맥과 정맥에 침투하여 잘 조직된 운동이 되도록 설계되어 있다. 하지만 이처럼 살아 있는 신앙인 이슬람을 이론적인 가르침과 학문적인 논의로 바꾸려는 시도가 계속되고 있다는 것을 잘 알아야 한다. 이런 시도는 인간이 만들어낸 하찮고 쓸모없는 다른 이론들보다 '이슬람 이론'이 우월하다는 것을 보여주기 위한 것이다. 이런 시도는 잘못된 것일 뿐만 아니라 극도로 위험한 것이라는 점을 주의해야 한다.

 이슬람은 진정한 믿음을 가진 사람들, 활기찬 조직, 그리고 성장하는 공동체로 구체화되는 것을 추구할 뿐이다. 이슬람 신앙은 자힐리야 환경에 맞서 싸우고, 무슬림공동체 내부에도 존재할 수 있는 자힐리야 사회의 영향력을 제거하려고 노력하는 사회운동의 형태로 나타나야 한다. 이슬람 신앙이 영혼에 자리 잡기 전에 그 구성원들은 자힐리야의 사람들이었기에 그들의 삶뿐 아니라 마음과 가슴속 깊은 곳에 자힐리야의 영향력이 남아 있을지도 모르기 때문이다. 그래서 이슬람은 단순한 학문적인 논의보다 훨씬 더 광범위한 실천력으로 사람들의 마음은 물론 관습과 도덕까지 다루는 포괄적인 종교다.

포괄적이고 완벽할 뿐만 아니라 현실적이고 건설적인 이슬람의 개념에는 알라의 속성들, 우주, 삶, 그리고 인간 모두가 포함된다. 이슬람은 그 의미가 이론적인 사상으로 축소되는 것을 근본적으로 혐오한다. 이는 이슬람의 본질과 궁극적인 목표에 거스르는 것이다. 이슬람은 인간으로, 살아 있는 유기체로, 실질적인 운동으로 구체화되는 것을 선호한다. 이슬람의 방식은 살아 있는 사람들, 역동적인 운동, 활동적인 조직을 매개로 성장하는 것이다. 이런 방식을 통해 이슬람의 이론은 열매를 맺고 동시에 현실에 적용된다. 결코 추상적인 이론으로 남지 않으며 실천과 나란히 발전한다.

이슬람을 이론으로 먼저 완성한 후에 실제의 세상에 적용해야 한다는 생각은 잘못된 것이며 위험하다. 이슬람의 본질과 목적, 그 구체적 방식을 거스르는 것이다. 시간이 걸리더라도 단계적으로 실제에 적용하도록 노력해야 한다.

지고하신 알라가 말씀하시길,

내가 쿠란을 부분적으로 계시한 것은 그대가 백성들에게
시간을 두고 꾸준히 차근차근 낭송하도록 하기 위해서다.
이를 위해 나는 그것을 단계를 나누어 계시하였노라.

(쿠란 17:106)

따라서 시간적 간격을 둔 점진적 가르침이 바람직하다. 이는 '이론'이 아닌 믿음에 근거한 '살아 있는 공동체'가 출현할 수 있도록 하는 방식이다.

이슬람의 메시지를 간직한 사람들은 이것이 알라의 종교이고, 그 본질과 조화를 이루는 이슬람의 방식도 알라의 가르침에 근거한다는 것을 숙지해야 한다. 그 특별한 방식을 따르지 않고 알라의 종교를 세우는 것은 불가능하다.

이슬람은 믿음과 관습 그 자체만이 아니라 그것들의 변화를 가져오는 방식을 바꾸기 위해 계시되었다는 사실을 이해해야 한다. 이슬람은 믿음을 구축하는 동시에 공동체를 형성한다. 사상적 체계를 발전시키는 동시에 현실적인 측면을 실현하기 위해 많은 에너지를 투입한다. 따라서 이슬람의 특별한 신앙, 독특한 사상적 체계, 특정한 삶의 방식을 구축하는 것은 각각 다른 방식을 필요로 하지 않으며 동시에 완수되는 것이다.

앞에서의 설명으로 우리는 이슬람이 특별한 행동 방식을 가진다는 것을 알았다. 이제 우리는 이 방식이 영원한 것임을 알아야 한다. 이는 어떤 특정한 단계, 즉 초창기 무슬림공동체 설립 당시의 특별한 조건이나 환경과 관련된 것이 아니다. 실로 어느 때라도 이러한 방식을 통하지 않고 진정한 이슬람이 확립될 수는 없다.

이슬람의 기능은 사람들의 믿음과 행동뿐만 아니라 관점과 사고방식에도 변화를 주는 것이다. 이슬람의 방식은 알라가 명한 것이다. 인간이 만든 근시안적이고 무가치한 방식들과는 전적으로 다르다.

이렇듯 알라가 인간의 사상과 관습을 개혁하기 위한 의도로 고안한 방식, 즉 알라가 명령한 방식을 채택하지 않는다면 우리는 알라의 인도를 받을 수 없고 그에 따른 삶을 살 수도 없으리라.

이슬람 체계의 독특한 확립 방식

이슬람을 삶의 방식으로 받아들이지 않고 연구할 '이론'으로 만들려는 시도는 이슬람의 특성에서 신성한 알라의 방식과 관점을 제거하고 이슬람을 인간이 만든 사상 체계 수준으로 격하시키는 것이다. 이는 마치 알라의 방식이 인간의 방식보다 열등한 것이었다고 여기는 것과 같다. 또한 알라가 명령한 사상과 행동의 체계를 그의 피조물인 인간이 만들어낸 체계와 동등한 수준으로 여기는 것과도 같다. 이러한 패배주의적 관점은 극도로 위험하며 반드시 파멸을 불러온다.

알라가 계시한 체계의 기능은 이슬람의 소명을 받은 우리에게 특별한 사고방식을 제공한다. 이 사고방식은 모든 자힐리야 시대의 방식으로부터 정화된 것이다. 또한 현재 세상에 만연한 사고방식, 즉 우리에게서 본래의 순수한 마음을 빼앗고 우리의 문화를 오염시키는 사고방식으로부터 정화된 것이다. 만약 우리가 이슬람의 본질에서 동떨어진, 자힐리야 시대에 유행했던 방식으로 이 종교를 변화시키려 한다면 전 인류를 위해 작용하도록 계시된 체계의 기능을 이슬람에서 제거하게 되는 셈이다. 이는 지금도 만연하며 우리의 마음을 지배하고 있는 자힐리야 방식의 굴레에서 벗어날 기회를 스스로 차버리는 것이다.

결국 이러한 상황은 대단히 위험하고 결과적으로 엄청난 재앙을 불러올 것이다.

이슬람 체계를 확립하는 데 필요한 특별한 사고와 행동 방식은 이슬람의 믿음과 삶의 방식만큼 중요하고 필수적인 것이다. 또한 이 두 가지는 서로 분리된 것이 아니다. 이슬람 신앙과 체계의 아름다움에 대해 상세히 설명하는 방식이 아주 매력적으로 보일지는 모른다. 그러나 이러한 이론적 방법을 통해서는 이슬람이 결코 현실적인 삶의 방식 또는 역동적인 실천양식이 될 수 없다는 사실을 잊어서는 안 된다. 이러한 방식으로 이슬람을 설명하는 것은 이 종교를 학문의 대상으로 삼는 이들을 제외하고는 어느 누구에게도 이익이 되지 않는다는 것을 알아야 한다. 또 그러한 이슬람 학자들조차도 이슬람의 발전 단계를 이해하는 정도에 그칠 뿐이다.

따라서 나는 이슬람 신앙이 먼저 현실적인 운동으로 구체화되어야 하고, 이것이 실현되는 순간부터 그 운동이 이슬람 신앙을 진정으로 대표하고 반영하는 거울이 되어야 한다는 것을 강조하고 싶다.

이슬람 재건의 특별한 방식

만약 위의 방식이 이슬람 신앙의 근본적 기초를 세우기 위한 올바른 방법이라면, 이는 또한 이 종교의 조직적 구조와 그 법률적 세부 사항들에 있어서 더욱더 적절한 방법이라고 할 수 있다.

  아주 빠른 시일 내에 이슬람의 모든 단계가 급속히 출현하는 것을 보기 원하는 신실한 일부 이슬람 신자들의 마음을 무겁게 짓누르고 있는 자힐리야는 매우 까다로운 질문을 던진다. 당신이 주창하고 있는 그 체계의 세부 사항은 무엇인가? 얼마나 연구를 했는가? 얼마나 많은 글을 준비하고 얼마나 그 주제에 대해 글을 썼는가? 새로운 원리에 대한 법리학피크흐, Fiqh*을 마련했는가? 이러한 질문들은 마치 법리학과 그 세부 사항에 대해 연구하는 것을 제외하고는 이슬람법의 집행을 위해 다른 부족한 것이 없고, 마치 모든 이들이 알라의 주권에 동의해 그의 법에 복종할 의지를 가졌으며, 남은 문제는 이슬람 법의 현대적 해석을 제공할 무즈타히딘 Mujtahidin**이 부재한 것뿐이라고 여기는 것과 같다. 이런 생각은 이

---

* 피크흐(Fiqh)는 이슬람의 법리학 또는 법률학이라고 할 수 있다. 피크흐는 쿠란과 순나(무함마드 언행록)에 기초하고 있는 이슬람법 샤리아의 확장된 형태이다. 피크흐는 이슬람의 의식 절차, 도덕, 그리고 사회적 법 체계를 다룬다. 이를 해석하는 데 있어서 수니파에는 크게 4대 학파가 있고 시아파에는 양대 학파가 있다. 피크흐를 전문적으로 다루는 학자를 아랍어로 파키흐(Faqih)라고 부른다.

** 단수는 무즈타히드(Mujtahid)이고 이슬람 법해석가로 번역하는 것이 적당하다. 이슬람법 근원에 대해 깊은 지식을 가진 무슬림들로서, 이들은 법률적인 문제에 대해 독립적이고 유효한 판단을 내릴 수 있다.

슬람에 대한 저속한 농담이다. 따라서 이슬람에 대해 조금이라도 경외하는 마음을 갖고 있는 이라면 스스로 이러한 생각을 뛰어넘어야 한다.

이와 같은 전술과 계략으로 우리를 둘러싸고 있는 자힐리야는 알라의 체계를 부정하고 인간이 다른 인간에 예속되는 현상을 영속화하기 위한 변명거리를 찾고 있다. 또, 알라가 명령한 삶의 방식을 확립하는 사명에서 무슬림들의 역량과 관심이 멀어지기를 바라고 있다. 이는 무슬림들이 신앙의 단계를 넘어 역동적인 운동의 단계로 가지 못하도록 하기 위함이다. 자힐리야는 이슬람이 기초하는 방식의 본질을 왜곡하고자 한다. 하지만 알라가 계시한 방식 안에서 이슬람 신앙은 투쟁을 통해 이슬람 운동으로 성숙해 나가고, 이슬람 체계의 세부 사항도 현실을 반영하려는 노력을 통해 확산되어 나가며, 이슬람법도 현실적인 문제들과 실질적인 어려움을 해결하기 위해 발전하여 나간다.

이러한 자힐리야의 전술과 계략을 폭로하는 것은 무슬림의 의무다. 그리고 알라의 법에 복종하려 하지도 않고, 알라 외의 다른 근원으로부터 나온 법들에 대해 불만을 표시하지도 않는 사회를 위해 '이슬람법의 재건'이라는 터무니없는 제안을 내놓는 사람들을 거부하는 것도 무슬림의 의무다. 이런 제안은 진지하고 진심 어린 사역으로부터 무슬림들의 관심을 다른 곳으로 돌리려는 방법이다. 또, 이는 이슬람을 위해 일하는 진솔한 사람들이 허공에 성을 쌓는 데 시간을 허비하도록 만드는 것이다. 따라서 무슬림들은 자힐리야의 이 같은 위험한 전술과 계략에 넘어가지 말고 이를 즉시 폭로

해야 한다.

  자힐리야의 이러한 전술과 계략을 극복하고 이슬람과 적절한 조화를 이루는 운동의 방식을 채택하는 것이 무슬림들의 의무다. 이 방식은 이슬람 발전을 위한 원동력인 동시에 무슬림들의 힘의 원천이다.

  이슬람 종교와 이슬람 부흥의 방식은 모두 똑같이 중요하다. 둘 사이에 차이는 없다. 아무리 매혹적이라 해도 다른 방식으로는 이슬람의 재건을 달성할 수 없다. 다른 방식들이 인간이 만든 체계를 공고히 하는 데 기여할 수는 있지만 우리의 이슬람 체계를 확립할 수는 없다. 따라서 이슬람의 재건을 위해서는 이슬람의 특별한 방식을 따르는 것이 필수적이다. 그리고 바로 이것이 이슬람이 추구하는 삶의 방식에 복종하는 것이고 이슬람 신앙의 구체적인 내용을 믿는 것이다.

  실로 쿠란은
  가장 올바른 길로 인도하며
  믿는 신앙인들을 위한 복음이라
  선을 행하는 자 그들은 큰 보상을 받으리라. (쿠란 17:9)

제3장

이슬람 사회의 특성과
올바른 형성 방법

자힐리야는 다른 인간에 대한 인간의 지배를 의미한다. 자힐리야는 추상적 이론이 아니며 항상 한 사회에서 살아 있는 운동의 모습을 갖는다. 자체의 지도력, 고유의 개념과 가치, 고유의 전통과 관습 및 정서를 가지고 자힐리야적 속성에 위협이 될 것으로 보이는 모든 요소를 철저히 파괴한다.

선지자 무함마드를 통해 계시된 이슬람의 말씀은 알라께서 그 이전에 여러 고귀한 사도들을 통해 내린 많은 계시들의 마지막 고리였다.* 역사적으로 볼 때 알라의 메시지는 크게 변하지 않았다. 즉, 인간의 진정한 부양자이자 주님은 유일신 알라라는 것, 따라서 인간은 알라에게만 복종해야 한다는 것, 그리고 알라가 아닌 인간의 주권은 이 세상에서 제거되어야 한다는 것이다. 역사적으로 일부 지역의 몇몇 민족을 제외하고, 지구상의 대다수 인류는 알라의 존재와 우주에 대한 그의 주권을 부정하지 않았다. 그러나 인간은 알라의 진정한 속성을 이해하는 데 있어 알라 외에 다른 신들을 동등하게 받아들이는 오류를 범하기도 했다.

알라와 다른 신들을 결합시키는 이런 행태는 믿음과 숭배 의식에서 알라 외에 다른 신들의 주권을 인정하는 방식으로 나타났다. 이러한 잘못된 방식은 사도들을 통해 계시된 알라의 진정한 종교

---

* 무슬림들은 천지를 창조하신 알라(하나님)가 모세를 통해 유대교를 계시하고 예수를 통해 기독교를 계시하셨지만, 알라가 원하고 있던 가장 완성된 형태의 종교가 이슬람으로 구현되었다고 믿고 있다. 따라서 무슬림들은 무함마드를 알라가 보내신 최후의 사도라고 강조한다.

로부터 인간을 분리한다는 점에서 쉬르크Shirk*다. 각각의 선지자들이 등장한 직후 일정 기간 동안은 사람들이 알라의 종교를 제대로 이해했다. 그러나 시간이 지나면서 후세대들은 점차적으로 종교의 참뜻을 망각하고 자힐리야로 돌아가곤 했다. 쉬르크의 길을 다시 걷기 시작한 것이다. 때로는 믿음과 숭배 의식에서, 때로는 다른 신들의 권위에 대한 복종에서, 때로는 둘 모두를 동시에 행함으로써 이러한 부적절한 행태를 보여 왔다.

인간 역사의 모든 단계를 통틀어 전지하신 알라에 대한 인간의 경외는 본질적인 것이며 그것이 바로 '이슬람'이다. 인간을 알라께 복종하도록 하고, 진정한 유일신 알라에게만 헌신하도록 다른 인간으로부터의 노예 상태에서 벗어나게 하고, 알라의 주권과 권위를 받아들이고 삶의 모든 측면에서 알라의 법을 따르도록 하는 것이 바로 이슬람 종교의 본질이다. 그 이전 사도들이 전했던 것처럼 예언자 무함마드가 계시받은 이슬람은 바로 이 목적을 달성하기 위한 것이었다. 그가 계시를 받아 전한 말씀의 주요 골자는 다음과 같다.

우주 전체는 알라의 권위하에 있으며, 이 우주의 작은 부분에 지나지 않는 인간은 우주를 지배하는 알라의 법에 반드시 복종해야 한다. 알라의 권위는 인간의 삶을 위한 입법의 토대로서 반드시 인정받아야 한다. 개별적인 체계와 삶의 방식을 발전시킨다는 명분

---

* 쉬르크는 알라의 속성, 권능, 권위를 다른 신의 특성으로 돌리는 것, 또는 알라 외에 다른 신들을 섬기는 것을 의미한다.

으로 인간이 알라의 권위로부터 자신을 단절시켜서는 안 된다. 인간의 성장, 건강과 질병, 삶과 죽음은 알라로부터 나온 본연의 섭리 아래 있다. 자발적이고 헌신적인 노력으로 다소 긍정적인 결과를 얻을지는 몰라도 인간은 우주의 법칙 앞에서 무력하다. 인간은 우주 전체에 널리 통용되고 있는 법을 관장하는 알라의 섭리를 변화시킬 수 없다. 따라서 사람은 선택할 수 있는 삶의 측면에 있어서도 이슬람의 방식을 따라야 하며, 알라의 법이 삶의 모든 문제를 결정하게 하는 것이 바람직하다. 그럼으로써 인간과 우주 만물 사이에 조화가 이루어지게 될 것이다.*

반면, 자힐리야는 다른 인간에 대한 인간의 지배를 의미한다. 이러한 점에서 자힐리야는 우주의 체계에 반하는 것이고, 인간 삶의 자발적인 측면과 자발적이지 않은 측면의 충돌을 가져온다. 때문에 유일신 알라에 대한 완전한 복종을 설파했던 마지막 예언자 무함마드는 물론, 그 이전의 다른 모든 알라의 사도들도 자힐리야의 타도를 강조했다. 자힐리야는 추상적인 이론이 아니다. 어떤 특정한 상황에서는 이론적인 모습을 전혀 갖지 않기도 한다. 자힐리야는 항상 한 사회에서 살아 있는 운동의 모습을 갖는다. 자체의 지도력, 고유의 개념과 가치, 고유의 전통과 관습 및 정서를 가지고 있다. 자힐리야는 잘 조직된 사회다. 그 안에서 개인들끼리 긴밀하게 협력하고 서로에게 충성한다. 자힐리야는 또 의식적으로나 무

---

* 이 점에 대한 추가적인 설명을 위해서는 마우두디(A.A. Maududi)의 《Toward Understanding Islam》을 참조할 것.

의식적으로나 그 존재를 지키기 위해 철저하게 준비하고, 도전이나 공격이 있으면 적극적으로 대응한다. 자힐리야적 속성에 위협이 될 것으로 보이는 모든 요소를 철저히 파괴한다.

자힐리야가 '이론'이 아니고 이처럼 활발한 운동의 형태를 가질 때, 자힐리야를 단숨에 폐기하려는 시도는 쉽지 않다. 때문에 이슬람을 단지 이론으로만 제시하면서 사람들을 알라에게 인도하려는 시도는 바람직하지 않다. 자힐리야는 현실의 세계를 지배하고 그것을 유지하기 위한 활력 넘치는 실질적인 조직을 가지고 있다. 이러한 상황에서 자힐리야와 싸우기 위해 단지 이론적인 노력만을 기울인다면 그보다 우위를 점하기는커녕 동등해지기조차 어려울 것이다. 현존하고 있는 자힐리야의 체계를 무너뜨리기 위해서는 원리와 특성에서 완전히 다른 새로운 체계로 대응해야 한다. 모든 측면에서 자힐리야를 대체하겠다는 목표를 세우는 동시에 사상적, 조직적으로 잘 무장된 집단을 통해 투쟁에 나서야 한다. 이 새로운 체계의 전략과 조직, 그리고 개개인 사이의 결속력이 현존하는 자힐리야 체계보다 더 굳건하고 강력하다는 확신을 가지고 전투에 임해야 한다.

이슬람 사회 건설에서 무함마드의 역할

역사의 각 단계에 있어서 '라 일라하 일랄라', 즉 '알라 외에 다른 신은 없다'라는 말씀은 이슬람의 이론적인 기초였다. 무슬림들은 참된 신은 오직 알라뿐이고, 알라가 인간의 부양자이며 우주의 통치자요 진정한 주권자임을 증언해 왔다. 알라를 진심으로 믿고, 오직 그만을 경배하며, 그의 법을 실천해 왔다. 따라서 '라 일라하 일랄라'는 스스로 무슬림이라 칭하는 사람과 무슬림이 아닌 사람을 구분 짓는 기준이었다. 따라서 이를 마음으로 완벽하게 받아들이지 않으면서 입으로만 내뱉는 것은 어떠한 실질적인 의미도 가지지 못한다.

이론적으로 '라 일라하 일랄라'를 확립하는 것은 사람들이 그들의 모든 삶을 알라께 헌신해야 하며 어떤 문제라도 스스로 결정하지 않고 알라의 명령에 의지하고 따라야 한다는 것을 의미한다. 우리는 알라의 인도를 오직 하나의 근원, 즉 알라의 선지자 무함마드를 통해서만 알 수 있다. 따라서 이슬람의 두 번째 중요한 교리가 '와 아슈하두 안나 무함마단 라술룰라', 즉 '또한 나는 무함마드가 알라의 사도임을 증언합니다'라고 고백하는 것이다.*

이슬람의 이론적인 기초, 즉 신앙은 그 시작부터 유기적이고 활동적인 집단의 형태로 구체화될 필요가 있다. 이 집단은 자힐리야 사회로부터 스스로를 분리해야 한다. 이슬람의 확산을 차단하는 걸 목표로 하는 조직적인 자힐리야 사회로부터 떨어져나와 이들과 차별화되어야 한다. 이러한 새로운 집단의 중심에는 새로운 리더십이 있어야 한다. 초창기에는 사도 무함마드 자신이 이 리더십을 담당했다. 그리고 그의 사후에는 알라의 주권과 권위, 법 앞으로 사

---

* 무슬림의 다섯 가지 의무 중 첫 번째가 이 신앙고백이다. '알라 외에 다른 신은 없고, 무함마드는 알라의 사도다'라고 선언하는 것이 무슬림의 가장 중요한 신앙적 선언이다. 이 때문에 사우디아라비아는 국기에 이 신앙고백을 삽입했다.

람들을 다시 불러 모으기 위해 헌신한 무함마드의 주변 인물들에게 그 리더십이 위임되었다.* '알라 외에 다른 신은 없고 무함마드는 알라의 사도'라는 증언을 마음에 새긴 사람은 자힐리야 사회와의 모든 관계를 끊어야 한다. 또한 성직자나 마술사, 점성가의 모습을 하거나 무함마드 시대의 쿠라이쉬** 부족과 같이 정치적·사회적·경제적 지도자들로 가장한 자힐리야의 리더십과도 단절해야 한다. 이를 통해 새로운 이슬람 운동과 무슬림 리더십에 완전한 충성을 바쳐야 할 것이다.

 어떤 한 사람이 "알라 외에 다른 신은 없고 무함마드는 알라의 사도다"라고 자기 입으로 말하는 바로 그 순간에 이와 같이 즉각적으로 단호한 조치를 취해야 한다. 이 같은 단호한 결단 없이는 무슬림 사회가 등장할 수 없다. 개개인 무슬림들의 수가 아무리 많고 또 그들의 마음속에 강한 신념이 있다고 할지라도 무슬림 사회가 자동적으로 달성되는 것은 아니다. 무슬림들이 적극적이고 조화를 이루는 협동적인 집단으로 재구성되어야 한다. 이 집단의 개별 구성원들은 마치 사람 몸에서 팔다리의 기능처럼 무슬림 사회를 형성하고 강화·팽창시키기 위해 협력해야 한다. 또한 무슬림 사회 체제를 공격하는 모든 요소에 대항하기 위해 자힐리야의 지

---

* 여기서 주변 인물들이란 무함마드 이후 이슬람 국가의 통치를 담당한 4명의 정통 칼리파를 의미한다. 아부 바크르, 우마르, 우스만, 알리가 그들이다.

** 쿠라이쉬(Quraysh) 부족은 이슬람이 발생할 당시 메카의 주도권을 쥐고 있던 부족이다. 이슬람의 사도 무함마드가 속한 부족이었지만 무함마드의 이슬람 전파를 강력히 저지하기도 했다. 이들은 현재까지도 아라비아 반도 서부와 중부에 많이 남아 있다.

도자들로부터 독립된 지도 체계하에 움직여야 한다. 이 리더십은 이슬람 사회를 구축하기 위한 다양한 노력을 하나의 조화로운 목적 아래 조직하고, 이슬람의 특성을 강화하고 확대할 수 있도록 준비하면서 자힐리야적 삶의 잔재들을 청산하는 길로 구성원들을 이끌어야 한다.

이슬람은 이런 방식으로 세워졌다. 이슬람은 비록 간결하지만 삶 전체를 아우르는 신조를 기반으로 건설되었다. 이 신조를 통해서 자힐리야 사회에서 독립해 나온 활기차고 역동적인 집단이 즉시 자힐리야 사회에 도전할 수 있었다. 이는 현실적인 실체가 없는 추상적인 이론으로부터 나온 것이 아니었다. 그리고 미래에도 이러한 방식을 통해야만 새로운 역동적인 무슬림 집단이 나타날 수 있을 것이다. 어떠한 시대나 국가에 있어서도 자힐리야의 그늘에서 이슬람을 부흥시킬 다른 방법은 없다. 이슬람의 본질을 따르고 이를 실천적인 운동과 유기적인 체계로 발전시키지 않고서는 결코 가능하지 않다.

인간성을 강조하는 이슬람 사회

이슬람은 위의 방식으로 무슬림공동체를 출범시키고 이를 활동적인 집단으로 만들었다. 그리고 이슬람 신앙을 개인과 집단 사이의 관계를 설정하는 유일한 근간으로 삼았다. 그 궁극의 목적은 '인간성'을 일깨우고 그것을 발전시키며 강화해 인간 존재에서 발견되는 모든 측면들 중 가장 지배적인 요소로 만드는 것이었다. 이슬람은 그 가르침과 규율, 법과 명령을 통해 이러한 목적을 실현하려 노력한다.

인간의 일부 특성에는 동물, 심지어는 무생물의 그것과도 공통된 부분이 있다. 이를 바탕으로 '과학적 자힐리야'의 옹호자들은 인간을 짐승 또는 무기체와 다름없는 것으로 간주하기도 한다. 그러나 동물 및 무기체와 일부 공통된 특성을 갖는다고 할지라도 인간은 자신을 다른 것과 구별 짓고 또 자신을 특별한 창조물로 만드는 어떤 특성을 보유하고 있다. '과학적 자힐리야'의 옹호자들조차 이 점을 부인할 수는 없으며 관찰을 통해 제시된 증거들이 이들의 주장에 근거가 없다는 것을 입증하고 있다. 이런 사실을 인정하면서도 그들은 여전히 진실하지 않고 모호한 태도를 보이고 있다.

이런 상황에서도 이슬람이 제공한 순수한 삶의 방식은 구체적이고 가치 있는 결과를 만들어 왔다. 이슬람은 인종과 피부색, 언어와 국가, 지역적·국가적 이익 등을 천박하게 혼합하지 않고 오직 신앙만으로 결속된 이슬람 사회의 기초를 다졌다. 인간과 동물의 공통적인 특성을 넘어, 인간성을 장려하고 육성하여 지배적인 요소로 만들었다. 이러한 태도를 통해 얻어진 구체적이고 빛나는 결과 중의 하나는 초창기 이슬람 사회가 다양한 인종과 국적, 언어, 피부색을 가진 사람들을 구성원으로 하면서도 동물적인 특성의 흔적을 찾을 수 없는 개방적이고 포용적인 공동체가 되었다는 점이다. 모든 인종의 뛰어난 재능과 다양한 능력으로 충만한 강이 이슬람이라는 거대한 대양으로 흘러들어 그 안에서 융화되었다. 이러한 융합으로 인해 이슬람 사회는 매우 짧은 기간에 수준 높은 문명을 이룩했다. 교통이 어려워 사람의 왕래가 쉽지 않았고 통신 수단도 지극히 느린 시절이었지만, 이슬람 문명은 온 세상을 깜짝 놀라게 할 정도로 그 시대 모든 인간의 능력과 사상, 그리고 지혜를 융합시켰다.

아랍인, 페르시아인, 시리아인, 이집트인, 모로코인, 터키인, 중국인, 인도인, 로마인, 그리스인, 인도네시아인, 아프리카인 등이 모두 이 위대한 이슬람 사회에 모였다. 다시 말해, 모든 국적과 인종의 사람들이 모인 것이다. 다양한 특성들이 이슬람이라는 용광로에 녹아들어 빚어진 상호 협력과 조화, 단결을 통해 그들은 무슬림공동체와 이슬람 문명의 건설에 참여했다. 이 경이로운 문명은 단 하루도 '아랍 문명'인 적이 없었다. 이것은 순전히 '이슬람 문명'이었다. 결코 '민족성'을 내포하지 않았던 '믿음의 공동체'였다.

공동체 구성원들은 사랑의 관계 속에서 동등한 지위를 가지고 뭉쳤다. 그들은 하나의 목표를 위해 마음을 모아 자신들이 가진 최대의 능력을 발휘했고, 그들 자신이 속한 인종적·민족적 우수성을 공동체를 위해 최고조로 발전시켰으며, 개인적·민족적·역사적인 경험의 정수를 다른 구성원들에게 전수했다. 그들은 모두 동등한 위치로 공동체에 소속되었고 그들 간의 유대는 알라를 통해서 결속되었다. 이 공동체에서 그들의 '인간성'은 아무런 방해 없이 큰 발전을 이룩했다. 이것이 바로 인류 전체의 역사에서 다른 어떤 집단이나 민족도 이룩하지 못했던 무슬림공동체만의 특성이다!

고대 역사에서 가장 두드러지고 널리 알려진 사회는 로마 제국이라고 할 수 있다. 다양한 인종, 언어, 기질을 가진 사람들이 그 사회에 모였다. 그러나 로마 제국의 기초는 '인간적인 관계'에 바탕을 두지 않았다. 또한 어떠한 숭고한 신앙이 이들을 통합시키는 요인으로 작용하지도 않았다. 반대로 이 사회는 계급제도를 바탕으로 한 힘의 질서에 의존하여 유지되었다. 제국 전체에 걸쳐 '귀족'과 '노예' 계급이 있었다. 더욱이 로마 혈통이 일반적으로 지배층을 형성했고, 나머지 인종들은 피지배자로 여겨졌다. 따라서 이 사회는 이슬람 사회가 이룩한 것과 같은 정점에 도달할 수 없었고, 이슬람 사회가 누린 알라의 은총도 받을 수 없었다.

또 다른 다양한 사회들도 근대에 등장했다. 그 한 예로 대영제국을 살펴보면 마치 계승자로 느껴질 정도로 로마 사회와 유사했다. 대영제국은 국가적 탐욕을 바탕으로 지배자 역할을 수행하면서 제국에 영입된 식민지들을 착취했다. 다른 유럽 제국주의 국가들도 마찬가지였다. 스페인 제국이나 포르투갈 제국, 프랑스 제국 모두 자신들의 전성기에 억압과 착취를 일삼았다는 점에서 거의 동일하다. 공산주의도 인종과 피부색, 그리고 국가적·지리적 한계를 뛰어넘어 새로운 형태의 사회를 건설하려 시도했다. 그러나 이것은 '인간적 관계'에 의거한 것이 아니라 '계급제도'에 바탕을 둔 이념이었다. 따라서 공산주의는 계급의 힘이 뒤바뀐 과거 로마 사회와 같다. 로마 사회에서는 귀족들이 권력을 가졌으나 공산주의 사회에서는 프롤레타리아 세력이 주도권을 쥐었다. 계급주의에 깔린 정서는 다른 계급에 대한 증오와 질시일 뿐이다. 이렇게 이기적이고 복수심에 불타는 사회는 개개인의 마음 깊숙이 자리한 천한 감정을 선동할 수밖에 없다. 이와 같은 사회의 가장 중요한 기초는 동물적 특성을 자극하고 발전시키며 강화하는 것으로 세워지게 된다. 이런 사회에서 인간의 가장 기본적인 필요와 욕구는 동물과 공통된 것, 즉 먹을 것과 잠자리와 섹스다. 이런 관점에서 본다면 인간의 역사는 단지 음식을 얻기 위한 투쟁에 불과한 것이다.

결과적으로, 유일하게 성스런 삶의 방식은 이슬람뿐이다. 이슬람은 인간적인 사회의 건설을 위해 가장 고귀한 인간 특성을 끌어내고 발전시키고 유용하게 적용한다. 이슬람은 오늘날까지 이러한 면에서 그 특별함을 유지하고 있다. 따라서 이러한 이슬람 체계로부터 일탈하여 민족주의, 피부색과 인종, 계급투쟁, 또는 이와 유사한 타락한 이론들에 근거해 또 다른 체계를 추구하는 사람들은 진정으로 인류의 적인 셈이다. 그들은 인간이 창조주로부터 부여받은 고귀한 특성을 발전시키기를 원하지 않는다. 또 여러 인종들이 발전시킨 저마다의 능력, 경험과 특성이 조화롭게 융합되면서 모든 인류가 혜택을 누리게 되는 인간 사회가 등장하는 것을 원치 않는다.

지고하신 알라는 그러한 사람들에 대해 다음과 같이 말한다.

일러 가로되 내가 너희에게
그들의 행위로 손실이 가장 큰 자를 일러주리요.
이들은 그들의 하는 일이 선행이라 생각하면서
현세의 삶에만 노력하는도다.
그들은 주님의 말씀과 만나길 부정하는 자들이니
그들의 일들은 무위로 끝날 것이며

심판의 날에 나는 그들에게 아무런 가치도 두지 않으리라.
그것이 그들을 위한 지옥의 보상이라.
이는 믿음을 거역하고 나의 말과 나의 선지자들을
조롱하였기 때문이라. (쿠란 18:103~106)

전능하신 알라는 항상 진실을 말씀하신다.

제4장
알라를 위한 지하드

이슬람에서 지하드는 협소한 의미로서의 '방어적 운동'이 아니라는 점을 이해해야 한다. 이런 협소한 의미가 지하드에 부여된 것은 지하드의 개념을 왜곡하는 오리엔탈리스트들의 교활한 공격에 패배한 사람들이 이슬람권에 적지 않기 때문이다. 지하드는 인류 전체를 아우르는 포괄적 개념으로서, 폭정을 무너뜨리고 인류에게 진정한 자유를 가져다주는 운동이다.

위대한 학자 이븐 카이임Ibn Qayyim*은 그의 저서 《자드 알 미아드Zad al-Miad, 내세의 섭리》에서 "사명의 시작부터 타계하기까지 불신자와 위선자들에 대한 무함마드의 태도"라는 제목하에 한 장章의 글을 실었다. 이 장에서 그는 이슬람 지하드**의 본질을 다음과 같이 약술하고 있다.

알라가 예언자 무함마드에게 내린 첫 계시는 '읽어라, 부양자이신 당신의 주님 이름으로Iqra, bisme Rabbika alladhee'였다. 이 계시를 받으면서 무함마드는 예언자의 지위를 부여받았다. 알라는 예언자에게 이 구절을 암송하도록 했다. 그러나 설교나 전도를 명하지는 않았다. 이후 알라는 '망토에 싸인 그대여, 일어나 경계하라Ya ayyuha

---

* 이븐 카이임 알 자우지야(?~1350)는 쇠락하고 위축된 무슬림들이 예전의 강대함을 회복하기 위해서는 원래의 순수한 이슬람으로 돌아가는 길뿐이라고 주장했다. 이런 의미에서 그의 주장은 오늘날과 유사한 형태의 이슬람 부흥 운동의 시초라 할 수 있다.

** 아랍어 단어 지하드(Jihad)의 문어적 의미는 '알라의 대의와 이슬람 종교를 위해 분투하고 노력하는 개인적 또는 공동체적 단위의 활동'이다. 이를 성전으로만 해석하는 것은 잘못된 것이다.

al-Muddathir, qum fandhir'라고 계시했다. 따라서 첫 번째 '읽어라, 부양자이신 당신의 주님 이름으로'라는 계시는 무함마드를 예언자로 지목한 것이고, 위의 두 번째 '망토에 싸인 그대여, 일어나 경계하라'라는 계시는 그를 사도messenger로 임명한 것이다. 그 후 알라는 예언자로 하여금 가까운 친지와 부족, 주변에 거주하는 아랍인들, 나아가 아라비아 반도에 거주하는 사람들, 그리고 궁극적으로 전 세계 사람들에게 알라의 말씀을 설파하도록 명령했다. 따라서 사도로 부르심을 받은 이후 무함마드는 13년간 설교를 통해 사람들을 알라께 인도했다. 전쟁을 벌이거나 인두세*를 징수하지는 않았다. 스스로 절제하고, 인내와 관용을 실천하도록 명령받았다. 새로운 종교에 대한 억압이 심해지자 알라는 그에게 이주할 것을 명령했고, 전투를 행할 수 있도록 허용했다. 그러나 싸움을 걸어오는 사람들과의 전쟁에 국한된 것이었다. 전쟁을 원하지 않는 사람들에 대한 일방적 선제공격을 허용하지는 않았다. 그 후 알라는 새로운 종교가 완전히 자리 잡을 때까지 다신교 숭배자들과 맞서 싸울 것을 명했다.

---

* 전쟁 중 무슬림이 정복한 영토에서 비무슬림이 이슬람 사회에 거주하면서 이슬람에 귀의하지 않고 보호를 받고자 하는 경우 매년 지불하는 세금으로서, 쿠란 9장 29절에 나타나는 지즈야(Jizyah)라 한다. 그 대상은 병역 수행의 나이가 되는 성년의 남성이며 여성과 어린이, 극빈자, 불구자, 노인 등은 제외된다. 징수 금액은 로마 제국이나 기타 국가들과 비교하여 대체로 가벼운 것이었으며, 동일한 세율이 차별없이 적용되는 것은 아니고 가난한 자들에게는 낮은 세율이 적용되기도 했다. 이는 예언자 무함마드의 선례를 따른 것으로, 예언자 무함마드는 예멘 백성들로부터는 1디나르를, 시리아 백성들로부터는 4디나르를 징수하였다. 무슬림공동체가 확산되는 과정에서 세금 면제를 노리고 개종하는 일이 잦아지자 때때로 개종을 허용하지 않는 경우도 있었던 만큼 강제적 개종을 위한 도구로 이용된 것은 아니다.

이와 같이 지하드를 수행하라는 명령이 내려진 이후, 불신자들은 세 가지 분류로 나뉘었다. 화평하게 지내는 자들, 무슬림과 전쟁을 벌였던 자들, 그리고 딤미Dhimmies*였다.

무함마드와 평화 협정을 체결한 불신자들의 경우, 자신들의 의무 사항을 모두 이행하기만 한다면 협정에 따라 그들을 대우하라고 알라는 명했다. 만약 그들이 협정 내용을 위반하더라도 우선적으로 위반 사항에 대한 경고조치만을 취해야 하고 선전포고를 행해서는 안 된다. 경고조치에도 불구하고 그들이 협정을 계속 위반할 경우 무함마드는 이들을 응징하기 위해 싸울 수 있었다. 이후 쿠란의 타우바Tauba, 회개 장이 계시되면서, 위에 언급한 세 부류의 불신자들에 대한 상세한 처우 방법이 설명되었다. 새로운 종교 이슬람에 대해 공개적으로 적대심을 표출해온 '경전의 백성들People of the Book'**에게도 인두세Jizyah 납부에 동의하거나 이슬람으로 개종할 때까지 전쟁이 선포되어야 한다는 것이 명시되었다. 다신교 숭배자들과 위선자들의 경우 지하드가 선포되어야 하고 가혹하게 다루어야 한다고 이 장은 명했다.

예언자 무함마드는 다신교 숭배자들과는 전쟁의 형태로, 위선자들에게는 설교와 토론의 형태로 지하드를 수행했다. 타우바 장은 또 다신교 숭배자들과의 평화 협정은 만료 시점에서 반드시 종료되어야 한다고 명했다. 이러한 측면에서 협정을 체결한 자들은 다음의

---

* 문어적으로는 '책임감'을 의미한다. 딤미는 무슬림 국가에 거주하는 비무슬림들을 가리키며 무슬림 정부는 이들을 보호할 의무와 책임을 가진다.
** 기독교인들과 유대교인들을 의미한다.

세 부류로 나뉘었다. 첫 번째 부류는 협정을 파기하고 그 내용을 불이행한 자들이었다. 그들과 싸울 것을 명령받은 예언자는 실제로 전쟁을 벌였고 승리를 거두었다. 두 번째는 약정된 기간 동안 협정을 체결한 자들로, 협정을 위반하지 않았고 예언자에 맞서 대항하는 자들과 협력하지도 않은 집단이었다. 알라는 이러한 협정이 약정기간 전 기간에 걸쳐 철저히 존중되어야 한다고 명했다. 세 번째 부류는 협정을 체결하지 않았지만 예언자에 맞서 대항하려 들지도 않았던 자들 또는 협정의 만료 시점에 대한 언급을 하지 않았던 자들이었다. 이들에게는 4개월의 유예기간이 부여되고, 그 기간이 만료되는 시점에 이르면 그들을 적으로 간주하고 전쟁을 벌일 것을 알라는 명했다. 이처럼 협정을 파기한 자들과는 전쟁을 벌였고, 협정 기간이 만료될 때까지 모든 합의 내용은 철저히 준수되었다. 그리고 협정을 체결하지 않았거나 정해진 만료 기간이 없는 자들에게는 4개월의 유예기간을 부여했다. 이런 상황에서 세 번째 부류의 사람들은 대부분 유예기간이 만료되기 전에 이슬람으로 개종했다. 그리고 이슬람 국가 내 비무슬림들은 인두세를 납부했다. 따라서 타우바 장의 계시 이후 불신자들은 전쟁 상태에 있는 적들, 협정을 체결한 자들, 그리고 딤미, 이렇게 세 부류로 나뉘었다. 협정을 체결한 자들도 결국에는 대부분 무슬림이 되었다. 결과적으로 두 부류의 비무슬림들, 즉 전쟁 상태에 있는 적들과 딤미만 남게 되었다. 전쟁 상태에 있는 자들은 항상 무함마드를 두려워했다.

오늘날 전 세계의 사람들도 세 부류로 나누어 있다. 예언자를 믿는 무슬림들, 예언자와 화평하고자 하는 사람들, 예언자를 적대하는 불신자들이다. 그리고 알라는 (자신과 남을 속이는) 위선자들에 대해서 그들의 존재는 인정하되 그들이 생각하는 것을 무시하고 끊임없는 토론과 설득으로 위선자들과의 지하드를 수행하도록 예언자에게 명했다. 알라는 또 무함마드에게 그들의 장례식과 무덤에서 그들을 위해 기도하지 말 것과 알라의 용서를 구하지도 말 것을 명했다. 그들의 문제는 알라가 직접 다루도록 남겨두라는 것이었다. 바로 이것이 예언자 무함마드가 그의 적, 불신자들과 위선자들에게 취한 태도와 행동이었다.

지하드의 특성

위의 이븐 카이임의 설명에서 우리는 이슬람 지하드의 단계를 아주 간략하고도 분명하게 파악할 수 있다. 우리는 또 이슬람의 역동적인 운동이 가지는 독특하고 광범위한 특성들을 알 수 있다. 이런 특성들에 대해 곰곰이 따져보기 위해서는 더욱 깊이 있는 연구가 필요할 것이다. 그러나 여기에서는 몇 가지 추가적인 설명을 덧붙이는 것에 만족해야 할 것 같다.

첫째, 이슬람의 방식은 매우 현실적이다. 이슬람 운동은 사람들을 있는 그대로 이해하고 실질적인 상황에 맞추어 대책을 논의한다. 이 운동과 충돌하는 자힐리야 환경이 존재하기 때문이다. 자힐리야는 사람들의 사상과 믿음을 지배하고, 또 삶을 관장하는 실질적 체계와 정치적, 물리적 권위를 가지고 있다. 때문에 이슬람 운동도 자힐리야에 맞설 수 있도록 버금가는 대책을 마련해야 한다. 이슬람 운동은 사람들의 오염된 사상과 믿음을 교정하기 위해 설교와 설득의 방법을 이용하지만 자힐리야가 이를 수수방관하지 않는다. 자힐리야는 왜곡된 사상과 믿음을 교정하려는 사람들의 노력을 저지하고, 사람들을 그릇된 방식에 복종하도록 강요해 전능한 알라 대신에 인간의 권력에 굴복하도록 만든다. 이런 자힐리야 체계의 조직과 권위를 무너뜨리기 위해 이슬람 운동도 물리적 힘과 지하드로 맞서야 한다. 물리적 힘에 맞서 싸우는 데 있어서 이슬람도 설교에만 의존하라고 가르치지는 않는다. 이 두 가지 원칙은 이슬람의 방식에 있어 모두 중요하다. 이슬람의 목표는 알라만을 섬기도록 사람들을 예속에서 해방시키는 것이다.

둘째, 이슬람은 단계적으로 진화하는 실천적 운동의 특성을 지니고 있다. 각 단계에서 이슬람은 현실 상황의 필요에 따른 대책을 제공하고 그 다음 단계로 넘어가기 위한 토대를 구축한다. 추상적인 이론으로 현실의 문제에 맞서려고 하지 않는다. 또 여러 단계를 거치면서 대처 방식이 현실에 맞게 변한다. 융통성 없이 항상 고정적인 이론이 아니기 때문이다. 하지만 지하드에 대해 논하는 일부 사람들과 이를 위해 쿠란의 구절을 인용하는 사람들은 이슬람의 이러한 측면에 대해 심사숙고하지 않고 있다. 그들은 또 이슬람 운동이 전개되어 나가는 여러 단계별 특성을 이해하지 못하고 여러 상황에 맞춰 계시된 쿠란의 구절들이 갖는 각 상황과의 관계에 대해서도 이해하려 들지 않는다. 따라서 그들은 지하드를 논할 때마다 다양한 단계의 특성을 섞어 이상한 결론을 도출해 낸다. 이는 지하드의 전체 개념을 왜곡하여 쿠란의 일부 구절들에서 최종적인 원리와 원칙을 끌어내는 것이므로 도저히 정당화될 수 없는 접근법이다. 이런 문제는 그들이 쿠란 내 각 구절을 마치 이슬람의 최종 원칙처럼 간주하기 때문에 발생한다. 오늘날 무슬림 세대의 유감스러운 현실을 보여주는 이러한 학자 집단은 그저 이슬람이란 껍데기를 쓰고 있는 사람들이다. 그들은 자신들의 영혼과 이성적 무기를 패배의 제단 위에 올려놓고 있다. "이슬람은 오직 방어적 성격의 지하드만을 허용해 왔다"라고 이들 학자들은 말한다. 이런 주장을 통해 그들은 서방 학자들이 비난하는 이슬람의 특별한 방식을 제거함으로써 이슬람에 큰 기여를 했다고 생각한다.

그런데 과연 이슬람의 방식이 잘못된 것일까? 그렇지 않다. 이슬람의 방식은 지상의 온갖 불의를 제거하고 알라만을 섬기도록 사람들을 인도하며, 사람들이 다른 인간의 예속으로부터 벗어나 알라의 종이 되도록 이끌고 있다. 이슬람은 사람들에게 신앙을 받아들이라고 강요하지 않는다. 반대로 사람들이 자신의 의지로 믿음을 선택할 수 있는 자유로운 여건을 마련해 주고자 한다. 이슬람이 원하는 것은 사람들이 믿음을 선택하는 데 필요한 자유로운 표현의 걸림돌이 되는 억압적인 정치 체계를 폐지하는 것이다. 그 다음 이슬람은 사람들에게 이슬람이든 다른 종교든 자발적으로 선택할 수 있도록 완전한 자유를 부여한다.

이슬람 종교의 세 번째 중요한 측면은 발전적인 운동이 진행되는 과정에서 새로운 대책과 방법이 동원되더라도 이슬람의 근본 원칙과 목적이 훼손되지 않는다는 것이다. 첫 번째 계시를 받은 이래로 예언자는 그의 가까운 친지, 쿠라이쉬 부족 구성원, 아랍인들, 그리고 전 세계 인류에게 이슬람을 전했지만 그의 가르침은 언제나 하나였고 동일한 것이었다. 유일신 알라께 순종하고 다른 인간이 만든 주권을 거부하라는 것이었다. 바로 이러한 원칙에는 어떠한 타협이나 융통성이 있을 수 없다. 앞에서 설명한 바와 같이 이 목적을 달성하기 위해서 이슬람은 하나의 계획 아래 나날이 진일보하고 있다. 물론 이 계획은 몇 개의 단계로 구성되어 있고, 각 단계에서 변화되는 상황에 맞추어 새로운 대책을 갖게 된다.

넷째, 앞에서 인용한 《자드 알 미아드》 내용에서 명확히 나타난 바와 같이 이슬람은 무슬림공동체와 다른 집단들 간의 관계를 규정하는 법률적 토대를 마련한다. 이 법률적 토대는 알라에 대한 복종이라는 이슬람의 원리를 기초로 한다. 이는 전 인류가 수용하거나 인정해야 하는 범우주적 메시지다. 어떤 형태의 정치 체제나 물리력도 이슬람의 이 범우주적 메시지를 전파하는 데 방해 요소가 되어서는 안 된다. 이슬람을 수용하거나 거부하는 것은 철저히 자유로운 개인의 선택에 달렸다. 그러나 어느 누구도 이슬람의 범우주적 메시지를 받아들이려는 사람을 막거나 공격해서는 안 된다. 만약 그러한 행동을 하는 자가 있으면 그가 항복하거나 죽을 때까지 싸우는 것이 무슬림의 의무다.

지하드의 방식

패배주의적, 변증적인 정신세계를 가진 이슬람권 학자들은 '이슬람에서의 지하드'에 대해 논할 때마다 이슬람의 오류를 제거하려는 노력이라고 말한다. 하지만 그들은 다음 두 가지 사실을 혼합해버리고 만다.

> 종교에는 강요가 없다. … (쿠란 2:256)

첫 번째는 위의 쿠란 구절에서 명백히 나타나듯이 이슬람은 물리적 힘으로 신앙을 강요하는 것을 금지하고 있다는 사실이다. 그리고 두 번째는 인간과 이슬람 사이를 가로막고, 인간이 다른 인간을 굴복하게 만들어 신의 주권을 받아들이지 못하도록 하는 모든 정치적, 물질적 권력을 섬멸하기 위해 이슬람이 노력하고 있다는 사실이다. 이 두 가지 원칙은 서로 아무런 관련이 없을 뿐만 아니라 서로 섞여서도 안 되는 것들이다. 그럼에도 불구하고 패배주의에 사로잡힌 사람들은 이 두 가지 원칙을 혼합하려고 시도하고 있고, 이를 통해 지하드를 현재 일컬어지고 있는 것처럼 이른바 '방어적인 전쟁'으로 제한하려 든다. 그 대의에 있어서나 수행의 방식에 있어서도 지하드는 오늘날의 전쟁과 전혀 연관성이 없다. 지하드의 대의는 이슬람 자체의 본질, 세계에서 이슬람의 역할이라는 그 고귀한 원리에서 찾아져야 한다. 이런 이유에서 알라는 이슬람을 직접 계시했고, 예언자 무함마드를 사도로 임명해 그 사명을 수행케 했으며 그를 모든 사도와 예언자들 가운데 마지막 예언자이자 사도로 선언했다.

실로 이슬람은 다른 인간에게의 예속 및 자신의 욕망에 대한 예속으로부터 인간의 자유를 보장하는 범우주적 선언이다. 이슬람은 또 주권이 알라에게만 속해 있으며 알라가 온 세계의 주님이라는 점을 명확히 밝힌 선언이다. 이는 주권이 인간에게 있다는 개념을 기초로 세워진 모든 형태의 체계를 거부한다는 뜻이다. 다시 말해 인간이 알라의 신성한 속성, 즉 알라의 주권을 찬탈해왔던 자힐리야의 잔재를 제거해야 한다는 것이다. 주권이 인간에게 주어지고, 권위의 근원이 인간임을 주창하는 모든 체제는 알라가 아닌 다른 것을 인간의 주인으로 간주하기 때문에 인간을 신성시하는 것이다. 이슬람의 선언은 찬탈당한 알라의 권위가 다시 그에게로 돌려져야 함을 의미한다. 또, 다른 사람들이 따르도록 자신들만의 법을 고안해 내고, 이를 바탕으로 자신들을 신의 지위에 올려놓아 다른 사람들을 노예의 지위로 전락시키는 이런 찬탈자들을 반드시 추방해야 함을 의미한다. 요약하자면, 알라의 권위와 주권을 선언하는 것은 모든 인간의 통치권을 제거하고 우주의 부양자 알라의 온 세상에 대한 통치권을 선포하는 것이다. 이는 쿠란의 구절들에도 분명히 명시된 것이다:

그분은 하늘에도 계시며 대지 위에도 계시는 주님으로 지혜로 충만하시고 모든 걸 두루 아시느니라. (쿠란 43:84)

… 권능은 알라께만 있노라. 그분은 명령하시어 그분 외에 다른 것을 경배하지 말라 하셨으매 그것이 진실된 종교라. 그러나 많은 사람이 알지 못하더라. (쿠란 12:40)

성서의 백성들이여, 우리들이나 너희들을 막론하고
하나의 말씀으로 오라 하여, 알라 외에는 다른 신을 경배하지
아니하고, 그 무엇도 알라와 비유하지 아니하며,
우리 가운데 어느 누구도 알라 외에
다른 것을 주님과 비교하지 말라.
이르되 만일 그들이 배반한다면,
'실로 우리는 알라의 유일성을 믿는 무슬림임을 지켜보라'
말하라. (쿠란 3:64)

이 땅에 알라의 주권을 세우는 길은 기독교의 교회법에서 정한 것처럼 성직자 계급 같은 신성화된 일부 사람들이 통치권을 갖는 것이 아니다. 또 (이란과 같은) 신정神政 국가에서처럼 신의 대변인 또는 수호자로 자처하는 사람들이 최고 통치 세력이 되는 것도 아니다. 알라의 주권을 확립하는 것은 그의 법이 집행되고 모든 사안들에 있어서 최종 결정이 이 법에 따르는 것을 의미한다.

이 땅에 알라의 지배를 확립하는 것, 인간의 지배를 폐지하는 것, 찬탈자들로부터 주권을 찾아 알라에게 돌려놓는 것, 그리고 인간이 제정한 법률을 폐지하고 알라의 신성한 법샤리아을 집행하는 것은 설교와 전도를 통해서만 달성될 수 없다. 왜냐하면, 알라의 권위를 탈취하고 그의 창조물인 인간을 억압하는 사람들이 설교와 전도에 굴복해 자신들의 권력을 포기하지는 않을 것이기 때문이다. 만약 그럴 수 있었다면 알라가 이미 보낸 예언자들이 알라의 종교를 이 땅에 세우는 사명을 손쉽게 달성했을 것이다! 이는 예언

자들의 역사에서 나타난 증거와 여러 세대를 거쳐 진행된 진정한 종교를 위한 투쟁의 이야기들을 통해 쉽게 알 수 있다.

이 땅에서 알라의 권위를 제외한 다른 모든 권력으로부터 인간의 자유를 선언하는 것, 주권이 알라 한 분에게만 속해 있고 온 세상의 주인이 바로 알라라고 선언하는 것은 단순히 이론적이고 철학적이며 수동적인 차원의 선언이 아니다. 이는 알라의 법 샤리아를 적용하고 사람들을 다른 인간의 예속으로부터 실질적으로 해방시켜 오직 유일신 알라에 봉사하도록 한다는 점에서 적극적이고 실천적이며 역동적인 메시지인 것이다. 이를 위해 '설교'와 '운동' 두 가지가 병행되지 않으면 그 목표를 달성할 수 없다. 왜냐하면 각각의 상황에 맞는 실질적이고 적절한 수단이 필요하기 때문이다.

다른 모든 권위로부터 이 땅의 인간을 해방시킬 것을 선언하기 때문에 이슬람은 인류 역사의 매 순간 강력한 저항에 직면했다. 과거에도, 오늘날에도, 그리고 미래에도 진실하지 않은 믿음과 개념 및 물리적 권력으로부터 도전을 받을 것이고, 정치적·경제적·인종적·계급적 구조의 걸림돌에 봉착하게 될 것이다. 게다가 부패한 믿음과 미신이 이슬람과 공존하면서 사람들의 마음을 혼란스럽게 만들기도 한다.

만약 '설교'를 통해 믿음과 사상을 전파하는 방식이 도전에 직면하게 된다면, '운동'을 통해 물리적 장애물을 극복해야 한다. 물리적 장애물 중 가장 대표적인 것이 정치권력이다. 이는 이념적, 인종적, 사회적, 경제적 기반과 상호 연계되어 있는 복잡한 구조를 갖는다. 따라서 설교와 운동을 결합하고 모든 필요한 방법을 강구해

'인간이 만든 상황'에 맞서야 한다. 지구상의 모든 인류가 예속의 상태에서 놓여나 자유롭게 되기 위해서는 이러한 두 가지 수단들이 병행되어야 한다. 이는 대단히 중요한 사안이며 아무리 강조해도 지나치지 않다.

인류의 자유를 위한 이슬람

이슬람은 단지 아랍인들의 자유를 위한 선언이 아니다. 그 메시지 또한 아랍인들에게 국한된 것이 아니다. 이슬람은 모든 인류를 대상으로 하고 있으며, 그 적용 범위도 지구 전체를 아우른다. 알라는 아랍인들만의 부양자가 아니다. 더불어 알라의 섭리 또한 이슬람 신앙을 믿는 자들에게만 제한된 것은 아니다. 알라는 온 세계의 부양자다. 이슬람은 온 인류가 부양자 알라에게 귀의하기를 바라며, 알라 외에 다른 누군가에게 예속된 인류를 해방시키길 원한다. 이슬람의 시각에서 보면 노예 상태는 인간이 만든 법을 따르는 것이다. 이슬람에서 복종의 대상은 오직 알라일 뿐이다. 이러한 의미에서 알라 이외의 다른 존재나 인간을 섬기는 자는 알라의 종교 밖에 있는 것이다. 그가 신앙고백을 했다고 주장하더라도 아무런 의미가 없다. 샤리아에 따르면 예언자는 '복종하는 것'이 '경배하는 것'이라고 분명히 밝혔다. 경배의 이러한 측면을 고려해 볼 때, 유대인과 기독교인이라고 할지라도 알라께 복종하지 않을 경우 그들은 다른 신들을 유일신 알라와 결부시키는 자들과 같게 된다.

아디 빈 하팀Adi bin Hatim*의 말을 인용해 티르미디Tirmidhi** 하디스는 다음과 같이 전한다. 예언자의 메시지가 아디에게 전해졌을 때 그는 시리아로 도망가 버렸다.예언자가 등장하기 이전에 그는 이미 기독교를 받아들였다. 그러나 누이를 포함한 그의 부족 몇 명이 포로로 잡혔다. 예언자는 그의 누이에게 선물을 주면서 정성스럽게 대해 주었다. 이에 감복한 누이는 아디에게 돌아가 그에게 이슬람으로 개종할 것을 권했다. 또 예언자를 만나보도록 충고했다. 아디는 누이의 청을 받아들였다. 그의 부족은 아디가 메디나로 돌아오는 것을 보고 크게 걱정했다. 그가 예언자 앞에 섰을 때 그는 은색 십자가를 걸고 있었다. 예언자는 그에게

> 그들경전의 백성들은 알라가 아닌 랍비유대교 성직자와 성직자를 주인으로 섬기고 있다. … (쿠란 9:31)

라는 쿠란 구절을 낭송했다. 아디는 "그들은 성직자를 숭배하는 것이 아닙니다"라고 주장했다. 이에 무함마드는 다음과 같이 답했다. "어떤 것에 대해 성직자나 랍비가 허용된 것이라고 말하면 경전의 백성들은 그것을 허용된 것으로 받아들인다. 또 그들이 금지된

---

* 아디 빈 하팀은 아랍의 유명한 타이(Tayy) 부족 지도자였다. 그는 이슬람 출범 이후 약 20년간 이슬람을 적대시하다가 630년, 자신이 믿던 기독교를 포기하고 이슬람을 받아들였다.

** 아부 이사 무함마드 티리미디(Abu Isa Muhammad al-Trimidhi, 824~892)는 이슬람의 6대 하디스 중의 하나인 알 자미 알 사히흐(al-Jami al-Sahih)를 집대성한 이슬람 학자다.

것이라고 해석하면 백성들은 금지된 것으로 간주한다. 따라서 백성들은 랍비와 성직자를 숭배하는 것이다."

위의 쿠란 구절에 대한 무함마드의 설명은, 법과 판결에 대한 순종도 일종의 숭배이며 이런 행동을 취하는 어느 누구도 이슬람 종교의 밖에 있다는 것을 명확히 말해주고 있다. 이는 다른 사람들을 주인으로 받아들이는 것이며 이슬람은 이런 관습을 철폐하기 위해 계시된 것이다. 이슬람은 지상의 모든 사람들이 알라 외에 다른 어느 누구에게도 예속되지 않고 해방되어야 한다고 선언하고 있다.

만약 인류의 실제 삶이 이런 가르침과 다르다면, 설교와 운동의 방식으로 이에 맞서 싸우기 위해 전장에 뛰어드는 것이 무슬림의 의무다. 또, 알라의 법을 무시하면서 사람들을 다른 사람들 앞에 고개 숙이도록 강요하고, 사람들을 지배하고, 그리고 사람들이 설교를 듣는 것과 자유의지에 따라 믿음을 받아들이는 것을 가로막는 모든 정치권력을 무너뜨리는 것도 무슬림의 의무다. 정치적 또는 인종적 형태이든, 아니면 동일 인종 내의 계급적 형태이든 모든 종류의 사악한 독재 권력을 궤멸한 후에 이슬람은 새로운 사회적, 경제적, 정치적 체제를 설립한다. 이 체제 안에서 인간의 자유에 관한 진정한 개념이 실질적으로 적용되는 것이다.

이슬람은 사람들에게 신앙을 강요하지 않으며, 단순히 '믿음'만을 강조하는 종교가 아니다. 앞에서 지적한 바와 같이 이슬람은 다른 사람들에게의 예속으로부터 인간을 자유롭게 하려는 선언이다. 따라서 이슬람은 처음부터 인간 위에 인간의 통치, 한 인간의 다른 인간에게의 예속에 근간을 둔 모든 체제와 정부를 폐지하려고 노력하고 있다. 이슬람이 사람들을 이러한 정치적 압박으로부터 풀어주고, 사람들의 이성에 호소하는 영적 가르침을 제공할 때 이슬람 신앙을 수용하거나 거부할 완전한 자유가 사람들에게 주어진다. 그러나 이러한 자유가 그들의 욕구로 다른 신을 만들고, 다른 인간들을 주인으로 섬길 수 있다는 것을 의미하지는 않는다. 이 세상 위에 어떠한 체제를 건설할지는 알라의 권위에 의거해 결정되어야 하고, 알라의 법으로부터 도출된 것이어야 한다. 그리고 알라가 주인인 범우주적 체제의 보호 아래에서 각 개인은 자신이 원하는 종교를 채택할 수 있는 자유를 가진다. 이것이 바로 '종교'가 알라 한 분을 위해 정화될 수 있는 유일한 방식인 것이다. '종교'라는 단어는 신앙 이상의 것을 포함하고 있다. '종교'는 실제적인 삶의 방식을 의미한다. 이슬람에서 삶의 방식은 신앙을 바탕으로 한다. 그러나 이슬람 체제 안에서도 모든 사람들이 알라의 권위에 근간한 법체계를 준수한다면 자신들만의 신앙을 따를 수 있는 여지가 있다.

방어적 전쟁이 아닌 지하드

이슬람의 특별한 속성을 이해하고 있는 사람들은 누구나 지하드 빗 사이프Jihad bis saif, 싸움을 통한 분투, 문자적으로는 검을 통한 지하드가 이 종교 내에서 차지하는 위치도 이해할 수 있을 것이다. 이는 이슬람 운동을 실행하는 데 있어서 설교 외에도 치열한 투쟁을 수단으로 할 수 있다는 것을 의미한다. 이슬람에서 지하드는 오늘날 군사학에서 기술적으로 '방어적 전쟁'이라고 일컬어지는 협소한 의미로서의 '방어적 운동'이 아니라는 점을 이해해야 한다. 이런 협소한 의미가 지하드에 부여된 것은 지하드의 개념을 왜곡하는 오리엔탈리스트들좁은 의미에서 이는 서구의 편향된 시각을 강조하는 서구의 중동학자 무리를 의미한다의 교활한 공격에 패배한 사람들이 이슬람권에 적지 않기 때문이다. 지하드는 인류 전체를 아우르는 포괄적 개념이다. 지하드는 폭정을 무너뜨리고 실재하는 인간 현실에 바탕을 둔 대책들을 동원해 인류에게 진정한 자유를 가져다주는 운동이다. 지하드는 또 잘 조직된 체계적 운동이다. 확고한 단계들을 가지고 있으며 각 단계에서 새롭고 적절한 방법을 활용한다.

우리가 이슬람 지하드를 방어적 운동이라고 부르기를 고집한다면, 우리는 '방어'라는 단어의 의미를 바꿔야 한다. 새로운 의미의 '방어'는 인간의 자유를 제한하는 모든 요소들로부터 '인간을 방어'하는 것이다. 이러한 제한적 요소들은 경제적, 인종적, 계급적 차별에 기초한 정치 체제뿐 아니라 믿음과 관념의 형태를 취하고 있다. 이슬람이 처음 등장했을 때, 세상은 그러한 체제와 관념들로 가득했다. 그리고 현재의 자힐리야 역시 인간의 자유를 제한하는 다양한 유형의 체제와 이념들을 갖고 있다.

우리가 '방어'라는 단어의 의미를 넓게 해석할 때, 우리는 이슬람의 진정한 특성을 이해할 수 있다. 이슬람이란 다른 사람들의 노예상태로부터 인간을 자유롭게 만들겠다는 보편적 선언이자 온 세상에 대한 알라의 주권과 지배의 확립이고, 인간의 오만함과 이기심이 종식되고 모든 인간사에 있어서 신성한 샤리아 통치가 실행됨을 의미한다.

이슬람 지하드를 현재의 방어 전쟁 개념으로 좁게 해석함으로써 기존의 잘못된 개념을 지키려는 자들, 지하드를 위해 치러진 전투들이 모두 주변의 침략세력으로부터 이슬람의 영역을 일부 사람들은 이슬람의 영역을 아라비아 반도에 국한하기도 한다 방어하기 위함이었다는 것을 입증하기 위해 연구를 수행하는 자들은 이슬람의 본질과 이슬람이 추구하는 최상의 목표를 제대로 이해하지 못하고 있다. 이러한 시도는 단지 서구 기독교 세계가 주도하는 현재의 힘든 환경이 주는 압박과 지하드에 대한 사악한 오리엔탈리스트들의 공격에 굴복한 패배주의적 심리의 산물이다.

아부 바크르Abu Bakr, 무함마드 사후 이슬람 국가를 통치한 제1대 정통 칼리파, 우마르Umar, 제2대 정통 칼리파, 우스만Uthman, 제3대 정통 칼리파 등 초창기 이슬람 지도부가 만약 로마와 페르시아 제국이 아라비아 반도를 공격하지 않을 것이라는 점에 만족했었다면 전 세계로 이슬람의 가르침을 전파하려 하지 않았을 것인가? 인간이 세운 국가의 정치 체제, 인종과 계급에 기초한 사회·경제 체제, 그리고 이들의 배후에 도사리고 있는 국가의 무력과 같은 물질적 장애물에 직면했을 때에는 어떻게 이슬람의 메시지가 전파될 수 있었겠는가?

지구상에 거주하는 모든 인류를 구하기 위해 등장한 위대한 소명이 설교와 설득에 국한된다고 생각하는 것은 순진한 발상이다. 물론 설교와 설득을 통한 소명의 수행으로도 성과를 거둘 수 있다. 그러나 이는 의사소통의 완전한 자유가 있는 곳에서, 모든 나쁜 환경으로부터 사람들이 자유로울 때 가능한 것이다. 종교에는 강요가 없다. 하지만 앞에서 언급한 장애물과 현실적 난관에 봉착했을 때는 이를 강제적으로라도 제거하는 것 외에 다른 방법이 없다. 이를 통해 마련된 자유로운 환경에서 소명이 사람들의 마음과 가슴에 전해질 때, 사람들은 열린 마음으로 그것의 수용 여부를 자유롭게 결정할 수 있는 것이다.

이슬람이 전하는 메시지의 목적은 철학적 측면과 아울러 현실적인 실제 삶에 있어서도 인간의 자유에 대한 확고한 선언을 하는 것이다. 때문에 이슬람의 메시지는 지하드를 수반해야 한다. 이슬람의 영토Dar ul-Islam, 문자적으로는 이슬람의 집가 평화 상태에 있는지 아니면 주변세력으로부터 위협받고 있는지는 중요한 문제가 아니다. 이슬람이 평화를 추구할 때, 그 목적은 이슬람을 믿는 자들이 안전하게 거주할 수 있는 지구상의 일부 지역에 대한 평화를 언급하는 게 아니다. 이슬람이 원하는 평화는 알라를 위해 그의 종교와 법에 의해 사회가 정화되는 것, 모든 사람들이 알라 한 분을 위해 순종하는 것, 일부 사람들이 다른 사람들 위에 주인으로 군림하지 않는 것이다. 예언자 무함마드의 시대 이후 지하드 운동은 최종 단계만이 남아 있을 뿐이며 초기나 중간 단계는 이제 더 이상 존재하지 않는다. 두 단계는 이미 끝났다. 이븐 카이임은 이런 상태를 다음과 같이 말한다. "그러므로 타우바 장이 계시된 이래 불신자들은 전쟁 중인 적, 협정을 맺은 사람, 그리고 딤미, 이렇게 세 부류였다. 협정을 맺은 사람들은 결국 무슬림이 되었다. 결과적으로 전쟁 중인 사람들과 딤미 두 부류만 남게 되었다. 전쟁 중인 사람들은 항상 무함마드를 두려워했다. 현 시대를 언급하자면 전 세계 사람들은 무함마드를 믿는 무슬림들, 그와 평화를 맺은 자들이전 문장을 통해서 우리는 이들이 딤미라는 사실을 알고 있다, 그와 지속적으로 싸우고 있는 적대 세력, 이렇게 세 부류가 남아 있다."

이것이 이슬람의 특성과 목적에 일치하는 논리적인 입장이다. 이는 현재의 힘든 환경과 신뢰할 수 없는 오리엔탈리스트들의 공격에 패배한 자들이 이해하고 있는 것과는 전혀 다르다.

알라는 메카와 이주 초기의 메디나에서 무슬림들의 싸움을 허락하지 아니하시고 다음과 같이 말씀하셨다.

> 너희들의 손을 억제하라, 정기적으로 기도하라,
> 그리고 자카트Zakat*를 지불하라. … (쿠란 4:77)

이후 그들에게 싸움이 허락되었다. 알라께서는 말씀하셨다.

> 침략하는 자들에 대항하며 투쟁하는 것이 너희에게 허락되나니
> 모든 잘못은 침략자들에게 있노라. 알라는 전지전능하사
> 너희에게 승리를 주시니라. (쿠란 22:39).

그 다음 단계에서 무슬림들은 싸움을 걸어오는 자들과 싸우라는 명을 받았다.

> 너희에게 도전하는 알라의 적들과 싸우되

---

* 무슬림의 다섯 가지 의무 중 하나로 수익의 40분의 1을 공동체를 위해 희사함을 의미

그러나 먼저 공격하지 말라.
알라는 공격하는 자들을 사랑하지 않으시니라. (쿠란 2:190)

그리고 마지막으로 모든 다신교 숭배자들에 대한 전쟁이 선포되었다.

··· 그들이 너희들 모두에게 투쟁하듯
모든 불신자들에게 맞서 싸우라.
실로 알라께서 정의로운 자들과 함께 하시니라. (쿠란 9:36)

알라와 최후 심판의 날을 믿지 아니하며,
알라와 그의 사도가 금기한 것을 지키지 아니하고,
진리의 종교를 따르지 아니한 자들에게
비록 그들이 성서의 백성이라 하더라도
항복하며 인두세를 낼 때까지 맞서 싸워라.
그들은 스스로 저주스러움을 느끼리라. (쿠란 9:29)

이븐 카이임의 설명에 따르면 무슬림들은 초기에 싸움을 삼가라는 계시를 받았다. 그리고 나서 싸움이 허락되어 침입자들에 맞서 싸우라는 계시를 받게 된다. 그리고 마침내 모든 불신자들과의 싸움이 허락되었다.

지하드에 관한 위의 쿠란 구절들, 지하드를 찬양한 예언자 무함마드의 많은 언행들, 지하드 내용이 가득한 전체 이슬람 역사 자료들을 근거로 삼아 모든 무슬림은 현재의 힘든 환경을 극복하는 동시에 교활한 오리엔탈리스트들의 공격에 굴복한 일부 사람들이 늘어놓는 지하드에 관한 잘못된 설명을 거부해야 한다.

영원한 투쟁 지하드

알라의 계시와 예언자의 언행을 듣고서도, 지하드와 관련된 역사상 많은 사건들에 대해 읽고서도 아직도 지하드가 일시적인 조건과 연관된 과거 한때의 명령이고 단지 국경의 방어에만 관련된 것이라고 생각하는 부류의 인간들은 도대체 누구인가?
   싸움을 허용하는 쿠란 구절에서 알라는, 이 땅의 부패를 척결하기 위해 부당한 집단들을 무력으로 저지하는 것이 알라의 법의 일부라는 사실을 무슬림들에게 알려주셨다.

> 침략하는 자들에 대항하여 맞서 싸우는 것이 너희에게 허락되나니 모든 잘못은 침략자들에게 있노라.
> 알라는 전지전능하사 너희에게 승리를 주시니라. (쿠란 22:39)

> 우리의 주님은 오직 알라 뿐이라고 말한 것 하나로
> 부당하게 추방당한 이들이 있노라.
> 만일 알라의 보호가 없었더라면
> 불신자들이 지배하는 수도원도 교회도 유대교 회당도
> 알라를 염원하는 사원들도 파괴되었을 것이라,

실로 알라께서는
그분의 종교에 같이 하는 자를 승리하게 하시니
강하심과 능력으로 충만하심이라. (쿠란 22:40)

따라서 이러한 투쟁은 일시적인 것이 아니다. 진리와 거짓이 지상에서 공존할 수 없듯이 지하드도 영원한 것이다. 알라의 권위가 전 지구 위에 확립되어야만 하고 인간이 다른 사람들의 노예 상태에서 해방되어야 한다는 보편적 선언을 이슬람이 확립하려 할 때마다, 지상에서 알라의 권위를 찬탈한 자들은 이슬람의 확산을 막기 위해 무자비한 공격을 퍼부었다. 이들에게 반격을 가하고 전 세계에 살고 있는 모든 인간들을 찬탈자의 손아귀에서 해방시키는 것이 무슬림들에게 부여된 의무다. 이렇듯 인간의 해방을 위한 영원한 투쟁은 이 세상의 종교가 알라를 위해 정화될 때까지 계속될 것이다.

메카 시기에 싸움을 삼가라는 알라의 명령은 이슬람의 영원한 여정이라는 맥락에서 볼 때 일시적인 단계에 불과했다. 동일한 논리가 히즈라Hijra, 초기 무슬림들이 행한 메카에서 메디나로의 이주 초기에도 적용되었다. 그러나 이러한 초기 단계 이후 지하드의 명분은 단순히 메디나를 방어하기 위한 것이 아니었다. 실제로 메디나를 방어하는 것이 필요했지만 이것이 궁극의 목적은 아니었다. 지하드의 목적은 인간을 해방시키고 자유를 쟁취하려는 사람들을 방해하는 장애물을 제거하기 위한 운동의 핵심과 그 방법들을 보호하기 위한 것이었다.

메카 시기에 싸움을 삼갔던 이유를 우리는 쉽게 이해할 수 있다.

메카에서는 설교가 허용되었으며 예언자는 바누 하쉼Banu Hashim*
가문의 보호를 받고 있었다. 이를 통해 그의 메시지를 공개적으로
선언할 수 있는 기회를 가졌다. 개인적으로 또는 모임을 만들어 사
람들에게 설교하는 등 직접적인 접촉을 통해 그들의 마음에 다가
갈 수 있는 자유를 가졌다. 그가 설교하는 것과 사람들이 경청하
는 것을 막을 어떤 조직화된 정치권력도 존재하지 않았다. 이러한
단계에서는 무력을 사용할 필요가 없었다. 이외에도 다른 이유들
이 있었다.

> 너희들의 손을 억제하라,
> 정기적으로 기도하라,
> 그리고 자카트를 지불하라.
> 너희들은 이런 말을 들었던 사람들을 보았는가? …(쿠란 4:77)

《쿠란의 그늘에서In the shades of the Quran》라는 쿠란 해설집에서
나는 위의 구절을 인용하면서 그 이유를 상세히 설명했다. 여기에
서 이 구절에 대한 설명 일부분을 살펴보는 것이 유용할 것 같다.

메카 시대에 무력 사용을 금지한 이유는 그 기간이 특유한 환경,

---

* 메카의 지배 부족이었던 쿠라이쉬 부족 내에서 두 번째로 강력한 가문이었다.
이 가문에 속해 있던 예언자 무함마드가 이슬람을 설파하자, 당시 부족 내 지
배 가문이었던 바누 압드 샴스(Banu Abd Shams)는 무함마드의 메시지를 혁
명적인 것으로 판단하고 이슬람 전파를 적극적으로 막았다.

특별한 국가, 그리고 특정한 조건을 위한 훈련과 준비의 단계였기 때문이었을 것이다. 이러한 상황하에서 핵심은 아랍인 개개인을 훈련시키고 준비시키는 것이었다. 자신 또는 자신이 사랑하는 사람들에 대한 억압을 인내할 수 있고, 자존심을 억누를 줄 알고, 자신과 자신이 사랑하는 사람들을 위한 복수를 삶의 목표로 삼지 않도록 스스로를 훈련하는 것이었다. 또한 자신의 감정을 조절하고, 도발적인 것에도 흥분하지 않고, 자극에 대해 갑자기 반응하지 않고, 더불어 자신의 성품과 행동에 있어 위엄과 평정심을 발전시키기 위해서도 훈련이 필요했다. 설사 자신의 습관과 취향에 거스르는 경우에라도 개개인은 예언자의 지시 아래 공동체의 규율을 따르고, 모든 문제에서 예언자와 상담하며 명령에 순종하는 훈련을 받아야 했다. 이러한 훈련의 목적은 예언자의 지시에 따르는 동시에 악습과 부족주의를 벗어버린 세련되고 고귀한 성품을 지닌 무슬림공동체의 일원을 양성하기 위함이었다.

메카 시대에 무력 사용을 금지한 또 다른 이유는 쿠라이쉬 부족이 가문과 혈통에 상당한 자부심을 가지고 있었기 때문일 것이다. 이러한 여건에서는 오직 설득이 가장 호소력 있고 효과적인 수단이었을 것이다. 이 단계에서 싸움은 복수의 도화선을 지피는 결과만 초래했을 것이다. 당시 아라비아 반도에는 이미 지속적인 부족 간 전쟁이 이어지고 있었다. 다히Dahis, 가브라Gabra, 바수스Basus 부족의 전쟁이 대표적인 예다. 사소한 불화로 시작된 전쟁이 수년 동안 지속되면서 여러 부족들이 사실상 전멸 상황에까지 이르기도 했다. 만일 '피의 복수'가 이슬람을 믿는 사람들의 마음속에 자리 잡게 된다면, 그 여파는 절대로 사라지지 않았을 것이다. 결과적으로 진정한 종교를 향한 소명은커녕 이슬람은 끊임없는 부족 간 전쟁에 빠져들 수밖에 없고, 근본적 가르침조차 그 시작 단계에서 잊혀져버리고 말았을 것이다.

세 번째 이유는, 모든 가정에 불화의 씨앗이 뿌려져 사회가 피로 얼룩지는 것을 피하기 위함이었을 것이다. 당시에는 믿는 자들을 고문하고 박해하는 조직화된 정부가 존재하지 않았다. 믿는 자에게 경고를 보내고, 박해하고 고문한 사람들은 바로 그의 가족 내 보호자가부장적인 아랍 사회에서는 집안의 가장 나이 많은 남성들이었다. 이러한 전통사회에서 싸움을 허용하는 것은 모든 가정이 전쟁터가 되어야 한다는 것을 의미했을 것이며, 사람들은 "이게 바로 이슬람이야?"라고 손가락질 했을 것이다. 실제로 싸움이 허용되지 않는 상황임에도 사람들은 이슬람에 대하여 이런저런 식으로 비난을 보냈었다. 순례와 상업을 목적으로 아라비아 반도 사람들이 메카로 모여드는 시기에, 이슬람을 거부하는 쿠라이쉬 부족 내 일부 사람들은 그들에게 다가가 이렇게 말했을 것이다. "무함마드는 민족과 부족을 분열시킬 뿐만 아니라 심지어 부자지간도 가르고 있다. 도대체 모든 가정에서 아들이 아버지를 죽이고, 또 종이 주인을 죽이도록 선동하는 이것이 도대체 뭐란 말인가?"

네 번째 이유는, 초기에 무슬림을 박해하고 고문했던 자들이 훗날 이슬람의 충성스러운 일꾼 또는 심지어 위대한 지도자가 될 것이라는 사실을 알라께서 알고 있었기 때문이다. 우마르 이븐 알 카탑Umar Ibn al-Khattab, 제2대 정통 칼리파로 이슬람 영토를 가장 넓게 확장한 지도자임이 이들 중 한 명 아니었는가?

다섯 번째 이유는, 부족주의 사회구조의 틀에 자리 잡고 있는 아랍인들의 명예 의식 때문이었다. 아랍인들은 박해를 당하더라도 패배를 잘 인정하지 않는다. 특히 박해를 당하는 사람들이 다른 사람들로부터 존경을 받기도 한다. 이러한 이론을 뒷받침하기 위해 몇 가지 사건들을 인용해 보겠다. 부족 내에서 존경을 받아 온 인물인 아부 바크르가 무함마드와 함께 메카를 떠나 다른 곳으로 이주하려 했을 때, 이븐 알 다그나Ibn al-Daghna, 쿠라이쉬 부족의 바누 하쉼 가문 내 중간 지도자 정도의 인물로 파악됨라는 사람은 이를 못마땅하게 생각했다. 그래서 그는 아부 바크르가 메카를 떠나는 것을 막았다. 부족의 거점을 버리고 다른 곳으로 떠나는 그의 이주가 아랍인들에게 불명예스러운 것이라고 생각했기 때문이다. 그는 다른 사람들의 공격으로부터 보호해주겠다고 아부 바크르에게 제안하기도 했다. 또 다른 좋은 예를 들어보겠다. 바누 하쉼 가문이 계약을 파기한 사건이다. 바누 하쉼 가문은 아부 탈립 계곡Valley of Abu Talib에만 머물러야 한다는 협약을 맺었다.* 그러나 굶주림과 궁핍이 부당하게 장기화되자 계약서를 찢어버렸다. 이러한 기사도정신은 아랍인들의 특징이다. 이에 반해 사람들이 굴욕을 당하는 것을 지켜보는 데 익숙한 다른 고대 문명들에서는 고난당하고 박해받는 자들이 웃음거리가 되고 천한 대우를 받은 반면 압제자와 폭군이 존경을 받았다.

---

* 무함마드를 제거하려는 쿠라이쉬 부족으로부터 바누 하쉼 가문을 보호하기 위해 체결된 협약이다.

마지막 이유는, 이슬람의 메시지가 아라비아 반도의 일부분에만 전파되었고 이단으로 받아들여지던 무렵 무슬림들은 소수에 지나지 않았고 모두 메카 내에서만 거주했기 때문이었을 것이다. 메카 외부 지역의 다른 부족들은 이슬람을 그저 쿠라이쉬 부족 내의 다툼으로만 인식하고 있었다. 그래서 이 투쟁의 결과가 어떻게 날 것인지를 지켜보고만 있었다. 이러한 상황에서 싸움이 허락되었다면, 이 전쟁으로 무슬림들은 완전히 전멸했을 수도 있다. 물론 많은 수의 적대 세력을 제거할 수 있었겠지만 무슬림들도 큰 타격을 입어 거의 괴멸 상태에 몰렸을 것이다. 그렇게 되면 아라비아 반도의 다른 지역에서는 우상 숭배가 계속되었을 것이고, 모든 인류의 실제적 삶의 방식으로서의 이슬람은 빛을 볼 수 없었을 것이다. 이슬람 체제는 제대로 출범하지도 못했을 것이며 정점에는 더더욱 다다르지 못했을 것이다.

  초기 메디나 시기에도 싸움은 금지되었다. 그 이유는 예언자가 메디나의 유대인들은 물론 메디나 내·외부의 비무슬림 아랍인들과 협정을 체결했기 때문이었다. 이러한 조치는 그 단계에서 불가피한 것이었다. 몇 가지 이유를 설명해 보겠다.

  첫째, 메디나에서도 공개적인 설교와 설득을 위한 기회가 있었으며 이러한 자유를 제한하는 정치권력이 존재하지 않았다. 모든 사람들은 새로운 무슬림공동체를 인정했고, 모든 정치적 문제에 있어 예언자의 리더십을 따랐다. 협정에 따라 모든 구성원들은 예언자의 명확한 승낙 없이는 그 누구도 외부인들과 평화협정의 체결이나 전쟁 선포, 그리고 관계 수립을 하지 않는다고 합의했었다. 따라서 메디나에서는 무슬림 지도자들이 강력한 권력을 갖고 있었고, 이슬람 설교의 문도 열려 있었으며 신앙의 자유도 존재하고 있었다.

둘째, 이 단계에서 예언자는 쿠라이쉬 부족 내 집요한 적대 세력과의 대결을 준비하기 위해 모든 힘을 보전하고자 했다. 쿠라이쉬 부족 내 적대 세력은 다른 부족들에게 이슬람을 전파하는 데 심각한 걸림돌이었다. 한편, 다른 부족들은 쿠라이쉬 부족 내부의 양대 집단 간 갈등의 최종 결과를 관심 있게 지켜보고 있었다. 때문에 예언자 무함마드는 각지로 정찰대를 파견했었다. 함자 빈 압둘 무탈립Hamza bin Abdul Muttalib*이 지휘한 첫 번째 정찰대는 히즈라 이후 6개월째인 라마단** 달에 파송되었다.

그 후 다른 정찰대들도 속속 파견되었다. 히즈라 이후 9개월, 13개월, 16개월째에도 정찰대 활동이 이어졌다. 히즈라 이후 17개월째 되었을 때는 압달라 빈 자하쉬Abdullah bin Jahash***가 통솔하는 정찰대가 떠났다. 이 마지막 정찰대는 저항에 직면했고, 적지 않은 대원이 목숨을 잃었다. 이 사건은 신성한 달로 여겨지는 라잡Rajab, 이슬람력의 여덟 번째 달 달에 발생했다. 쿠란의 두 번째 장인 바카라Baqara,

---

* 함자는 예언자 무함마드의 친삼촌이지만 비슷한 나이로 함께 자랐다. 알라의 사자(Lion of God)로 불린 함자는 이슬람 초기 전투들에서 용맹성으로 이름을 떨치다 625년 3월, 우후드(Uhud)에서 사망했다.
** 라마단(Ramadan)은 이슬람력에서 아홉 번째 달이다. 무슬림들은 라마단 달 30일 동안 단식을 행한다. 일출부터 일몰까지 음식은 물론 물, 담배, 성행위 등도 금지된다. 단식 기간 동안 무슬림들은 매일 밤 추가 기도를 행하면서 자신이 지은 죄에 대한 용서를 알라에게 기원한다.
*** 자하쉬는 이슬람 초기의 장수였다. 여러 전투에서 전과를 올렸지만 우후드 전투에서 전사했다. 무함마드는 그에 대한 존경의 표시로 자하쉬의 부인을 자신의 부인으로 삼았으나, 자하쉬의 부인은 남편의 죽음에 슬픔을 이기지 못하고 얼마 후 사망했다.

암소 장에서는 이 사건에 대해 다음과 같이 언급하고 있다.

> 그들은 성스러운 달에 살생에 관하여 그대에게 물을지니
> 그 기간에 살생은 죄악이라 하되 알라의 길을 방해하고
> 알라와 성스런 하람 사원에
> 가까이 있는 것을 방해하는 것과
> 그곳으로부터 그의 주민들을 추방하는 것은 더 큰 죄악이며
> 교사하고 박해하는 것은 살생보다 더 나쁜 죄악이라. (쿠란 2:217)

같은 해 라마단Ramadan 달에 바드르Badr 전투*가 발생했다. 쿠란의 안팔Anfal, 전리품 장은 이 전투에 대해 상세히 전하고 있다.

지하드의 진정한 명분

역사 속에 나타난 이와 같은 지하드의 여러 단계를 제대로 평가한다면 이슬람 운동을 '방어적인' 것이라고 말하기는 어려울 것이다.

---

* 624년에 벌어진 이 전투는 예언자 무함마드가 처음으로 싸워 이긴 전투다. 622년 메카에서 이주해온 이래 메디나의 무슬림들은 메카의 대상(隊商)들을 계속 습격하고 약탈했다. 메카 우마이야 가문의 수장 아부 수피안의 호위를 받는 부유한 대상이 지나간다는 소식을 접한 무함마드는 300여 명의 습격대를 만들어 자신이 직접 지휘했다. 624년 3월, 대상들이 지나가는 길목의 우물에 모래를 채워 넣음으로써 아부 수피안의 군대를 메디나 근교 바드르로 유인했다. 아부 수피안의 메카군이 수적으로는 압도적이었지만(약 1,000명) 이슬람교도들이 완벽히 승리했고 메카의 많은 중요 인물들을 살해했다. 이 승리로 메카의 권위가 실추된 반면, 무함마드 지휘하에 있던 메디나 무슬림들의 정치적 위상이 강화되었다.

이런 주장은 오늘날 사악한 오리엔탈리스트들의 공격에 패배한 일부 사람들이 주장하고 있는 좁은 의미의 해석이다.

이슬람의 정복 역사*에서도 지하드의 방어적 성격을 찾으려고 하는 사람들이 있다. 이들은 오리엔탈리스트들의 집요한 공격을 견디지 못하고 아직도 포로 상태에 놓여 있는 것이다. 서방의 제국주의가 부상하던 근대에 들어와 이슬람 제국이 쇠약해지고, (과거와 같은) 무슬림의 영광을 찾아볼 수 없으며 진정한 이슬람이 존재하지 않던 시기에 발생한 오리엔탈리즘에서 아직도 벗어나지 못하고 있는 것이다. 그러나 다행히 알라의 은총 덕택으로 이슬람이 이 세상에서 알라의 권위가 아닌 모든 다른 권위로부터 인간을 해방시키는 보편적인 선언이라는 점을 확고히 견지하는 사람들도 있다. 당연히 이들은 이 세상의 종교와 사회가 알라를 위해 정화되어야 한다고 믿는다. 바로 이런 소수의 사람들이 진정한 이슬람 지하드에 대해 글을 써오고 있다.

그러나 이슬람 운동은 글이나 논문을 통한 논쟁을 필요로 하지 않는다. 쿠란의 구절들에 이와 관련한 근거가 분명히 드러나 있기 때문이다.

그로 하여금 알라의 길에서 싸우게 하여
내세를 위해 현세의 생명을 바치도록 하라.

---

* 무슬림 정복(Muslim conquests) 또는 팽창기라고 불리는 이 시기는 무함마드 사후부터 우마위야 왕조까지 약 100년(632~732)을 지칭한다. 이슬람의 영향력은 서로는 스페인 남부 안달루시아, 동으로는 중국과 인도 접경까지 뻗어나갔다.

알라의 길에서 싸우는 자는
그가 살해를 당하건 승리를 거두건
내가 그에게 큰 보상을 줄 것이니라.
너희는 왜 알라의 길에서 남녀의 약자와 어린이를 위해서
싸우지 않느냐?
그들은 "우리의 주님이시여! 불의의 압제자들이 가득한
이 마을로부터 저희를 구해주소서.
우리를 위해 우리를 도와줄 사람을
당신으로부터 세워 주소서"라고 기원하더라.
믿음을 가진 신앙인들은 알라를 위하여 싸우고
불신하는 자들은 사탄을 위해서 투쟁하나니
사탄의 무리와 투쟁하라.
실로 사탄의 교활함은 허약할 뿐이라. (쿠란 4:74~76)

불신자에게 일러 가로되
그들이 불신을 단념한다면 그들의 과거가 용서되리라.
그러나 그들이 (불신을) 지속한다면 이전과 같은 벌이 있으리라.
박해가 사라지고 종교가 온전히 알라만의 것이 될 때까지
지하드를 행하라.
만일 그들이 단념한다면
실로 알라는 그들이 행하는 모든 것을 지켜보고 계실 것이라.
그러나 그들이 거절한다 하여도
알라만이 너희를 위한 가장 훌륭한 보호자이고

최선의 승리자이심을 알게 될 것이라. (쿠란 8:38~40)

알라와 최후 심판의 날을 믿지 아니하며,
알라와 그의 사도가 금기한 것을 지키지 아니하고,
진리의 종교를 따르지 아니한 자들에게
비록 그들이 성서의 백성이라 하더라도
항복하여 인두세를 낼 때까지 맞서 싸워라.
그들은 스스로 저주스러움을 느끼리라.
유대인이 이르길 에즈라*가 알라의 아들이라 말하고
기독교인들은 예수가 알라의 아들이라 하니
이것이 그들의 입으로 주장하는 말이라.
이는 이전에 불신한 자들의 말과 유사하니
알라가 그들을 욕되게 하사
그들은 진실에서 멀리 현혹되어 있더라.
그들은 알라 외에 아흐반(율법학자 또는 성직자)과
루흐반(수사 또는 은둔자), 그리고 마리아의 아들 예수를
그들의 주님으로 경배하나 알라 외에는 경배하지 말라.
그분 외에는 신이 없노라.
그들이 더불어 섬기는 것 위에서

---

* 에즈라(Ezra)는 유대교 성직자이자 서기였다. 그는 바빌론에서 유수 생활을 하던 약 5,000명의 유대인들을 기원전 457년 예루살렘으로 이주시켰다. 에즈라는 흩어져 살던 유대인 공동체를 토라와 유대법을 바탕으로 다시 일으켰다. 유대교에서 가장 존경받는 성직자 중 한 명으로, 그의 지식이 모세의 그것과 유사하다고 주장하는 학자들도 있다.

알라여 홀로 영광 받으소서.
그들은 알라의 광명을 그들의 입으로 끄려 하나
알라는 허락지 아니하고 그 빛을 완전케 하시니
불신자들이 증오하더라. (쿠란 9:29~32)

위 구절들에 기술된 지하드의 명분은 다음과 같다. 이 땅에 알라의 권위를 세우는 것, 알라의 인도에 따라 인간사를 처리하는 것, 모든 사탄의 세력과 삶 속의 사악한 제도를 폐지하는 것, 모든 인간은 알라의 창조물이고 누구도 사람들을 종으로 삼거나 자신들을 위한 법을 임의로 만들 수 없다는 점에서 인간이 다른 인간 위에 군림하는 것을 중단하는 것이다. 이러한 명분들은 지하드를 선포할 수 있는 충분한 조건이다. 그러나 종교에 강요는 없다는 것을 항상 유념해야 한다. 일단 인간의 지배가 사라지고 나면 세상사를 통치하는 법은 순수하게 알라의 것이 될 것이지만, 그렇다고 하더라도 믿음을 바꾸고 이슬람을 무조건 받아들이라고 강요해서는 안 된다.

이슬람 지하드란 전 세계 모든 사람들의 완전한 자유를 보장해 주는 것이다. 다른 인간의 노예 상태로부터 인간을 해방시켜 유일신, 즉 동등한 존재가 없는 유일한 알라만을 섬기도록 하는 것이다. 이것은 그 자체로 지하드의 충분한 명분이 된다. 역사 속 무슬림 전사들의 마음에는 오직 이 한 가지 명분이 있었던 것이다. "왜 싸움을 하려 하는가?"라는 질문을 받게 된다면 전사들 중 어느 누구도 "위험에 빠진 내 나라를 지키기 위해 싸운다", "페르시아인들과 로마인들이 우리를 위협하고 있다"라거나 "우리의 지배 영역을 넓히고 더 많은 전리품을 원한다"라고 답하지 않을 것이다.

이들 전사들은 카디시야Qadisiyyah 전투*를 앞두고 페르시아 장군 루스툼Rustum, 페르시아군의 최고 사령관이 3일간 차례로 이슬람 군대의 주요 장수인 라바티 빈 아미르Rabati bin Amer, 후자이파 빈 무흐신 Huzaifa bin Muhsin, 알 무기라 이븐 슈으바al-Mughira Ibn Shuba에게 "무슨 목적으로 왔는가?"라고 질문했을 때 이 세 사람이 답한 것과 동일하게 말했을 것이다. 세 사람은 루스툼에게 모두 다음과 같이 답했다. "알라는 다른 사람의 노예 상태에서 벗어나 알라 한 분만을 섬기기를 원하는 자, 세상의 편협함을 떨쳐버리고 넓은 세상과 후세를 받아들이고 싶은 자, 종교의 폭정이 아닌 이슬람의 정의를 희망하는 자들을 이슬람의 품으로 데려오라고 우리를 보냈다. 알라는 창조물인 인간에게 올바른 길을 알려주고자 사도를 보내셨다. 누구든지 이러한 삶의 방식을 수용한다면 우리는 돌아갈 것이요. 반역하는 자들이 있다면 우리는 순교하거나 승리할 때까지 그들과 맞서 싸울 것이다."

---

* 637년 현재의 이라크 중부 카디시야 지역에서 발생한 전투다. 이슬람군은 페르시아의 장수 루스툼이 이끈 10만이 넘는 페르시아군을 상대로 대승을 거두었다. 이 전투를 통해 페르시아는 멸망의 길로 들어섰고 이슬람은 인도까지 진출하는 발판을 마련했다..

영토가 아닌 인류를 위한 지하드

이러한 지하드의 명분은 이슬람 종교의 본질 속에 내재하고 있는 것이다. 보편적 자유를 선언하고, 적절한 방법으로 인간의 필요를 충족시키기 위해 실용적인 방식을 채택하고, 각 단계별 새로운 대책을 전개하고 발전시키는 것은 처음부터 이슬람의 말씀 안에 있었다. 지하드의 명분은 이슬람의 영토 내에 거주하는 무슬림들에 대한 공격의 위협 때문에 생겨난 것이 아니라 이슬람에서 전하는 말씀의 본질과 인간 사회에 나타나는 실질적 환경에 바탕을 둔 것으로서, 방어의 필요성 때문에 존재하는 것이 아니다. 방어는 단지 일시적이고 상당히 제한적인 필요일 뿐이다. 무슬림은 이슬람의 가치를 위해 '알라의 길에서' 자신의 재산과 생명을 바치며 싸울 뿐이다. 개인적인 이득이나 욕심이 그에게 동기를 부여하는 가치가 될 수는 없다.

전장에 발을 들여놓기 전에 무슬림은 이미 자신 안에 있는 사탄과 더 치열한 전투를 수행했을 것이다. 자신의 탐욕과 야심, 개인적 이해와 이기심, 그의 가족과 국가의 이익, 알라를 섬기고 반역적인 찬탈자로부터 권위를 되찾아 지상에서 그의 권위를 실행하는 것을 가로막는 모든 걸림돌들과도 내적인 전투를 벌였을 것이다.

이슬람 지하드가 단지 '이슬람의 영토'를 방어하기 위함이라 주장하는 자들은 이슬람적인 삶의 방식이 가진 위대함을 축소하고 이를 영토보다 덜 중요한 것으로 간주하는 사람들이다. 이는 이슬람적인 관점이 아니다. 그들의 시각은 근대에 만들어진 것이고 이슬람의 인식과는 완전히 동떨어진 것이다. 이슬람의 인식에 의거해 받아들여질 수 있는 것은 신앙과 신앙이 규정하는 삶의 방식, 그리고 이 삶의 방식에 의거해 조직되는 사회다. 영토를 구성하는 흙 그 자체에는 어떠한 가치도 없다. 이슬람의 시각에서 보면, 그 흙이 가질 수 있는 유일한 가치는 그 위에 알라의 권위가 세워지고 알라의 인도하심이 구현된다는 것뿐이다. 그렇게 되어야만 흙은 신앙의 요새이자 '이슬람의 영토'라고 불리는 그 삶의 방식이 구현되는 공간, 인간의 완전한 자유를 위한 운동의 중심지로 거듭날 수 있다.

물론 이런 상황이 되면 '이슬람의 영토'를 방어한다는 것이 이슬람의 신앙, 이슬람의 삶의 방식, 이슬람 공동체를 방어하는 것으로 볼 수도 있다. 하지만 이 땅을 방어하는 것이 결코 이슬람 지하드 운동의 궁극적인 목표가 될 수는 없다. 다만 온 땅의 모든 사람들을 대상으로 펼쳐나갈 이슬람 운동의 본부로 삼아 그 안에서 알라의 권위를 세우기 위한 수단일 뿐이다. 다시 말해 이슬람의 대상은 모든 인류이고, 이를 위해 전 지구가 실천의 영역이 된다.

앞에서 언급한 것처럼 이 땅 위에 알라의 주권을 세우는 데는 많은 실질적 장애물들이 존재한다. 국가의 권력, 사회적 제도와 전통, 인간이 만든 총체적인 환경이 바로 그것들이며 이슬람은 이러한 장애물들을 제거하기 위해 무력을 사용한다. 이는 이슬람과 인간 사이를 가로막는 장벽을 걷어내고, 이런 물질적 장애가 사라진 가운데 인간의 마음과 정신에 진리를 전하기 위해서이다. 이후 그것을 받아들이는가 아니면 거절하는가의 문제는 자유롭게 결정하도록 사람들에게 맡긴다.

우리는 지하드의 기원에 대한 오리엔탈리스트들의 공격에 속거나 당황하지 말아야 한다. 또한 서방 기독교 세계가 주도하는 (국제적) 상황에서 현실의 제약에 따른 압박과 외부 세력의 억누름으로부터도 자신감을 잃어서는 안 된다. 만약 그렇게 될 경우, 이슬람의 본질 밖에서 지하드의 명분을 찾으려 함으로써 지하드가 일시적 조건 아래에서 수행되는 방어적 수단이라는 귀결에 이르게 된다. 지하드의 필요성은 이러한 조건의 존재 여부와 상관없이 현재에도, 그리고 미래에도 지속될 것이다.

역사적 사건들을 찬찬히 돌이켜보면서 우리는 이슬람의 본질에 내재한 측면, 자유에 대한 보편적 선언과 그 실질적인 방식에 관해 소홀히 해서는 안 된다. 우리는 이러한 본질적인 것들과 일시적으로 제시되는 방어의 필요성을 혼동하지 말아야 한다.

침입자들에 대항해 이슬람을 지켜야 한다는 사실에는 의심의 여지가 없다. 그러나 그보다 더 중요한 것이 있다. 알라의 보편적 통치권을 공개적으로 선언하는 형태로, 알라 외에 어떠한 존재에 의한 것이든 노예 상태로부터 인간을 해방시키는 형태로, 기존의 자힐리야 리더십이 아닌 새로운 리더십 아래 운동을 조직하는 형태로, 알라의 권위와 그에 대한 복종에 기초하는 특별하고 영원한 사회를 건설하는 형태로 존재하는 것이 바로 이슬람 지하드이며, 이를 위해 우리 주변에 있는 자힐리야 사회를 무너뜨리는 것이 지하드의 목표다.

이런저런 형태로 인간의 권위에 바탕을 둔 자힐리야 사회는 그 존재를 유지하기 위해 이슬람을 억압하고 있다. 이러한 상황에서 새로 조직된 무슬림공동체가 방어를 위해 스스로 준비해 나가야 한다는 점은 자명하다. 하지만 이런 조건들은 어떤 사회에서든지 이슬람의 출현과 동시에 반드시 존재하게 된다. 이슬람을 위해 투쟁이 필요하다면, 이는 좋아하거나 싫어하는 호오好惡의 문제가 아니라 영원히 공존할 수 없는 두 체제, 즉 이슬람과 자힐리야 간의 불가피한 싸움인 것이다. 이는 부인할 수 없는 사실로, 이런 자세를 취하지 않는다면 이슬람 지하드가 침략에 맞서 스스로를 방어하는 것 이외에는 다른 기능이 없는 것으로 여겨지게 된다.

주도권 장악을 위한 지하드

그러나 이보다 훨씬 더 중요한 사실은 지하드를 통해 주도권을 장악해나가야 한다는 점이다. 알라가 아닌 다른 인간의 노예 상태에 놓인 인간을 해방시키기 위해 특정한 지리적·인종적 한계에 의해 제약받지 않고 주도권을 잡아 전체 인류를 구하는 지배적인 세력이 되어야 한다. 그 제약을 허용한다면 지구상에 살고 있는 모든 인류를 악, 혼란, 인간에 의한 노예 상태에 방치하는 것을 의미한다.

만약 이슬람이 어떤 지리적인 경계 내의 일부 사람들이 다른 사람들을 지배하도록 내버려두고, 그들의 영역에 이슬람의 메시지와 보편적 자유의 선언을 전파하지 않는다면 이슬람의 적들은 이슬람에 아무런 대항도 하지 않는 것이 더 유리하다고 판단하는 상황이 발생할 수 있다. 그러나 이슬람은 그들이 인두세를 지불하면서 이슬람의 권위에 굴복하지 않는 이런 상황이 발생하는 것을 용인하지 않을 것이다. 이슬람의 권위에 굴복한다는 것은 그들이 이슬람 설교에 대한 문호를 열고 국가 권력을 동원해 이슬람의 길을 막아서는 등의 장애물을 두지 않을 것임을 보장하는 것이다.

다시 강조하건대 이것이 이슬람의 특성이자 이슬람의 기능이다. 이슬람은 알라의 통치권을 선언하는 것이고 인간이 알라 외에 다른 인간에 종속되는 것으로부터 모든 사람들을 해방시키는 것이다. 지리적·인종적 제약을 뛰어넘지 못하고 침략의 두려움 때문에 형성된 개념들과 이슬람의 진정한 개념 사이에는 엄청난 차이가 있다. 전자의 경우 그것의 모든 내재적인 역동성은 이미 상실된 것이라 할 수 있다.

이슬람의 역동성을 분명하고 완전하게 이해하기 위해서는 이슬람이 알라에 의해 규정된 인간의 삶의 방식이라는 사실을 유념할 필요가 있다. 이슬람은 인간이 만든 체제가 아니고 일부 집단이 추구하는 이념도 아니며 특정 인종에게만 부여된 고유한 삶의 방식도 아니다. 이 위대한 진리를 간과하지 않는다면, 이슬람의 근본적 명제가 알라의 주권에 대한 피조물의 절대적 복종에 있다는 사실을 잊지 않는다면 지하드의 외적 요인들을 강조하는 오류에 빠지지 않을 것이다. 이 위대한 진리를 기억하고도 이슬람 지하드의 명분을 다른 곳에서 찾으려는 것은 어불성설이다.

이슬람이 자힐리야 사회로부터 공격을 받을 수밖에 없고 그래서 이슬람이 전쟁을 치르게 된다는 개념과, 이슬람이 주도권을 쥐고 이러한 투쟁에 돌입한다는 개념 간의 차이를 이슬람 운동을 시작하는 단계에서 제대로 평가하는 것은 쉽지 않다.

이슬람 운동의 초기 단계에서는 이 두 가지 개념들 간의 차이를 구별하기가 어렵다. 왜냐하면 어느 경우에서든지 이슬람은 전쟁을 수행해야 할 것이기 때문이다. 그러나 초기 전투에서 승리한다면 최종 단계에 이르러서 이 두 가지 개념은 큰 차이를 가질 것이다. 특히 이슬람에서 전하는 말씀의 목적과 중요성을 이해하는 데 있어 커다란 차이를 낳게 된다.

같은 맥락에서 이슬람이 신성하게 명령된 삶의 방식이라는 사고와 지리적으로 제한된 체제라는 사고 간에는 커다란 차이가 있다. 전자에 따르면 이슬람이 계시된 목적은 땅 위에 알라의 통치를 세우고, 알라를 경배하도록 모든 사람들을 인도하며, 이슬람의 말씀을 무슬림공동체라는 형태로 구체적으로 실현하는 것이다. 이 무슬림공동체 내에서 모든 개인들은 다른 인간의 지배를 받는 노예 상태에서 해방되고, 알라를 섬기는 데 서로 협조하며 알라의 법 샤리아만을 따른다. 이러한 이슬람은 그 목표를 향해 나아가는 길의 모든 장애물을 제거할 권리가 있다. 세속적인 정치 체제의 간섭이나 반발 없이 이슬람이 인간의 이성과 관념에 직접적으로 다가가기 위해서다. 그러나 후자의 사고에 따르면 이슬람은 단지 그 본토가 공격당했을 때만 무력 행동을 취할 수 있는 권리를 갖는 국가 체제에 불과하다.

둘 중의 어떤 개념이나 사고든 이슬람은 분투해야만 한다. 그러나 그 목적과 결과는 개념적인 측면과 실제적인 측면 모두에서 전적으로 다르다.

실로 이슬람은 주도권을 갖고 행동을 취할 권리가 있다. 이슬람은 어떤 특별한 인종 또는 국가의 유산이 아니며 알라의 종교이고 전 세계를 위한 종교다. 이슬람은 제도와 전통의 형태를 취하면서 인간의 선택의 자유를 제한하는 모든 장애물을 파괴할 권리를 갖는다. 이슬람은 인간 개개인들을 공격하거나 그들이 이슬람 신앙을 받아들이도록 강요하지 않으며, 인간의 본성을 왜곡하고 인간의 자유를 제한하는 악영향들로부터 인간을 해방시키기 위해 억압적인 제도와 전통을 공격한다.

오직 알라 한 분만을 섬기도록 노예 상태로부터 인간을 해방시키고, 알라가 모든 것의 진정한 주인이며 알라 밑에서 모두가 자유롭다는 것을 선언한 이슬람에 실제적 의미를 부여하는 것이 이슬람의 권리다. 이슬람적인 개념과 실제적 상황 모두를 고려하더라도, 지상에서 알라의 통치는 이슬람 체제를 통해서만 확립될 수 있다. 통치하는 자이든 통치 받는 자이든, 흑인이든 백인이든, 가난하든 부유하든, 무식하든 유식하든 간에 알라가 명령하신 체제가 바로 이슬람 체제다. 이슬람법은 모두에게 동일하게 적용되며, 모든 인간은 이 법의 테두리 안에서 같은 책임을 갖는다. 다른 모든 체제에서는 인간이 다른 인간에게 순종해야 하고 인간이 만든 법에 따라야 한다. 그러나 입법은 알라의 속성이며, 이 권리를 양도하는 사람은 누구든지 인간의 신성을 받아들인 것이다.

이슬람은 단순히 설교를 행하기에 충분한 신앙만을 의미하지 않으며, 삶의 방식으로서 인간을 해방시키기 위해 운동을 조직하는 실질적인 단계들을 취한다. 비이슬람 사회에서는 이슬람이 자체의 고유한 방식으로 이 종교를 따르는 자들을 조직화할 기회를 갖지 못한다. 따라서 보편적 자유로의 길에 장애가 되는 이러한 모든 체제를 타파하는 것이 이슬람의 의무다. 전적으로 알라를 위해 헌신하는 삶의 방식은 오직 이러한 이슬람의 방식으로만 가능하다. 이슬람에는 인간의 권위나 노예 상태가 존재하지 않는 반면, 다른 모든 체제에서는 인간이 다른 인간을 노예 상태로 만들고 그 위에 군림한다.

오늘날 우리와 같은 시대를 살고 있는 적지 않은 무슬림 학자들은 서구가 패권을 쥐고 있는 현재 상황이 주는 압박과 사악한 오리엔탈리스트들의 공격에 패배한 자들이다. 이들은 앞서 언급한 이슬람의 본질과 특성에 동의하지 않는다. 오리엔탈리스트들은 이슬람의 이미지를 검을 들고 신앙을 강요하는 폭력적 운동으로 왜곡해 왔으며, 특히 일부 사악한 오리엔탈리스트들은 이런 주장이 사실이 아니라는 것을 매우 잘 알고 있으면서도 이슬람 지하드의 진정한 동기를 왜곡하고자 시도한다. 이런 상황에서 패배주의에 사로잡힌 무슬림 학자들은 서구 오리엔탈리스트들의 비난을 피하기 위해 지하드의 방어적 성격을 찾아 헤매고 있다. 하지만 이들은 이슬람의 본질과 기능, 인간의 해방을 위해 이슬람이 주도권을 가질 권리가 있다는 사실에 대해 무지할 뿐이다.

패배주의적 정신 상태에 빠진 이들 학자들은 단지 마음속의 '믿음'을 의미할 뿐 실제로는 현실과 동떨어진 서구의 '종교'적 개념을 수용해 왔을 뿐이다. 결과적으로 이들은 지하드를 가리켜 사람들에게 신앙을 강요하기 위해 벌이는 전쟁일 뿐이라고 오도하고 있다.

그러나 이들의 사고와 주장은 이슬람과 전혀 관계가 없다. 이슬람은 모든 인간을 위해 알라가 명한 삶의 방식이기 때문이다. 이 삶의 방식은 알라 한 분의 통치와 주권을 확립하고 일상의 모든 세부적인 것에까지 질서를 제공한다. 간단히 말해 지하드는 이러한 삶의 체계가 온 세상에 자리 잡도록 하려는 노력이다. 이슬람에서의 신앙은 자유를 가로막는 모든 장애물이 사라진 체제하에서 철저히 개인의 의견에 따라 결정된다. 이는 기존의 시각과는 상당히 다른 접근법으로, 이슬람 지하드에 대한 완전히 새로운 시각의 틀을 제공한다.

새로운 시각의 틀을 적용한다면 이슬람 지하드는 알라가 명하신 삶의 체계인 무슬림공동체를 확립하는 것이다. 알라의 정치적 권위를 인정하는 이 공동체가 어디에 존재하든 지상에 신성한 알라의 체제를 세울 권리를 갖는다. 신앙의 문제는 개인의 양심에 따르도록 내버려두더라도 말이다. 따라서 알라가 무슬림들로 하여금 일정 기간 동안 지하드를 금지한 것은 원칙에 따른 것이 아니라 전략의 문제였으며, 신앙과 관련된 것이 아니라 운동의 필요 요건에 관한 문제였다. 이러한 해석을 통해서만이 우리는 이슬람 운동 지하드의 다양한 단계를 설명한 쿠란 구절들을 이해할 수 있다. 이 구절들을 읽어나갈 때 우리는 각 구절의 의미가 이슬람의 발전 과정에서 특정한 단계와 연관되어 있다는 것을 유념하는 동시에, 그 구절들에 불변하는 이슬람의 메시지와 관련된 또 다른 포괄적인 의미도 존재한다는 것을 잊어서는 안 된다. 이 두 가지 측면을 혼동해서는 안 된다.

제5장

라 일라하 일랄라
― 이슬람적 삶의 방식

현재 세상에 존재하고 있는 모든 사회는 자힐리야 사회이며 크게 네 가지 유형으로 분류할 수 있다. 첫 번째 유형은 공산주의 사회이며, 두 번째 유형은 우상숭배 사회로서 흔히 인도, 일본, 필리핀, 아프리카에서 찾을 수 있다. 세 번째 유형의 자힐리야 사회는 오늘날의 모든 유대교와 기독교 사회다. 마지막으로, 현존하는 모든 '무슬림'사회들 또한 자힐리야 사회다.

'라 일라하 일랄라'는 이슬람 신앙고백의 첫 부분이다. 알라를 제외하고 경배되는 존재는 아무것도 없다는 의미다. '무함마드 라술룰라무함마드는 알라의 사도다'는 이슬람 신앙고백의 두 번째 부분이다. 이는 알라에 대한 경배가 예언자 무함마드의 가르침에 따라 이행된다는 뜻이다.

독실한 무슬림은 이 신앙고백을 가슴 깊이 새긴다. 다른 이슬람의 기둥pillar, 이슬람 신앙의 가장 중요한 핵심적 의무로 5가지가 있음들과 믿음도 이 신앙고백에서 파생되어 나온 것이다. 천사들, 성서들, 알라의 사도들, 최후의 심판 또는 사후 세계, 그리고 알 카드르al-Qadr, 정명 혹은 옳고 그름을 판단하는 것을 믿는 것도 '알라 외에 다른 신은 없고 무함마드는 알라의 사도다'에서 파생되어 나왔다. 또한 알 살라트al-Salat, 기도, 알 시얌al-Siyam, 단식, 알 자카트al-Zakat, 희사, 알 핫즈al-Hajj, 순례와 같은 이슬람의 의무도 위의 신앙고백에 근거를 둔다. 뿐만 아니다. 허용된 것과 금지된 것, 풍속, 법, 이슬람의 도덕적 가르침 등과 같이 알라가 규정한 것들도 모두 알라에 대한 경배를 기초로 한다. 그리고 이러한 모든 가르침의 원천은 예언자 무함마드다. 알라가 그를 통해서 모든 계시를 우리에게 내렸기 때문이다.

무슬림공동체는 신앙고백을 포함한 위의 다섯 기둥과 여섯가지 믿음을 실질적으로 해석하고 구현해야 한다. 이슬람의 신앙과 특성을 실천에 옮기지 않는 사회는 무슬림 사회가 아니다.

그러므로 신앙고백은 무슬림공동체를 위한 완벽한 삶의 체계에 토대를 제공한다. 먼저 이 토대를 확고히 하지 않고는 이슬람적 삶의 방식은 존재할 수 없다. 마찬가지로 만약 삶의 체계가 다른 어떤 토대 위에 건설되거나 다른 근원들이 이 토대와 혼합된다면, 그 공동체는 이슬람적인 것으로 간주되지 않는다. 알라께서 이렇게 말씀하셨다:

… 권능은 알라께만 있느니라.
그분은 명령하시어 그분 외에는 경배하지 말라하셨으매
그것이 진정한 종교라.
그러나 많은 사람이 알지 못하더라. (쿠란 12:40)

예언자에게 순종하는 자 곧 알라께 순종하는자라.
만일 거절한 자 있더라도
알라는 그대를 감시인으로 보내지 아니했노라. (쿠란 4:80)

신앙고백과 무슬림공동체

간결하지만 결정적인 신앙고백은 우리들을 이슬람의 기본적 명제와 그 실천적 운동으로 인도한다. 첫째, 무슬림공동체의 본질로 우리를 이끈다. 둘째, 그런 공동체 건설을 위한 방안을 우리에게 보여준다. 셋째, 자힐리야 사회들과 어떻게 맞서야 하는지를 우리에게 말해준다. 넷째, 이슬람이 인간 삶의 조건들을 바꾸는 방식을 정확히 알려준다. 이러한 모든 명제들은 항상 존재해왔으며 이슬람 운동의 다양한 단계들에서 대단히 중요하게 남아 있다.

무슬림공동체의 가장 독특한 특징은 공동체의 모든 일들이 알라에 대한 경배에 기초한다는 것이다. 신앙고백은 이 원칙을 표현하는 것이고, 또 신앙의 특성을 결정짓는 것이다. 신앙에 있어서, 헌신적인 행동에 있어서, 그리고 규율과 규칙에 있어서 신앙고백은 구체적 형태를 취하고 있다.

신앙고백의 골자는 알라의 유일성을 진심으로 받아들여 오직 알라 한 분만을 경배하는 것이다.

> 알라께서 "두 신을 섬기지 말 것이며 실로 신은 알라밖엔
> 없나니 나만을 두려워하라"고 말씀하셨느니라.
> 천지의 모든 것이 그분에게 귀속되어 있어
> 이 모든 것이 항상 그분께 순종하거늘
> 너희가 알라 외에 다른 것을 두려워한단 말이냐?
> (쿠란 16:51~52)

알라 외에 다른 신이나 권력에 헌신적인 행동을 취하는 자는 알라 한 분만을 경배하는 것이 아니다.

일러 가로되,
실로 나의 예배와 내가 바치는 제물과 나의 생명과 나의 죽음
모두가 만유의 주님이신 알라를 위해서라.
알라께서 유일한 분이라고 내가 명령받았으니
나는 그분께 순종하는 자 가운데 먼저임이라. (쿠란 6:162~163)

알라 외에 다른 근원으로부터, 알라가 사도를 통해 우리에게 내리신 가르침과 다른 방법으로 법을 제정하는 자는 알라를 경배하는 것이 아니다.

이들 불신자들은 알라께서 허락하지 아니한
불신을 조성한 사탄의 동반자들이라.
최후 심판에 대한 나의 말씀이 없었더라면
(보상과 벌을 심판의 날로 유예하지 아니 했다면)
이미 그들을 심판하였으리라.
실로 죄인들에게는 고통스러운 벌이 준비되어 있노라.
(쿠란 42:21)

… 선지자께서 너희에게 준 것은 수락하되
그분께서 금기한 것은 거절하라. … (쿠란 59:7)

이것이 무슬림 사회이다. 이곳에서는 개인들의 믿음과 사고, 그들의 헌신적인 행동과 종교적 수행, 그들의 사회 제도와 법률 등 모

든 것이 유일신 알라에 대한 복종에 기초하고 있다. 만약 위의 측면들 중 하나에서라도 복종의 태도가 사라지게 된다면 이슬람 전체가 사라지는 것이다. 마찬가지로 이슬람의 다섯 가지 의무 중 첫 번째인 신앙고백, 즉 '알라 외에 다른 신은 없고 무함마드는 알라의 사도다' 역시 사라지게 되는 것이다.

이러한 요건이 충족되어야 무슬림 집단과 이 집단이 형성하는 공동체가 이슬람적인 것이 될 수 있다. 이런 순수한 자세를 받아들이기 전에는 어떤 조직도 무슬림 집단이 될 수 없으며, 그 삶의 체계를 신앙고백에 바탕을 두고 조직하기 전에는 어떤 사회도 무슬림 공동체가 될 수 없다. 그 이유는 이슬람이 기초로 하는 가장 중요한 원칙, 즉 '알라 외에 다른 신은 없고 무함마드는 알라의 사도다'라는 원칙이 공동체와 사회에 개별적으로 세워지는 것이 아니기 때문이다.

그러므로 이슬람 사회 체제를 설립하고 무슬림공동체를 조직하는 것을 생각하기 이전에, 앞에서 언급한 것처럼 우리는 알라 이외의 다른 누구를 경배하는 것으로부터 사람들의 마음을 정화하는 데 관심을 두는 것이 필요하다. 마음이 정화된 사람들만이 모여 집단을 형성하게 될 것이고 이런 사람들의 집단, 즉 그들의 믿음과 개념 및 헌신적 행동과 법이 알라 외에 다른 누구에게도 예속되지 않고 완전히 자유로운 집단만이 무슬림공동체를 시작할 수 있다. 이슬람적인 삶을 살기를 원하는 이는 자동적으로 이 공동체에 들어갈 것이며, 그가 따르는 믿음과 경배 행위와 법은 오직 알라 한 분을 위해 정화될 것이다. 다시 말해 그는 '라 일라하 일랄라, 무함마드 라술룰라'의 화신化身이 될 것이다.

　초창기 무슬림 집단이 형성되고 후에 최초의 무슬림공동체로 발전했던 방식이 바로 이것이다. 이는 또한 앞으로도 새로운 무슬림 집단이 출범하여 진정한 무슬림공동체로 모습을 갖춰갈 수 있는 유일한 방식이 될 것이다.

　개인과 집단이 알라 외에 어느 누구에게로의 예속도 거부하고 다른 동등한 존재를 가지지 않은 알라에게만 복종하게 될 때, 개인과 집단의 미래와 삶을 이러한 복종을 근거로 설계할 때만이 무슬림공동체는 존재할 수 있다. 이 방식으로 자힐리야 사회 속에서 새로운 무슬림공동체가 탄생하는 것이다. 이 공동체는 탄생하는 즉시 새로운 믿음과 그 믿음에 바탕을 둔 새로운 삶의 방식으로 자힐리야와 맞서 싸울 것이다. 이 새로운 믿음은 '알라 외에 다른 신은 없고 무함마드는 알라의 사도다'라는 신조를 구체적으로 구현할 것이다.

　이러한 상황에서 기존의 자힐리야 사회는 새로운 이슬람 사회 내부로 파고들 수도 있고 그렇지 않을 수도 있으며, 또한 무슬림 사회와 화평하거나 맞서 싸울 수도 있을 것이다. 그러나 역사는 우리에게 자힐리야 사회가 평화보다는 싸움을 선호했다고 말해주고 있다. 자힐리야 사회는 무슬림공동체의 태동과 동시에 개인적으로, 또는 집단적으로 공동체의 선봉대를 공격할 것이다. 이 선봉대가 나름대로 기초를 다진 공동체가 된 이후에도 자힐리야의 공격은 계속될 것이다. 노아Noah에서 무함마드에 이르기까지 알라가 보내신 사도들의 역사를 볼 때, 이슬람의 소명이 진행되는 각 역사적 단계마다 자힐리야의 반발과 공격으로 여러 사건들이 발생해 왔다.

기존의 자힐리야 사회에 맞설 수 있는 충분한 역량을 축적하기 전까지 진정한 무슬림공동체는 형성될 수 없고 계속 존재할 수도 없다는 것은 자명한 사실이다. 무슬림공동체의 역량은 모든 분야를 망라해야 한다. 말하자면 믿음과 개념을 다질 수 있는 역량, 품성을 갖춘 인재를 양성할 수 있는 역량, 공동체를 조직하고 유지할 수 있는 역량, 자힐리야 사회의 맹공격에 맞서 공동체를 보호할 수 있는 역량 등이다.

다양한 유형의 자힐리야 사회

그러면 자힐리야 사회란 무엇인가? 그리고 어떤 방식으로 이슬람은 이에 맞서야 하는가?

우선 자힐리야 사회는 무슬림 사회가 아닌 다른 모든 사회다. 좀 더 명확한 정의를 내린다면 믿음과 사고, 경배의 수행, 그리고 법적 규율에 있어서 유일신 알라에게 복종하지 않는 사회는 모두 자힐리야 사회라고 말할 수 있다.

이 정의에 따르면 현재 세상에 존재하고 있는 모든 사회는 자힐리야 사회이며 크게 네 가지 유형으로 분류할 수 있다.

첫 번째 유형은 공산주의 사회로서, 명확히 자힐리야 사회에 포함된다. 그 이유는 다음과 같다. 첫째, 공산주의 사회는 지고하신 알라의 존재를 부정한다. 우주가 '물질' 또는 '자연'에 의해 시작되었다고 믿고 있을뿐더러 더 나아가 인간의 활동과 역사가 '경제'

또는 '생산수단'에 의해 결정되어 왔다고 주장한다. 둘째, 이 사회가 채택하는 삶의 방식은 알라가 아닌 공산당에 대한 복종에 기초한 것으로 공산당이 모든 것을 장악하고 있다. 게다가 공산주의 이념에 따르면 인간의 기본 욕구는 동물의 그것, 즉 먹을 것과 마실 것, 입을 것과 잠잘 곳, 섹스와 동일하다. 이는 동물과 인간을 구별하는 가장 대표적인 요소인 정신적 욕구를 인간으로부터 박탈하는 것이다. 인간의 정신적 욕구 중 가장 중요한 것이 바로 알라에 대한 믿음과 신앙을 선택하고 선언할 수 있는 자유인데도 말이다. 같은 맥락에서 공산주의는 인간이 자신의 개성을 표출할 자유를 박탈하고 있다. 개성은 인간이 가진 가장 특별한 특징으로서 한 인간의 개성은 자신만의 능력과 특성, 업무의 선택과 그 업무에서의 전문성, 다양한 형태의 예술적 표현 등으로 표현된다. 이는 인간을 동물이나 기계와 차별화하는 중요한 요소임에도 공산주의 이념과 체제는 인간을 동물이나 기계로 전락시키고 있는 것이다.

두 번째 유형은 우상 숭배 사회로서 이 또한 모두 자힐리야 사회에 속하며 흔히 인도, 일본, 필리핀, 아프리카 등에서 찾을 수 있다. 이들 자힐리야 사회의 일반적 특징은 다음과 같다. 첫째, 알라 이외의 다른 신을 믿는다. 즉, 알라와 다른 신을 동시에 믿거나 알라를 제외한 다른 신들을 믿는다. 둘째, 이들 사회는 다른 신들의 비위를 맞추기 위해 상당히 정교한 숭배 의식을 만들어 냈다. 같은 맥락에서 그들이 따르는 법률과 규정은 알라와 그의 법이 아닌 다른 권위에서 도출된 것들이다. 성직자, 점성가, 마술사, 부족의 원로들 또는 세속적 기관들이 이런 권위를 행사한다. 그들은 알라의 법을 무시하고 자신들의 법을 만들었으며 국가나 정당 또는 다른 이름들을 내걸어 무소불위의 권력을 행사한다. 절대적인 권력과 권위는 오직 알라에게만 속한다는 사실에 무지한 사회이고, 또 알라께서 예언자들을 통해 우리에게 보여준 방식으로만 권력과 권위가 적용될 수 있다는 사실도 망각한 사회들이다.

  세 번째 유형의 자힐리야 사회는 오늘날의 모든 유대교와 기독교 사회다. 이들 사회는 원래의 믿음을 왜곡하고 알라의 특별한 속성들을 다른 존재들에 적용해왔다. 알라를 다른 존재들과 결합하는 이런 행태는 다양한 형태를 취하고 있지만, 예수를 알라의 아들로 인정하는 삼위일체론이 그 대표적인 예다. 때문에 진정한 알라의 실체와는 동떨어진 알라의 개념이 등장한다.

유대인이 이르길
에즈라가 알라의 아들이라 하고
기독교인들은 예수가 알라의 아들이라 하니
이것이 그들의 입으로 주장하는 말이라.
이는 이전에 불신한 자들의 말과 유사하니
알라가 그들을 욕되게 하사
그들은 진실에서 멀리 현혹되어 있도다. (쿠란 9:30)

알라가 셋 중의 하나라고 말하는 그들은 분명 불신자들이라.
알라 한 분 외에는 다른 신이 없거늘,
만일 그들이 말한 것을 단념치 않는다면

그들 불신자들에게는 고통스런 벌이 가해지리라. (쿠란 5:73)

유대인들이 "알라의 손은 묶여 있어
그들의 손들도 묶여 있다"고 말하니
그들이 말하는 것에는 저주가 있을 것이라.
그러나 알라의 두 손은 펼쳐져 있어
원하는 자에게 양식을 주시니라. … (쿠란 5:64)

유대인들과 기독교인들이 이르되
'우리는 알라의 아들이요, 그분의 사랑받는 자들'이라 하니.
일러 가로되
"그렇다면 왜 그분께서는 너희의 죄악에 대해
벌을 내리겠는가?"
너희도 그분이 창조한 인간이거늘. … (쿠란 5:18)

 이런 믿음 아래 이상한 주장을 펼치는 이들 사회는 자힐리야 사회이다. 이들 사회의 숭배 형태, 그들의 관습과 도덕이 그릇되고 왜곡된 믿음으로부터 비롯되었기 때문이다. 또 이들의 제도와 법은 유일신 알라에 대한 복종에 기초하지 않는다. 그들은 알라의 통치를 받아들이지 않을 뿐만 아니라 알라의 계율이 모든 법의 유일하고 유효한 기초가 된다고 생각하지 않는다. 정반대로 이들 사회는 법 제정에 있어 절대적인 권한을 갖는, 인간으로 구성된 의회를 설립해 알라에게만 속한 권한을 찬탈하고 있다. 쿠란은 계시될 당시

부터 이들을 알라와 다른 존재를 결합하는 부류로 분류했다. 이들 사회가 기독교 성직자들과 유대교 랍비들에게 사회에 필요한 어떤 법이라도 만들 수 있도록 권한을 부여했기 때문이다.

> 그들은 알라 외에 그들의 아흐바르와 루흐반,
> 그리고 마리아의 아들 예수를 그들의 주님으로 경배하나
> 알라 외에는 경배하지 말라.
> 그분 외에는 다른 신이 없노라.
> 그들이 더불어 섬기는 것 위에서
> 알라여 홀로 영광 받으소서. (쿠란 9:31)

물론 기독교인들과 유대교인들도 그들의 랍비나 성직자를 신성한 존재로 여기거나 숭배하지는 않았다. 그러나 그들은 이들 종교인들에게 법을 만들 수 있는 권한을 부여했고, 또 알라가 허용하지 않은 방식으로 그들에 의해 만들어진 법에 복종했다. 때문에 쿠란의 구절들에서 그들은 알라를 다른 신과 결합하는 이들 또는 진실을 거부하는 자들이라고 불렸다. 쿠란의 이런 해석은 오늘날에도 적용된다. 법을 제정할 수 있는 권한이 현재 성직자나 랍비의 손에 있는 것은 아니지만, 이들이 속한 대중에 의해 선출된 사람들이 필요에 따라 자신들의 법을 만들고 있기 때문이다.

마지막으로, 현존하는 모든 '무슬림' 사회들 또한 자힐리야 사회다.

현재의 무슬림 사회들이 알라 외에 다른 신을 믿거나 알라 외에 다른 것을 숭배해서가 아니다. 작금의 무슬림 사회를 자힐리야 사

회로 분류하는 이유는 그들의 삶이 유일신 알라에 대한 철저한 복종에 바탕을 두고 있지 않기 때문이다. 비록 그들이 알라의 유일성을 믿고 있을지라도, 그들은 알라의 절대 권한인 법의 제정과 관련한 권위와 절차를 다른 사람이나 기관에 위탁하고 그 권위에 순종하고 있다. 또한 이 세속적 권위로부터 그들의 제도, 전통과 관습, 법, 가치와 기준 등 삶의 거의 모든 측면들을 도출해 내고 있다. 지고하신 알라는 이런 통치자들에 대해 다음과 같이 말씀하셨다.

    … 알라께서 계시한 바에 따라 판결하지 아니한 자
    바로 불신자들이라. (쿠란 5:44)

알라는 또 피지배자, 즉 백성들의 자세와 태도에 대해서도 다음과 같이 언급하셨다.

    그대에게 계시된 것과 그대 이전에 계시된 것을
    믿는 척 하면서
    우상에 구원하여 분쟁을 해결하려는 그들을
    그대는 보지 않았는가?
    그들은 그것을 섬기지 말라 명령받았노라.
    그러나 사탄은 그들을 방황케 하려 하도다. (쿠란 4:60)
    그들이 그대로 하여금 분쟁을 조정케 하고
    그대가 조정한 결정에 대해 만족하거나 순응하지 아니할 때
    그들은 결코 믿는 자들이라고 할 수 없느니라. (쿠란 4:65)

이들 계시 이전에도 알라는 유대인들과 기독교인들이 쉬르크다른 신들을 알라와 결합하는 행위를 범하고 있고, 불신을 행하고, 성직자와 랍비를 알라와 더불어 주인으로 받아들이고 있다고 경고한 바 있다. 그들이 성직자와 랍비에게 권위와 특권을 부여했기 때문이다. 문제는 오늘날 무슬림 사회에서도 이런 일이 발생하여 '무슬림'이라고 자처하는 사람들이 일부 이슬람 종교인들에게 이러한 특권을 부여하고 있다는 점이다. 알라는 유대인들과 기독교인들의 행동을 쉬르크의 범주에 포함시켰다. 특히 기독교인들이 예수를 알라의 아들로 만들고 그를 찬양하는 것을 대표적인 예로 들었다. 이는 알라의 유일성에 대한 반란이며, 알라가 규정한 삶의 방식에 대한 반발이자 '알라 외에 다른 신은 없다'라는 계시를 부정하는 것이다.

무슬림 사회 중에서도 일부는 '세속주의'를 표방하며 이슬람과 자신들의 관계를 부인하고 있다. 또 다른 일부 사회는 이슬람에 대한 존중을 단지 입으로만 떠들면서 자신들의 사회 생활에는 이슬람을 전혀 적용하지 않는다. 그들은 '눈에 보이지 않는 것'을 믿을 수 없으며 '과학'에 바탕을 둔 사회 제도를 건설하겠다고 말한다. '과학'과 '눈에 보이지 않는 것'이 마치 양립할 수 없는 것처럼 말이다! 그들의 이런 주장은 무지다. 무지한 사람들만이 이처럼 말할 수 있다.* 한편으로 알라 이외의 다른 것들에 입법의 권한을 부여한 무슬림 사회들도 있다. 그들은 자신들이 원하는 어떤 법이라도 만

---

* 《쿠란의 그늘에서》 제7권에 나오는 "알라는 보이지 않는 것의 열쇠를 지니느니라. 그 외에는 아무도 이를 알 수 없느니"라는 쿠란 구절을 참조.

들면서 "이것이 알라의 샤리아"라고 말한다.

　이와 같이 다양한 유형의 자힐리야 사회들에 대해 간단히 설명해 보았다. 이런 모든 사회는 유일신 알라에 대한 진정한 복종을 기반으로 하지 않는다는 공통점을 가지고 있다. 이들 사회에 대한 이슬람의 입장은 명확하다. 이슬람은 이런 모든 사회를 비이슬람적이고 불법적인 것으로 간주한다.

　이슬람은 이들 사회가 내세우는 이름이나 포장에는 관심을 두지 않는다. 왜냐하면, 공산주의든 우상 숭배든 기독교든 유대교든 왜곡된 이슬람 사회든 그들의 삶의 방식이 유일신 알라 한 분에 대한 완전한 복종에 바탕을 두지 않기 때문이다. 이러한 관점에서 그들은 다신교 사회, 즉 자힐리야의 특징을 공유하고 있다.

'무함마드는 알라의 사도다'

이 장의 첫 부분에서 언급했던 신앙고백의 두 번째, '무함마드는 알라의 사도다'에 대해 생각해보자. 이슬람은 과거에도, 현재에도, 그리고 미래에도 이 기준을 적용해 인간 삶의 방식을 규정해 왔다. 앞선 장들에서 무슬림 사회의 본질을 언급하면서 이 방식에 대한 설명이 있었다. 다시 한 번 요약하자면 무슬림 사회는 모든 결정을 유일신 알라에 대한 복종에 근간을 둔다.

　이런 본질에 대한 정의를 바탕으로 우리는 다음의 질문들에 어렵지 않게 답할 수 있다. 인간의 삶은 무엇에 바탕을 두어야 하는가? 알라의 종교와 그 삶의 체계인가 아니면 인간이 만든 특정한 제도인가?

이슬람은 이 물음에 분명하고도 명백한 답을 제시한다. 인간의 삶 전체는 알라의 종교, 알라가 규정한 삶의 체계에 기초해야 한다는 원칙이다. 만약 이 원칙이 결여된다면 이슬람의 첫 번째 가장 중요한 의무인 '라 일라하 일랄라, 무함마드 라술룰라'라는 신앙고백이 성립되지 않으며 효력도 없다. 이 원칙이 어떠한 의심 없이 받아들여지고 신실하게 지켜지지 않는다면, 알라의 사도 무함마드가 전한 알라에 대한 완전한 복종이 이뤄질 수 없다.

… 예언자무함마드가 너희에게 허용한 것은 수락하되
그분께서 금기한 것은 거절하라. … (쿠란 59:7)

삶의 방식을 결정하는 기준을 놓고 이슬람은 다음과 같은 질문을 던진다. "너희가 더 잘 아는가 아니면 알라인가?" 그리고 이슬람은 그 답을 이렇게 제시한다. "알라는 안다. 그리고 너희는 모른다. 너희에게 주어진 것은 알라가 가지신 진정한 지식의 아주 작은 부분일 뿐이다."

모든 것을 아는 그분, 인간을 창조한 그분, 인간의 부양자인 그분만이 진정한 세상의 통치자이다. 따라서 그의 종교는 삶의 방식이 되어야 하며 인간은 그의 인도를 받기 위해 그에게 귀의해야 한다. 인간이 만들어낸 이론과 종교들은 진정한 지식의 일부만으로 만들어낸 것들이기 때문에 시대에 맞지 않고 왜곡된 것들 뿐이다.

알라의 종교는 미로처럼 복잡한 것이 아니고, 이슬람의 삶의 방식도 불안정한 것이 아니다. 신앙고백의 두 번째 부분인 '무함마드는 알라의 사도다'가 알라의 종교에 대해 명확한 경계선을 마련해 준다. 알라의 사도를 통해 전해진 원칙들이 바로 그 경계이며, 만약 쿠란과 무함마드의 언행록 하디스에 명확한 구절이 있다면 바로 그것이 최종적인 것으로서 추가적인 이즈티하드Ijtihad, 종교적 해석는 필요하지 않을 것이다. 물론 이 같은 판단의 명확한 근거가 없을 경우, 이즈티하드가 필요할 수 있지만 이때 적용되어야 할 이즈티하드는 알라의 종교와 일치하는 분명한 원칙들에 따라야 한다.

> 만일 너희가 어떤 일에 분쟁이 있을 경우
> 알라와 선지자께 위탁하라 하였으니
> 너희가 알라와 내세를 믿는다면
> 그것이 선이요 가장 아름다운 최후이니라. (쿠란 4:59)

이 같은 해석과 추론의 원칙은 막연하거나 느슨하지 않고 명확하다. 어느 누구도 법을 임의로 고안해 그것이 알라의 법에 따라 제정된 것이라고 말해서는 안 된다. 그전에 반드시 알라가 입법자이고, 모든 권위의 근원은 국가나 정당 또는 개인이 아닌 알라 그분에게 속한다는 것을 천명한 이후에야 쿠란과 알라의 사도가 주신 가르침을 꼼꼼히 참고하면서 알라의 뜻을 해석하려는 진정한 시도가 진행될 수 있다. 그리고 이 해석의 권한은 한 개인이나 '교회'라는 기구를 가장해 유럽에서 행해졌던 것처럼, 알라의 이름을 빌려 권위를 세우려는 집단에게 위탁되어서도 안 된다. 이슬람에는 '교회'가 없으며 사도 무함마드를 제외하고 그 누구도 알라의 이름을 빌려 말해서는 안 된다. 이처럼 이슬람에는 알라의 법, 샤리아의 경계를 말해주는 명확한 규정들이 존재한다.

'알 딘 릴-와끼종교는 삶을 위한 것이다'라는 명제가 있다. 이슬람 원칙을 현실에 적용할 때 자주 등장하는 말이지만 상당히 잘못 이해되거나 틀린 의미로 사용되기도 한다. 이 명제의 진정한 의미를 제대로 파악해야 한다. 확실히 이슬람은 현실의 삶을 위한 것이다. 그러나 어떤 삶을 위한 것인가? 이슬람에서 말하는 삶이란 이슬람의 방식에 의거해 발전된 원칙들에 바탕을 둔 삶이며, 인간의 본성과 완벽한 조화를 이루고 창조주인 알라와 그의 창조물인 인간의 욕구를 충족시키기 위해 규정된 것이다. 아래의 쿠란 구절을 참조하라.

> 그분알라이 창조한 것을 그분이 모를 리 있겠는가?
> 실로 형언할 수 없는 모든 것을 이해하시고 아시는 분이시라.
>
> (쿠란 67:14)

인간의 다양한 삶어떤 종류의 삶인지 가리지 않고 모두에 정당성을 부여하고 인간의 행동을 정당화하기 위한 수단으로 권위를 제공하는 것이 종교의 기능은 아니다. 종교는 옳은 것을 승인하고 그릇된 것을 금지하는 판단의 기준이 되어야 하며, 만약 삶의 모든 체계가 이슬람에 반한다면 이슬람의 기능은 이 체계를 무너뜨리고 새로운 체계를 건설하는 것이다. 이슬람의 인식에 따르면 바로 이것이 '종교는 삶을 위한 것이다'라는 명제의 참 의미이다.

"인간의 선善이 현실의 문제를 해결하는 데 기준이 되어서는 안

되는가?"라는 질문이 제기될 수 있다. 우리는 앞에서 나온 질문과 그에 대한 답을 다시 한 번 반복하는 수밖에 없다. 그것이 정답이기 때문이다.

"당신이 더 잘 아는가 아니면 알라인가?"

"알라는 안다. 그러나 당신은 모른다."

인간의 선은 알라가 예언자 무함마드에게 내린 신성한 법에 내재되어 있다. 이 법은 무함마드의 삶을 통해 우리에게 내려온 것이다. 인간의 선이 때로는 알라가 제정한 법과 상충한다고 생각하는 사람들이 더러 있다. 만약 그렇게 생각한다면, 그들은 착각 속에 있는 것이다.

> … 그들은 이미 주님으로부터
> 복음의 소식을 들었음에도 불구하고
> 억측과 자신들의 저속한 욕망을 따를 뿐이라.
> 인간은 그가 원하는 것만을 가지려 하는가?
> 그러나 만물의 종말과 시작은 알라 안에 있노라.
>
> (쿠란 53:23~25)

그들은 믿지 않는 자들이다. 자신의 의견에 기초해서 인간의 선이 알라가 제정한 법과 상충한다고 주장하는 것은 어불성설이다. 그렇게 말하는 사람이 있다면 그가 이슬람 신자든 이슬람 학자이든 간에 단 한 순간도 이 종교를 제대로 믿는 자가 아니다.

제6장

보편적인 법, 샤리아

명령이든 금지든, 약속이든 경고든, 규칙이든 지침이든 알라의 모든 말씀은 보편적인 법의 일부다. 알라의 말씀은 또 '자연의 법칙'으로 알려진 알라의 법과 마찬가지로 한 치의 오차도 없이 정확하고 진정한 것이다.

이슬람은 유일신 알라에 대한 완벽한 복종의 원칙 위에 믿음과 행동의 기초를 건설한다. 이슬람의 믿음, 경배의 형식, 그리고 삶의 규율은 한결같이 순종을 의미하며 '알라 외에 다른 신은 없다'라는 신앙고백에 대한 실천적인 해석이다. 올바른 삶의 방식에 관한 구체적인 예는 사도 무함마드의 언행에서 비롯되며, '무함마드는 알라의 사도다'라는 신앙고백에 대한 실천의 결과이다.

이슬람은 이 신앙고백의 두 부분이 이슬람 체계와 특성을 결정하는 방식으로 그 전체 구조를 건설한다. 이런 방식으로, 즉 인간에게 알려진 다른 모든 체계와는 다른 독특한 지위를 부여하면서 그 구조를 건설할 때 이슬람은 실질적으로 보편적인 법과 조화를 이룬다. 이 보편적인 법은 인간에게뿐만 아니라 전체 우주에서도 통용되는 것이다.

이슬람의 개념에 따르면 우주 전체는 알라에 의해 창조되었다. 알라가 우주를 원했을 때 비로소 존재하게 되었다. 그러고 나서 알라는 우주와 자연의 법칙을 정했고, 우주의 모든 부분은 그 법칙에 따라 조화롭게 움직였다.

실로 알라가 원하는 어떤 것이 있을 때
그것에 관하여 말하노니,
'있어라' 그러면 있느리라. (쿠란 16:40)

하늘과 대지의 주권이 그분께 있으며
그분은 자손을 두지도 않고
그분에 대등한 주권의 동반자도 두지 않으셨노라.
모든 것을 창조하사 사물을 정립하심도 그분이시니라.
(쿠란 25:2)

겉으로 보이는 우주의 이면에는 이를 관리하는 알라의 의지, 이를 움직이는 알라의 권능, 이를 조절하는 알라의 법이 있다. 알라의 권능은 우주의 다양한 부분들 사이에 균형을 유지하고 움직임을 제어한다. 따라서 우주의 모든 부분은 서로 충돌하지 않으며, 그 체계 내에서 혼란이 발생하지 않고, 그것들의 움직임이 갑자기 정지하지 않고 상호 조직이 와해되지도 않는다. 우주가 계속되기를 원하는 알라의 의지가 있는 한 이는 계속될 것이다. 따라서 우주 전체는 알라의 의지, 그의 권능, 그의 권위에 복종한다. 우주가 알라의 의지와 알라가 명령한 법을 한순간이라도 거스르는 것은 불가능하며, 복종과 순종이 바탕이 될 경우 우주는 조화로운 방식으로 계속 이어질 것이고, 신이 뜻하지 않는 한 어떠한 파괴나 분열, 그리고 장애가 끼어들 수 없다.

실로 주님께서는 엿새 동안에 천지를 창조하신 후
권좌에 오르신 알라이시라.
그분은 밤을 두어 낮을 가리고
또 서둘러 밤을 쫓으며
태양과 달과 별들을 창조하시어
그분의 권능 아래 두시었더라.
창조하시고 내려다보심이 그분이 아니뇨?
만물과 인간의 주님이신 알라께 영광이 있으소서. (쿠란 7:54)

인간의 삶을 조직하는 샤리아

인간은 우주의 일부이며, 인간의 본성을 지배하는 법은 우주를 관할하는 법과 다르지 않다. 알라는 인간뿐만 아니라 우주의 창조주다. 인간의 신체는 지상의 물질로 만들어졌지만, 알라는 인간에게 남다른 특성을 부여해 지상의 어떤 물질보다 인간을 더 중요한 존재로 만드셨다. 알라는 이런 특성을 인간에게 의도적으로 부여했다. 신체적 기능에 있어 인간은 무의식적으로 다른 생물과 똑같은 자연의 법칙을 따른다. 인간 창조는 아버지와 어머니의 의지보다는 신의 의지에 따르게 되어 있다. 아버지와 어머니가 함께 잠자리를 할 수는 있지만 그들이 정자를 인간으로 변모시킬 수는 없다. 인간은 신이 규정한 출생의 방식과 성장의 방식에 따라 태어나 신이 정한 방식으로 정해진 분량의 공기를 들이마시고 내쉰다. 인간은 감정과 이해력을 가지고 고통을 경험하며, 배고픔과 갈증을 느끼고 먹고 마신다. 간단히 말해서 인간은 알라의 법칙에 따라 살아간다. 인간은 이 문제에 있어 선택권이 없다. 이런 점에서 인간과 우주의 다른 생명체 및 무생물은 차이가 없으며 모든 것은 알라의 의지와 그의 창조 법칙에 무조건적으로 따른다.

우주와 인간을 창조한 그분, 그리고 우주를 지배하는 법칙에 인간도 복종하도록 만든 그분은 인간의 자율적인 행위를 조절하기 위해 샤리아를 내렸다. 만약 인간이 이 법을 따르면 그의 삶은 자신의 본성과 조화를 이룬다. 이런 관점에서 샤리아는 인간의 물리적, 생물학적 측면들까지 포함한 우주 전체를 지배하는 보편적인 법의 한 부분이다.

명령이든 금지든, 약속이든 경고든, 규칙이든 지침이든 알라의 모든 말씀은 보편적인 법의 일부다. 알라의 말씀은 또 '자연의 법칙'으로 알려진 알라의 법과 마찬가지로 한치의 오차도 없이 정확하고 진정한 것이다.

자연의 법칙은 알라가 창조를 시작한 이래로 모든 순간 알라가 규정한 대로 작용하고 있다는 것을 우리는 잘 알고 있다. 따라서 알라가 인간의 삶을 조직하기 위해 부여한 샤리아도 보편적인 법이다. 샤리아도 우주의 일반적인 법칙과 관련이 있고 이와 조화를 이루기 때문이다. 결과적으로 샤리아에 복종하는 것은 인간의 삶이 우주 전체와 조화를 이루기 위한 인간의 의무다. 또한 인간의 생물학적 삶에 작용하는 물리적 법칙과 인간의 자율적 행동을 관장하는 도덕적 법률 사이에 조화를 가져올 수 있는 유일한 방법은 샤리아에 대한 복종뿐이다. 오로지 이 방법을 통해서만이 인간의 내적, 외적 인격이 통합된다.

인간은 우주의 모든 법칙을 이해할 수 없고, 우주 체계의 조화에 대해서도 제대로 알 수 없으며, 인간 스스로를 다스리는 법칙에 대해서도 이해할 수 없다. 따라서 인간은 우주와 완벽한 조화를 이루거나 자신의 육체적 욕구와 밖으로 표출되는 행동을 조화시킬 수 있는 삶의 체계에 관한 법칙을 스스로 만들 수 없다. 이러한 능력은 오직 우주와 인간의 창조주인 알라에 속한다. 알라만이 우주와 인간에 관한 것들을 조절할 수 있는 분이며, 오직 그분만이 자신의 의지에 따라 공평하게 법을 집행할 수 있다.

알라의 법 샤리아에 복종하는 것은 이런 조화를 위해 필수적이며, 이슬람 신앙을 확립하는 데는 더더욱 필수적이다. 개인과 집단 모두 '알라 외에 다른 신은 없고 무함마드는 알라의 사도다'라는 신앙고백을 행하는 동시에 사도 무함마드를 통해 전해진 방식에 따라 유일신 알라께 전적으로 복종하기 전까지는 진정한 무슬림이 될 수 없다.

인간의 삶과 우주의 법칙 사이 완벽한 조화는 인간에게 전적으로 유익한 것이다. 이것이 삶에 있어 어떤 종류의 혼란도 나타나지 않도록 보증하기 때문이다. 이런 상태에서만이 인간들 사이에 평화가 유지되고 우주와의 평화로운 관계 아래서 이슬람법, 이슬람 운동과 조화를 이루며 살 수 있다. 같은 맥락에서 사람들은 마음의 평화를 가질 수 있을 것이고 행동에 있어서도 자연적 욕구와 합치되므로 그 둘 사이에 충돌이 발생하지 않을 것이다. 실제로 알라의 샤리아는 인간의 외적인 행동을 내적 본성과 자연스럽게 조화시킨다. 인간이 자신의 본성과 화평할 때 개인들 사이의 평화와 협력은 자동적으로 따라온다. 그들 모두가 우주의 보편적 체계 중 일부분인 하나의 세상에서 함께 살아가기 때문이다.

따라서 이런 상태에서는 모든 인류가 축복받는다. 사람들이 넓은 우주에 감춰진 자연의 비밀, 숨겨진 능력, 값진 것들에 대한 지식에 쉽게 다가갈 수 있기 때문이다. 인간은 이런 지식을 어떠한 분쟁이나 경쟁도 없이 샤리아의 인도하에서 모든 인류의 이익을 위해 사용한다.

반면에 알라의 샤리아와 대조되는 것이 바로 인간의 변덕이다.

> 아마도 그 진리유일신 사상가 그들의 욕망을 따랐다면
> 하늘과 땅과 그리고 그 안에 있는 모든 것이
> 무질서 속에 있었으리라. 알라께서 그들에게 교훈쿠란을 보냈
> 는데도 그들은 그 교훈에 등을 돌리더라. (쿠란 23:71)

이 쿠란 구절을 통해 우리는, 진리는 오직 하나일 뿐이며 다수가 아니라는 점을 알 수 있다. 진리는 이슬람의 근간이다. 천국과 지상도 이를 바탕으로 하고 있으며, 이 세상과 저 세상의 모든 일들도 이것에 의해 결정된다. 진리에 의거해 인간은 알라 앞에 책임을 져야 하며 진리에서 벗어나는 자들은 그것으로 인해 처벌을 받는다. 즉, 인간은 진리에 입각해 알라의 심판을 받는다. 진리는 여러 개로 분할될 수 없으며, 알라가 인간사를 위해 제정하신 총체적 법을 지칭하는 것으로 이 세상에 존재하는 모든 것은 그것을 따르고 그것에 의해 처벌받는다.

우리알라가 너희들에게

너희를 위한 말씀으로 한 성서쿠란를 보냈으되

너희는 아직도 알지 못하는가?

우리가 죄지은 도시를 얼마나 많이 멸망시켰으며

그 후에 다른 민족을 얼마나 많이 세웠는가?

그들이 우리의 무서운 벌을 알자

그때 그들은 그것으로부터 서둘러 도망했노라.

'도주하려 말고 너희에게 주어졌던

현세의 기쁨과 너희의 주거지로 돌아오라.

아마도 너희는 질문을 받으리라.'

이때 그들은, '슬프도다!

실로 우리가 죄를 지었나이다'라고 말하더라.

우리가 그들을 낫으로 베어 놓은 말라버린 작물처럼 만들 때

까지 그들의 그 절규는 그치지 아니하였더라.

우리가 하늘과 땅을 그리고 그 사이의 모든 것을

창조한 것은 그저 놀이가 아니었도다.

우리가 향락을 누리고자 원했더라면

그분의 것으로 그렇게 하셨으리라.

그분은 행하시는 분이기 때문이라.

그러나 그렇게 아니하고 허위 위에 진리를 던지니

그것의 머리가 부수어지더라.

위선은 망하고 너희가 묘사한 것에는 재앙이 있노라.

천지에 있는 모든 것이 그분에게 속하며

그분 가까이에 있는 천사들은

그분을 경배함에 거만하지 아니하고 지치지 않더라.

그들은 밤낮으로 찬미를 드리며 게을리 하지도 아니하도다.

(쿠란 21:10~20)

　인간의 본성 그 깊은 곳은 이러한 진리를 정확히 인식하고 있다. 인간의 형상과 신체 및 인간을 둘러싸고 있는 광대한 우주의 완벽한 짜임새는 이 우주가 진리를 기초로 한다는 것, 진리가 우주의 핵심이라는 것, 그리고 우주는 진리를 떠받치는 중심적인 법과 연관되어 있다는 것을 인간에게 상기시킨다. 이로 인해 우주 내에는 어떠한 혼란도 없고 그 구성 요소 간 갈등도 없다. 우주는 아무렇게나 방향 없이 움직이지도 않고 우연에 의존하지도 않으며, 전체적인 계획이 결여되어 있지도 않고 인간의 변덕스러운 손아귀에서 놀아나지도 않는다. 그 반대로 우주는 정확하고, 미세한 오차도 없이 정해진 궤도를 매끄럽게 돌아가고 있다. 갈등은 인간이 자신의 욕망 때문에 인간 본성의 깊은 곳에 숨겨져 있는 진리에서 벗어날 때 시작된다. 즉, 인간이 알라의 계율을 따르지 않고 자신의 의견에 기초한 법들을 따를 때 갈등이 시작된다. 모든 우주의 진정한 주인이신 알라에 순종하는 대신 반기를 들고 거역하는 셈이다.

　인간과 인간의 본성 사이, 인간과 우주 사이의 이런 갈등이 다른 인간 집단, 민족, 인종들에게로 확산될 때 우주의 모든 능력과 자원은 인간의 이익을 위해서가 아니라 파괴와 다른 이들에 대한 폭력을 위해 사용된다.

이런 논의를 통해서 볼 때 알라의 법이 이 땅에 세워진 목적은 단순히 사후세계를 위한 것이 아니라는 점이 명백해진다. 이 세상과 사후세계는 동떨어진 두 개의 존재가 아니라 서로 보완하는 단계들이다. 알라가 내리신 법은 이 두 단계를 조화시킬 뿐만 아니라 인간의 삶과 우주의 포괄적인 법칙을 조화롭게 만드는 것이다. 따라서 인간의 삶과 우주 사이의 조화가 계속될 때, 그 결과는 사후세계를 위해 미뤄지는 것이 아니라 현세에서도 작용한다. 그러나 사후세계에서 그 효과를 더욱 완벽히 발휘할 것이다.

샤리아 준수의 필요성

이것이 우주와 우주의 일부분인 인간의 삶에 대해 이슬람이 갖는 인식의 기초다. 이슬람의 본질에 대한 이런 인식은 인간에게 알려진 다른 인식들과는 다르다. 이슬람의 인식이 삶에 대한 여타 다른 인식들에서 발견되지 않는 책임과 의무를 함축하는 것은 바로 이런 이유에서다.

이슬람에 내포된 이러한 인식에 따르면, 알라의 샤리아에 대한 복종은 실질적으로 인간의 삶과 인간 자신의 내부, 그리고 우주 전체에서 작용하는 법칙 간의 조화를 이루기 위한 필요의 결과다. 이런 필요는 인간의 사회적 관심사를 지배하는 법이 우주의 포괄적인 법칙과 합치해야 함을 요구한다. 또한 인간이 알라 한 분에게만 순종할 것과 다른 사람들 위에 군림해서는 안 된다고 요구한다.

우리가 논의한 이런 조화의 필요성은 무슬림공동체의 아버지라고 할 수 있는 예언자 아브라함Abraham과 니므로드Nimrod 사이의 대화에서 잘 나타난다. 니므로드는 폭군이었으며 자신의 백성들에게 절대 권력을 행사했다. 그러나 다행히 그는 하늘과 땅과 별에 대한 주권까지 주장하지는 않았다. 예언자 아브라함이 니므로드에게 가서 우주의 권위를 가지는 그분이 인간에 대해서도 권위를 가지는 유일한 분이라며 논쟁을 벌였다. 니므로드는 말문이 막혔다.

> 알라께서 그니므로드에게 왕위를 주었다 해서
> 그의 주님에 관하여 아브라함과 논쟁을 하려 하는가?
> 이때 아브라함이 가로되, "나의 주님은 생명을 부여하고
> 또 생명을 앗아가는 분이시라" 하니,
> 이에 그가 대답하길
> "내가 생명을 부여하고 또 생명을 빼앗아 가도다."
> 이에 아브라함이 가로되,
> "그분은 동에서 태양을 뜨게 하여
> 서쪽으로 지게 하시는 알라이시라" 하니
> 믿음을 불신한 그들은 당황하였느니라.
> 그리하여 알라는 우매한 자들을 인도하시지 아니하시도다.
> (쿠란 2:258)

> 그리하여 알라의 종교 외에 다른 것을
> 그들이 추구한단 말인가?
> 천지의 만물은 싫든 좋든 알라께로 귀속하느니라. (쿠란 3:83)

제7장
이슬람은 진정한 문명이다

오직 이슬람 사회만이 유일한 문명사회다. 이곳에서는 인간이 다른 인간에게 얽매였던 예속의 사슬을 끊고 모든 권위를 오직 한 분 알라께 돌리며, 인류 문명의 핵심인 완전하고 진정한 자유가 달성된다. 이런 사회에서 인간의 존엄성과 명예는 알라가 규정한 바대로 존중된다.

이슬람의 시각에 따르면 오직 두 유형의 사회가 존재한다. 이슬람 사회와 자힐리야 사회다. 이슬람 사회는 믿음과 경배의 방식, 법률과 조직, 그리고 윤리와 도덕에 있어 이슬람 원칙을 따르는 사회다. 자힐리야 사회는 이슬람의 원칙을 따르지 않으며 이슬람의 믿음과 개념, 가치와 기준, 법률과 규정, 윤리와 도덕을 개의치 않는 사회다.

'무슬림'이라 자처하는 사람들이 예배와 단식, 성지순례를 정기적으로 행한다 하더라도 사회 전반에 이슬람법이 제대로 적용되고 있지 않으면 그들이 사는 곳은 이슬람 사회가 아니다. 또한 사람들이 알라와 그의 사도가 규정하고 설명한 것과 다르게 이슬람의 새로운 해석을 내놓고, 이를 소위 '진보적 이슬람'이라고 부르는 곳도 이슬람 사회가 아니다.

자힐리야 사회는 다양한 형태로 나타나지만 이들 모두 알라의 가르침에 대해 무지할 뿐이다. 예를 들어, 자힐리야는 알라에 대한 믿음이 거부되고 인간의 역사가 학문적인 유물론으로 해석되거나 '과학적 사회주의'가 그 체계의 근간을 이루는 사회의 형태로 나타난다.

자힐리야는 또, 알라의 존재가 부정되지는 않지만 그의 영역이 천상에만 국한되고 지상에서는 그의 통치가 중단되는 사회의 형태를 갖기도 한다. 이런 사회는 알라께서 영원하고 변하지 않는 것으로 규정하고 명령한 샤리아와 그 가치들을 전혀 존중하지 않는다. 이런 사회에서 사람들이 모스크, 교회, 유대교 회당에 가는 것은 허용되지만 알라의 샤리아를 그들의 일상에 적용하자는 사람들의 요구는 받아들여지지 않는다. 따라서 지상에서 알라의 주권을 거부하거나 중지시키는 사회라고 할 수 있다. 알라께서 이에 대해 분명히 말씀하셨다.

> 그분은 하늘에도 계시며 대지 위에도 계시는 주님이시며
> 지혜로 충만하시고 모든 걸 두루 아시느니라. (쿠란 43:84)

위에 언급한 사회들은 인간이 만든 가치와 법에 종속되어 알라에 의해 규정된 종교를 따르지 않는 곳이다.

> … 권능은 알라께만 있느니라.
> 그분은 명령하시어 그분 외에는 경배하지 말라 하셨으매
> 그것이 진실된 종교라.
> 그러나 많은 사람들이 알지 못하더라. (쿠란 12:40)

알라가 규정한 종교와 법에 복종하지 않는 곳은 비록 알라에 대한 믿음을 가지고 있고 사람들이 모스크, 교회, 회당에서 예배의식

을 행하는 것을 허용한다고 할지라도 자힐리야 사회로 분류될 뿐이다.

유일한 문명인 이슬람 사회

이슬람 사회는 이슬람의 본질에 바탕을 두고 있는 유일한 문명사회라고 할 수 있으며 다양한 형태의 모든 자힐리야 사회는 퇴보한 사회일 뿐이다. 이런 커다란 진실을 명확히 하는 게 필요하다.

나는 일전에 《문명화된 이슬람 사회》라는 제목의 책을 출판했었다. 책이 출판된 후에 나는 그 책의 제목에서 '문명화된'이라는 단어를 빼겠다고 밝혔다. 여기에 대해 한 알제리 작가는 프랑스어로 쓴 그의 논평에서 이러한 변경의 이유가 이슬람을 방어하려는 사람들의 마음에 작용하는 심리라고 평했다. 그 작가는 그것이 미숙함의 표현이라며 유감을 표명했다. 내가 현실을 직면하지 못한다는 것이었다.

당시 나는 이 작가에게 반박하지 않았다. 왜냐하면 한때 나 자신도 같은 생각을 가지고 있었기 때문이다. 그 당시 나의 사고는 오늘날 그의 사고와 유사했다. 나는 그 알제리 작가가 오늘날 직면하고 있는 것과 같은 어려움에 처해 있었다. 그것은 바로 '문명'의 의미를 제대로 이해하는 것이었다.

그때까지 나는 이슬람적인 자세와 성향에도 불구하고 나의 사고 깊숙이 침투해 있던 서구의 잘못된 문화적 영향을 제거하지 않았었다. 이러한 영향의 근원은 나의 이슬람적인 의식과 동떨어진 서구에서 온 것으로 나의 지각과 인식을 흐리게 했었다. 당시 문명에 대한 나의 기준은 서구의 개념이었기에 명확하고 통찰력 있는 시각으로 이슬람 문명을 제대로 보지 못했었다. 그러나 후에 나는 무슬림 사회가 문명화된 사회라는 것을 분명하게 확인할 수 있었다. 따라서 나의 책 제목에 있었던 '문명화된'이라는 단어는 불필요한 것이었다. 오히려 이 단어는 내 자신의 생각이 불분명했던 것처럼 독자들의 사고에 혼란만 가중시켰을 것이다.

이제 질문을 던져보자. '문명'의 의미는 무엇인가?

한 사회에서 주권이 알라 한 분에게 속해 있고 알라의 법에 대한 완전한 복종이 있을 때만 그 사회의 모든 사람은 예속에서 해방되고 진정한 자유를 맛볼 수 있다. 이것만이 유일한 인류 문명이며, 그 토대는 모든 사람의 완벽하고 진정한 자유와 사회 구성원 각 개인의 존엄성이다. 이와 반대로, 일부 사람들만이 법을 제정하는 주인의 신분이고 나머지는 그들에게 복종하는 노예 상태인 사회에서는 진정한 의미의 자유와 개인의 존엄성은 존재하지 않는다.

일부 사람들은 샤리아를 좁은 의미로 해석하곤 한다. 그러나 법을 제정한다는 것이 단순히 법률적 문제에 한정되지 않는다는 점을 명확히 할 필요가 있다. 실제로는 삶의 방식, 가치, 기준, 표준, 관습, 전통 등 모든 것을 제정하는 것이며 이는 사람들의 삶 전체에 영향을 준다. 만약 특정 소수 집단이 이러한 모든 것들에 사슬을 채우고 사람들을 그 안에 가둔다면, 이는 자유로운 사회가 아니다. 이 같은 사회에서는 일부 사람들이 권력을 차지하고 다른 사람들은 추종할 뿐이다. 이런 사회는 낙후할 수밖에 없으며 그래서 이슬람은 이런 사회를 자힐리야 사회라고 부른다.

이런 점에서 오직 이슬람 사회만이 유일한 문명사회다. 이곳에서는 인간이 다른 인간에게 얽매였던 예속의 사슬을 끊고 모든 권위를 오직 한 분 알라께 돌리며, 인류 문명의 핵심인 완전하고 진정한 자유가 달성된다. 이런 사회에서 인간의 존엄성과 명예는 알라가 규정한 바대로 존중된다. 그렇게 해서 인간이 지상에서 알라의 대리인이 되고 그 지위가 천사들보다 더 높아지게 된다.

유일신 알라로부터 나온 인식, 믿음, 삶의 방식을 기초로 하는 사회에서는 인간의 존엄성이 가장 높은 수준으로 존중받고 어느 누구도 다른 사람의 노예가 되지 않는다. 주인 행세를 하는 인간들이 만든 인식, 믿음, 삶의 방식을 기초로 하는 사회가 아니기 때문이다.

이슬람 사회에서는 인간의 가장 고귀한 특징인 정신과 영혼이 자유롭게 드러나 반영된다. 하지만 인간관계가 피부색, 인종, 국가 또는 유사한 기준에 바탕을 둔 사회에서는 그 자체가 인간의 사고에 사슬로 작용하여 인간의 고귀한 특징이 발현되는 것을 막는다. 사람은 그가 속한 국가, 피부색, 인종과 관계없이 인간이다. 물론 그의 피부 색깔과 인종을 바꿀 수 없으며 태어날 장소와 국가를 결정할 수는 없다. 하지만 영혼과 이성이 결여되어 있다면 인간으로 불릴 수 없으며, 영혼과 이성이 제대로 작용해야 인간은 자신의 믿음, 인식, 그리고 삶의 태도를 더 나은 쪽으로 바꿀 수 있다. 따라서 자유로운 선택이 인간관계의 기초로 작용하는 사회만이 문명화된 것이라 할 수 있고, 인간관계의 기초가 자유로운 선택이 아닌 다른 것에 의해 좌우되는 사회는 퇴보한 사회이다. 이슬람 용어로 이를 자힐리야 사회라고 한다.

오직 이슬람만이 믿음에 기초하여 사회의 기본적인 유대관계를 구축하는 특징을 가지고 있다. 이러한 믿음을 기초로 하여 여러 다양한 피부색을 가진 사람들, 아랍인, 그리스인, 페르시아인, 아프리카인 등이 하나의 공동체가 된다. 이 공동체는 알라가 주인이며 알라만이 경배의 대상이다. 가장 존경받는 사람은 가장 성품이 고귀한 사람이며, 모든 개인은 인간이 만든 것이 아닌 창조주가 명한 법 앞에 평등하다.

문명은 이론이나 물질이 아니다!

'인간성'에 최고의 가치를 두며 고귀한 '인간'의 특징을 존중하는 사회가 정말로 문명화된 사회이다. 어떤 형태를 가졌든 물질주의에 최고의 가치를 두는 사회는 자힐리야 사회다. 맑스주의 유물사관과 같이 어떤 '이론'의 형태를 가졌든, 미국과 유럽 국가에서 나타나는 것처럼 대량생산의 형태를 가졌든 물질주의에 가치를 두고 모든 인간의 가치가 제단의 제물로 취급될 뿐이라면 이런 사회는 퇴보한 것이고 이슬람에서는 자힐리야 사회로 분류한다.

그렇다고 이슬람 사회가 물질의 중요성을 격하하지는 않는다. 이슬람 사회는 우리가 살고, 영향을 주고받는 우주가 물질로 만들어졌다고 간주한다. 또한 물질적 생산을 알라가 부여한 대리인의 지위를 가진 인간에게 중요한 것으로 간주한다. 하지만 이슬람 사회는 분명 물질적 편안함을 최고의 가치로 간주하지는 않는다. 자힐리야 사회의 경우처럼 물질적인 것이 인간의 특징들, 즉 자유와 명예, 가족과 가족에 대한 의무, 도덕과 가치 등에 우선시될 수는 없다.

만약 한 사회가 '인간의 가치'와 '인간의 윤리'에 기초하고 이것들이 지배적인 역할을 유지한다면 그 사회는 문명화될 것이다. 인간의 가치와 윤리는 신비하고 불분명한 것이 아니며 유물사관이나 '과학적 사회주의' 옹호자들이 주창하는 것처럼 안정성을 갖지 못하고 '진보적'으로 변화하는 것이 아니다. 인간의 가치와 윤리는 인류의 특징들을 발전시키는 요소이며, 이를 통해 인간과 동물이 구분되고 동물보다 훨씬 우위에 있는 인간성의 측면들이 강조된다.

이 명제를 이런 이슬람적 시각으로 바라볼 때 가치와 윤리에 대한 확정적이고 명확한 경계선이 그어진다. 자칭 진보적, 과학적 사회들의 끊임없는 공격에도 지워지지 않는 경계선이다. 이 시각에 따르면 윤리의 기준들은 인간을 둘러싼 환경의 변화에 따라 결정되는 것이 아니며 오히려 환경의 차이를 뛰어넘는 확정된 기준들이다. 어느 누구도 이 윤리와 가치는 '농업적'인데 다른 것은 '산업적'이라고, 이것은 '자본주의적'인데 다른 것은 '사회주의적'이라고, 저것은 '부르주아적'인데 다른 것은 '프롤레타리아적'이라고 말할 수 없다. 윤리성 또는 도덕성의 기준은 환경이나 경제적 지위, 한 사회의 발전단계로부터 독립적이기 때문이다. 이런 것들은 단지 표면상의 변화들일 뿐이기에 이 모든 것을 뛰어넘어 '인간적' 가치와 윤리, 그리고 '동물적' 가치와 윤리를 구분해야 한다. 이것이 바로 정확한 경계선이다. 이슬람의 용어로 말하면 '이슬람적인' 가치와 윤리, 그리고 '자힐리야적' 가치와 윤리다.

강조하건대 이슬람은 동물과는 구별되는 인간성의 특징들을 발전시키는 '인간적인' 가치와 윤리를 확립한다. 농업 사회든 산업 사회든, 유목과 목축 사회든 도시와 정착 사회든, 가난한 사회든 부유한 사회든 이슬람의 원칙이 지배적인 모든 형태의 사회에서는 이슬람이 이런 인간적 가치와 윤리의 씨를 뿌리고 영양을 공급하며 강하게 키운다. 이슬람 사회는 인간의 특징들을 점진적으로 발전시키고 동물적 성향으로 타락하지 않도록 보호한다. 인간과 동물의 공통적인 특징들로부터 인간의 가치를 구분 짓는 경계선은 항상 알라의 가르침을 향해 있다. 만약 이 방향이 거꾸로 바뀐다면, 모든 물질적 진보에도 불구하고 문명은 퇴보하고 타락한 '자힐리야적'인 것이 될 것이다.

문명의 기초는 가족이다!

만약 가족이 사회의 기초라면, 가족의 기초가 남편과 부인의 분업이라면, 자녀의 양육이 가족의 가장 중요한 기능이라면 이러한 사회는 확실히 문명화된 사회다. 이슬람적인 삶의 체계에서 이런 유형의 가족은 새로운 세대에서 인간의 가치와 윤리가 발전하고 성장하는 환경을 제공한다. 이들 가치와 윤리는 가족 단위를 벗어나서 존재할 수 없다. 반대로, 자유로운 성관계와 사생아들이 사회의 근간이 된다면, 남녀 간의 관계가 관능적 욕구와 열정 또는 충동에 기초한다면, 업무의 분담이 가족 관계 속에서 형성된 책임감과 타고난 능력에 바탕을 두지 않는다면, 여성의 역할이 단순히 매력적이고 섹시하고 남자를 유혹하는 것이 된다면, 물질적 생산이 인성을 개발하는 것보다 더욱 중요하고 가치 있고 명예로운 것으로 간주되는 환경에서 여성이 자신의 요구나 사회적 요구에 따라 호텔, 선박, 항공사 등의 종업원이 되는 것처럼 자신의 능력을 자녀의 양육보다 물질적 생산에 사용한다면, 이런 문명은 인간성의 관점에서 볼 때 퇴보한 것이며 이슬람적인 용어로 표현하면 자힐리야다.

가족의 체계와 남녀의 관계는 한 사회의 전반적인 특징을 결정하며, 이 사회가 퇴보한 것인지 문명화된 것인지, 즉 자힐리야적인 것인지 이슬람적인 것인지를 말해준다. 육체적 욕망과 동물적 본능이 지배하는 곳을 문명화된 사회로 간주할 수 없으며, 산업과 과학이 얼마나 발달했든 간에 이런 사회는 문명화된 것과는 거리가 멀다. 인간의 진보를 측정하는 데 있어 이런 시각이 오류가 없는 정확한 잣대일 것이다.

현대의 모든 자힐리야 사회에서는 '도덕성'의 의미가 상당히 제한된다. 동물로부터 인간을 구분하는 모든 도덕적 측면이 그 경계선을 넘어 타락의 방향으로 향하고 있는데도 말이다. 이런 사회에서는 불법적 성관계, 동성애조차도 부도덕한 것으로 간주되지 않을뿐더러 윤리의 기준을 정하는 데 있어서 '국가의 이익'이나 경제적, 정치적 요인들이 우선적으로 고려되기 일쑤다. 대표적인 예가 20세기 영국의 최대 섹스스캔들로 꼽히는 프로퓨모Profumo 사건이다.* 그런데 이 사건을 깊숙이 들여다보면 고급 창녀 킬러Christine Keeler와 보수당 국방장관 프로퓨모John Profumo의 불륜관계가 영국을 떠들썩하게 만든 것은 아니었다. 콜걸 킬러의 또 다른 애인인 주영 러시아 대사관의 해군 무관이 스파이로 의심되면서 이 스캔들이 정치 이슈화되었고, 프로퓨모는 결국 장관직에서 물러났다. 유사한 스캔들이 미국 정치권에서도 자주 발생하는데, 이런 스파이 스캔들에 연루된 영국인들과 미국인들은 보통 러시아로 망명한다. 이러한 사건들은 성적인 탈선이라는 점에서 문제가 된 것이 아니라 국가 기밀에 위협을 준 것 때문에 부도덕한 것으로 비난받는다.

자힐리야 사회들 중에는 작가, 언론인, 편집자 등이 기혼자들과 미혼자들 모두에게 자유로운 성관계가 부도덕하지 않다고 조언하는 곳도 있다. 하지만 한 소년이 그의 여자 친구와, 또는 한 소녀가 그녀의 남자 친구와 단지 성적인 욕구를 충족하고자 섹스만을 즐기려고 한다면 이것은 명백히 부도덕한 행동일 뿐이다. 또, 남편에 대한 사랑도 없으면서 아내가 남편을 위해 계속 정절을 지키는 것은 옳지 않으며 차라리 다른 사랑을 찾는 것이 더 바람직하다고 권

---

* 1963년 영국, 48세의 잘 나가던 정치인이 스무 살이 갓 넘은 콜걸 때문에 공직을 떠났다. 바로 20세기 영국 최대의 섹스스캔들로 꼽히는 '프로퓨모 사건(Profumo scandal)'이다. 보수당 맥밀란 내각의 국방장관이던 존 프로퓨모는 차기 총리로 거론될 만큼 촉망받는 정치인이었다. 귀족 가문 출신으로 옥스퍼드를 졸업하고 2차대전 중 전쟁영웅으로 이름을 날렸던 그는 준수한 외모에 뛰어난 화술, 게다가 미모의 영화배우를 아내로 두고 있었다. 그런 그가 크리스틴 킬러(Christine Keeler)라는 고급 창녀를 만나면서 인생이 꼬였다. 크리스틴의 또 다른 애인인 주영 소련대사관 소속 해군 무관이 스파이로 의심되면서 스캔들이 정치 이슈화하자 그는 더 이상 공직에서 버틸 수가 없었다.

고하기도 한다. 이런 주제로 수많은 글들이 쓰였다. 많은 신문의 사설, 기사, 만평, 가벼운 칼럼 등이 모두 이러한 삶의 방식에 찬동하고 있다.

'인간의 진보'라는 관점에서 볼 때 이와 같은 모든 사회는 문명화되지 않았고 퇴보한 것들이다.

인간 진보의 선線은 동물적 욕망으로부터 더 높은 방향으로, 즉 고귀한 가치로 향해야 한다. 진보적인 사회는 동물적 욕망을 조절하기 위해 올바른 가족 체계의 기초를 다져야 한다. 그 가족 체계 안에서 인간의 욕망이 만족을 찾고, 인류 문명을 지속할 수 있는 방식으로 미래의 세대가 길러지며, 그 체계 안에서 인간의 고유한 특징들이 만개할 수 있다. 동물적 특징을 조절하기 위해 노력하고, 인간의 특징들이 발전하고 완벽해지도록 충분한 기회를 제공하는 사회는 가족의 평안과 안정을 위해 강력한 보호 수단을 필요로 한다. 충동적인 열정과 욕망으로부터 벗어나 가족의 기본적인 임무를 수행하기 위해서다. 반면, 한 사회 내에서 부도덕한 가르침과 유해한 제안들이 무성하고 무분별한 성적 행동이 만연해 도덕성이 무너진다면, 그런 사회에서 인간적인 속성은 발전할 여지를 찾기 어려울 것이다.

따라서 오직 이슬람적인 가치와 윤리, 그리고 이슬람적인 가르침과 보호 수단만이 인류에게 가치 있는 것들이다. 영속적이고 진정한 인류의 진보라는 척도에서 볼 때 가치와 윤리를 중시하고 이를 위해 가족을 문명의 토대로 삼는 이슬람은 진정한 문명이며, 이슬람 사회는 진정으로 문명화된 사회이다.

그릇된 문명에 대한 쿠란의 경고

마지막으로, 알라에 대한 봉사에 헌신하고 다른 인간들에 의한 예속으로부터 자신을 해방시킴으로써 알라가 규정한 삶의 체계를 확립하고, 다른 모든 체계를 거부함으로써 알라의 샤리아에 의거해 자신의 삶을 조절하고, 다른 모든 법들을 포기함으로써 알라를 기쁘게 하는 가치와 도덕성의 기준을 수용하고, 다른 모든 기준들을 배척함으로써 인간이 지상에서 알라의 진정한 대리인적 지위를 확립할 때—인간이 우주를 관장하는 법칙을 연구함에 있어서, 이를 모든 인류의 이익을 위해 사용함에 있어서, 식량 자원과 산업을 위한 원료를 찾아냄에 있어서, 자신의 기술적·직업적 지식을 다양한 산업의 발전을 위해 사용함에 있어서 알라를 경외하는 알라의 대리인 자격으로서 이런 모든 것들을 행하고 삶의 물질적, 도덕적 측면에 대한 인간의 태도에 순수한 영혼이 불어넣어질 때—인간은 비로소 완전히 문명화되고 그 사회가 문명의 최고조에 이르게 된다. 이슬람에서 단순한 물질적 발명과 발전은 문명으로 간주되지 않는다. 자힐리야 사회도 물질적 발전을 이룩할 수 있기 때문이다. 쿠란의 여러 구절에서 알라는 물질적 번영을 이룩했으나 자힐리야 상태에 남아 있는 사회들에 대해 말씀하셨다.

후드*가 그의 사람들에게 말하되 너희는 모든 높은 곳에

공허한 향락을 위해 건물을 세우는가?

너희는 너희가 영생하고자 궁전을 세우는가?

너희는 타인을 공격함에 폭군처럼 공격했노라.

알라를 두려워하고 나에게 순종하라.

너희가 알고 있는 모든 것을 주신 분을 두려워하라.

그분께서는 가축들과 자손들을 너희에게 주셨으며,

낙원과 우물도 주셨노라.

실로 나는 심판의 날 너희에게 내려질 벌이 두렵도다.

(쿠란 26:128~135)

살리흐**가 그의 사람들에게 이르기를 이곳에서 너희가 소유한 것들이

너희의 향락을 위해 남아 있으리라 생각하는가?

정원과 샘터가, 경작지와 무르익어가는 대추야자 나무와

너희가 돌로 정교하게 세운 집들이

---

* 후드(Hud)는 이슬람 역사에 등장하는 예언자 중 한 명이다. 쿠란 11장의 이름 자체가 이 예언자의 이름에서 나왔을 정도다. 쿠란에 따르면 후드는 우상 숭배를 행하던 아드(Ad) 부족에 경고를 보내기 위해 알라가 예언자로 임명한 인물이다. 후드의 경고에도 불구하고 아드 부족이 우상 숭배를 지속하자 알라는 가뭄과 폭풍을 보내 이 부족을 멸하였다. 후드와 일부 신자들만이 살아남았다. 일부 무슬림 학자들은 후드가 150세까지 살았다고 기록하고 있으며 기원전 2,400년 무렵 등장한 예언자라는 기록도 있다.

** 살리흐(Salih)는 쿠란에 등장하는 알라의 예언자다. 쿠란에 아홉 번 등장하며 아브라함 이전에 살았던 인물로 묘사된다. 쿠란에서 알라는 사악한 살리흐 부족에게 경고하기 위해 그를 사도로 보냈지만, 그의 부족은 끝내 깨닫지 못해 멸망한다.

그대로 죽음으로부터 안전하리라 생각하는가?

알라를 두려워하고 내게 순종하라.

방탕한 자들의 명령을 따르지 말라.

그들은 지상에서 사악함을 행할 뿐 개선하지 않는 자들이라.

(쿠란 26:146~152)

그들이 충고를 잊었을 때

그들에게 모든 은혜의 문을 열어주었노라.

이때 그들은 이에 기뻐하여 거만을 더하였으니

알라께서 그들을 돌연히 벌하였느니라.

이때 이들은 온전히 실망하여 있더라.

그리하여 죄지은 자들은 근절되었으니

모든 영광이 만유의 주님이신 알라께 있음이라. (쿠란 6:44~45)

현세의 삶은 알라가 하늘에서 내리게 한 비와 같으니

그것을 흡수하여 식물이 자라고 사람과 동물이 이를 먹나니.

그들은 그 아름다움과 유용함을

자신들의 능력이라 생각하고 있도다.

그러나 알라께서 그것을 밤이나 혹은 낮에 멸망케 하여

어제가 풍성하지 아니했던 것처럼 수확을 하게 하였느니라.

이렇게 하여 생각하는 백성들을 위하여 징표들을 설명하노라.

(쿠란 10:24)

여기서 분명히 언급해야 하는 점은 이슬람이 물질적 진보와 물질적 발명을 경멸하지 않는다는 것이다. 오히려 이슬람은 이런 것들이 알라가 규정한 삶의 체계하에서 올바로 사용될 때 알라의 선물로 간주한다. 사람들이 자신에게 복종할 때 알라는 그들에게 풍족한 보상을 내린다는 점을 우리는 쿠란에서 발견할 수 있다.

> 노아가 이르기를 너희의 주님으로부터 용서를 구하라.
> 실로 그분은 관용으로 충만하시다.
> 그분께서 너희에게 비를 내리되 풍성케 하여 주시며
> 재산과 자손을 더하여 주시고
> 과수원과 물이 흐르는 강을 너희에게 주시는 분이시라.
> (쿠란 71:10~12)

> 그 고을의 백성들이 믿음을 갖고 알라를 공경하였다면
> 알라는 그들을 위해
> 하늘과 땅으로부터 축복을 열어 주었으리라.
> 그러나 그들은 진리를 거역했으니
> 알라는 그들이 얻은 것으로
> 말미암아 그들을 앗아갔노라. (쿠란 7:96)

중요한 것은 산업구조의 바탕이 되는 토대, 사회를 통합시켜주는 가치, 그리고 한 사회가 '인류 문명'의 특징들을 구현할 수 있게 해주는 체계이다.

이슬람 사회의 독특한 특징

무슬림공동체의 등장에 배경이 되는 이슬람 사회의 기초와 성장의 본질은 독특한 특징을 갖는다. 때문에 자힐리야 사회의 설립과 성장을 뒷받침하는 이론들을 이슬람 사회에 적용하는 것은 불가능하다. 이슬람 사회는 이론만이 아니라 알라를 위해 정진하려는 실질적 움직임, 즉 운동에 의해 탄생한 뒤 계속 성장하며 공동체 내 개인들의 위치와 지위를 결정하고 역할과 책임을 할당한다.

무슬림공동체가 탄생할 수 있는 근본이 되는 이슬람 운동의 근원은 인간의 영역 밖에 존재한다. 그 근원은 알라로부터 인류에게 내려온 가르침, 즉 우주의 섭리와 인간의 역사, 삶의 가치와 목표에 대한 말씀을 통해 사람들에게 삶의 방식을 명확히 규정한다는 믿음에 있다. 따라서 이슬람 운동의 최초 원동력은 인간의 마음이나 물리적 세계에서 나오는 것이 아니고 위에서 언급한 것처럼 현세의 바깥, 인간 영역의 바깥에서 오는 것이다. 이것이 이슬람 사회와 그 조직의 첫 번째 독특한 특성이다.

결국 이슬람 운동의 기원은 인간의 범위와 물질적 세계를 초월하는 요소에 있다. 이 요소는 알라의 의지로부터 존재하는 것이지 인간의 능력이나 의지에 따라 생겨난 것이 아니다. 그 시작부터 인간의 어떠한 노력이나 기여가 이 요소에 투입되거나 영향을 준 것이 아니다. 알라로부터 나온 이 신성한 요소는 이슬람 운동의 씨앗을 뿌리는 동시에 행동을 위해 인간을 준비시킨다. 즉, 신성한 원천으로부터 인간에게 내려온 신앙을 믿고 따르는 사람들을 준비하는 것이다. 개개인이 이 신앙을 믿는 순간부터 무슬림공동체는 (잠재적으로나마) 존재하게 되는 것이다. 이어 각 개인은 신앙을 갖는 것 자체에만 만족하지 않고 그 말씀을 전하기 위해 일어서게 된다. 이 힘차고 역동적인 운동이 신앙의 본질이다. 개인의 마음에 신앙을 불붙이는 그 힘을 신앙 속에만 숨겨놓지 않고 궁극적으로는 열린 곳으로 나오게 하여 다른 이들에게로 퍼지도록 만드는 것이다.

믿는 자들의 수가 세 명에 도달하게 되면, 이 신앙은 이들에게 말한다. "이제 당신들은 공동체, 즉 독특한 무슬림공동체를 이루었다. 이 믿음에 따라 살지 않고 기본적인 전제前提를 받아들이지 않는 자힐리야 사회와는 차별화된 공동체다." 이로서 이슬람 사회가 (실질적으로) 존재하게 되는 것이다.

세 명의 개인이 열 명으로 늘어나고, 열 명이 백 명이 되고, 백 명이 천 명이 되고, 천 명이 만 이천 명으로 증가한다. 이슬람 사회가 성장하며 확고히 자리 잡게 된다.

물론 이슬람 운동의 진행과 동시에 자힐리야 사회 안에서는 이를 저지하기 위한 사악한 움직임이 시작되었을 것이다. 그럼에도 불구하고 믿음과 개념, 가치와 기준, 그리고 존재와 조직 차원에서 자힐리야 사회와는 분리된 새로운 사회가 탄생한다. 이러한 운동은 그 발단부터 성장하여 영구적으로 완벽한 이슬람 사회의 완성에 이르기까지 이슬람의 기준에 따라 모든 개개인을 평가하고 각자의 능력에 맞는 책임과 지위를 부여한다. 이슬람 사회는 자동적으로 인간의 능력을 인식하며, 인간이 굳이 나서서 자신의 적임 여부를 밝힐 필요가 없다. 사실 사람들과 사회가 인정하는 믿음과 가치를 지닌 개인은 자신에게 책임감 있는 직책을 맡기려는 사람들로부터 겸손하게 자신을 숨기려고 한다.

그러나 이슬람에 대한 믿음의 자연스러운 산물이며 이슬람 사회의 본질인 이 운동은 어떠한 개인도 자신을 숨기도록 내버려두지 않는다. 이 사회의 모든 개인은 움직여야 한다! 믿음, 피, 공동체, 그리고 유기적 사회 구조가 역동적으로 유지되기 위해서는 그 안에서 무엇인가 지속적인 움직임이 있어야 한다. 자힐리야 사회의 나쁜 잔재들이 개인의 마음에 남아 있기도 하고 공동체를 계속 공격하기 때문에 이슬람 운동이 완전히 부활하는 날까지 투쟁이 이어져야 하고 지하드가 계속되어야 한다.

결코 쉬운 여정이 아니다. 이슬람 운동에도 기복이 있으며 이러한 오르내림의 과정을 거치면서 각 개인의 지위와 기능이 결정된다. 유기체적인 이슬람 사회는 개인들과 그들의 활동 간 조화를 통해 완성되는 것이다.

완성된 이슬람 사회를 구현하는 이슬람 운동의 시작 방법, 조직 방법이 바로 이슬람 사회가 다른 사회들과는 차별화되는 두 가지 큰 특징이다. 그 존재와 구조, 본질과 형태, 그리고 체계와 조절 기능에서 이슬람 사회는 유일하고 비교할 대상이 없는 특성을 갖는다. 결과적으로 이슬람 사회는 이슬람과 동떨어진 사회이론들로는 이해될 수 없을 뿐 아니라 이슬람의 본질과 서로 다른 방법들로는 전수될 수 없고 다른 체계에서 빌려온 방식들로 존재할 수도 없다.

미래의 희망, 이슬람 문명

우리가 내린 이슬람 문명에 대한 불변의 정의에 따르면, 이슬람 사회는 역사적 연구대상이 되는 과거의 존재물이 아니라 현재의 요구물이며 미래의 희망이다. 이런 고귀한 문명을 위해 정진하는 것과 자힐리야의 구렁텅이에서 벗어나려는 노력을 통해 인간은 존엄성을 되찾을 수 있다. 이는 산업적·경제적으로 발전한 국가들은 물론 낙후한 국가들에게도 모두 적용되는 것이다.

우리가 앞에서 인류의 가치라고 언급한 것들은 이슬람 문명의 시대를 제외하고는 달성된 적이 없었다. 우리는 또 '이슬람 문명'이라는 용어 자체가 인류의 가치들이 최고조에 이르는 것을 의미한다는 점을 잊지 말아야 한다. 이는 인류의 가치가 억압받는 상황에서 단순히 산업, 경제, 과학 분야 등의 진보를 이룩하는 것을 뜻하는 것이 아니다.

이 가치는 단지 이상적인 것이 아니라 이슬람의 가르침을 정확하게 적용하려는 인간의 노력에 의해 달성될 수 있는 실질적인 가치들이다. 이 가치들은 어느 정도의 산업 수준과 과학적 진보를 달성했느냐와 무관하게 어떠한 환경에서든 실현될 수 있다. 모순되는 것이 없기 때문이다. 사실, 물질적 번영과 과학적 진보는 이슬람의 가르침에서도 장려되는 것들이다. 지상에서 알라의 대리인인 인간의 삶, 그리고 그 역할과 밀접한 연관을 맺고 있기 때문이다.

같은 맥락에서 산업적·과학적으로 낙후한 국가들에서 이러한 가치들은 사람들에게 침묵하는 방관자로 남지 말고 산업적·과학적 진보를 위해 애쓰라고 가르친다. 이런 가치들을 가진 문명은 어디에서도, 어떤 환경에서도 발전할 수 있다. 또한 그 문명의 형태도 한 가지만 있는 것이 아니다. 이러한 가치들이 실현된 사회의 조건과 환경에 따라 각기 다른 형태를 가질 수도 있다.

그 형태와 범위, 삶의 방식에 있어서 이슬람 사회는 고정된 역사적 존재가 아니다. 그 존재와 문명은 정해진 역사적 현실을 반영하는 가치들에 바탕을 두는 것이다. 이런 맥락에서 '역사적'이라는 단어는 이런 가치들이 인류 역사의 어느 특정한 시점에만 적용된다는 것을 의미한다. 그러나 그 본질적 가치들은 어떤 특별한 시기에 속한 것들은 아니다. 이는 인류의 영역과 물리적 우주의 영역을 넘어 신성한 근원 알라로부터 인간에게 내려진 진리이기 때문이다.

이슬람 문명은 그 물질적, 조직적 구조에 있어 다양한 형태를 취할 수 있다. 그러나 이슬람 문명을 떠받치고 있는 원칙과 가치는 영원불변하다. 이들 원칙과 가치에는 알라 한 분만을 경배하는 것, 인간관계의 토대를 유일신 알라에 두는 것, 물질적인 것들보다 인간의 존엄성에 우위를 두는 것, 동물적 욕망을 조절하고 인류의 가치들을 발전시키는 것, 가족을 존중하는 것, 알라의 인도와 가르침에 의거해 알라의 대리인 역할을 수행하는 것, 모든 사안들에 있어 알라의 법 샤리아와 알라가 규정한 삶의 방식을 대리 집행하는 것 등이 있다.

이러한 영원불변의 원칙들에 의해 구축된 이슬람 문명의 다양한 형태는 실제적인 조건들을 반영하고, 그에 영향을 받으며 산업적·경제적·과학적 진보 단계에 따라 변한다. 이 형태들은 필연적으로

상이할 수밖에 없다. 이슬람은 어떠한 체계 안에도 들어갈 수 있고 그 체계를 목적에 맞게 변형시킬 수 있는 충분한 유연성을 가지고 있기 때문이다. 그러나 이슬람 문명의 외적 형태들에 나타나는 이러한 유연성이 문명의 근원인 신앙에도 적용되는 것은 아니며, 또한 외부로부터 차용된 것들에 대한 유연성을 의미하는 것도 아니다. 이슬람의 특질인 유연성과 유동적인 것을 혼동해서는 안 된다. 이 두 용어 사이에는 큰 차이가 있다.

이슬람이 아프리카 대륙 중심부에 들어갔을 때, 벌거벗은 인간들에게 옷을 입혀 그들을 사회화했고 깊은 고립의 구렁텅이에서 그들을 벗어나게 했으며, 자원을 찾아내는 일의 기쁨을 가르쳐 주었다. 이슬람은 또 그들을 부족과 가문의 좁은 테두리로부터 무슬림 공동체라는 큰 틀의 사회로, 우상 숭배로부터 세상의 창조주에 대한 경배로 이끌어 냈다. 만약 이것이 문명이 아니라면 도대체 무엇인가? 이 문명은 지역의 환경에 적합한 것이었고 그곳에서 가용할 수 있는 수단들을 동원한 것이었다. 만약 이슬람이 어떤 다른 환경에 들어간다면, 그 이슬람 문명은 또 특정한 환경에 존재하는 수단들에 기초해 다른 형태를 취할 것이다. 물론 영원불변한 이슬람적인 가치들을 유지하면서 말이다.

따라서 이슬람의 방법과 방식에 따른 문명의 발전은 어떤 특정한 수준의 산업적, 경제적 또는 과학적 진보에 의존하는 것이 아니다. 어디에 세워지든지 간에 이슬람 문명은 모든 자원과 수단을 활용하면서 그 사회를 발전시킬 것이다. 만약 이러한 자원과 수단이 존재하지 않는 곳이라면, 이슬람 문명은 이것들을 제공하고 또 그 성장과 발전을 위한 여러 방안들을 제시할 것이다. 그러나 어떠한 환경이나 상황하에서도 이슬람 문명은 그 불변의, 불멸의 원칙에 바탕을 둘 것이다. 이처럼 이슬람 사회가 존재하는 곳이라면 어디든지 이슬람 사회의 독특한 특징과 운동 역시 함께 등장할 것이며, 이는 자힐리야 사회들과는 큰 차이를 보일 것이다.

우리는 알라로부터 세례를 받나니,
세례함에 알라보다 나은 자가 누구인가?
우리는 그분에게 경배 드리는 자들이라. (쿠란 2:138)

제8장

이슬람의 개념과 문화

서구적 사고방식과 과학은 모든 종교에 대한 적대심, 특히 이슬람에 대해서는 더욱 심한 반감을 가지고 시작되었다. 이슬람에 대한 이러한 적대심은 명확히 드러나고 있으며, 종종 치밀한 계획 아래 악의적인 공격이 이뤄지고 있다. 그 목적은 우선 이슬람 신앙의 토대를 흔드는 것이고, 점차적으로 이슬람 사회의 구조를 파괴하려는 것이다.

6장에서 나는 이슬람의 첫 번째 기둥, 즉 신앙고백의 첫 부분이 유일신 알라에 대한 인간의 헌신이라는 점을 설명했다. 모든 무슬림은 '알라 외에 다른 신은 없다'라고 선언해야 한다. 두 번째 부분은 이러한 헌신의 방식이 예언자 무함마드로부터 나온다는 점이었다. '무함마드는 알라의 사도다'가 여기에 해당한다. 알라에 대한 완벽한 순종은 믿음과 실행을 통해 이슬람법을 준수하는 것이다. 무슬림에게는 알라 이외의 어떠한 다른 존재도 '신성'이 될 수 없으며, 어느 누구도 알라의 창조물을 '숭배'할 수 없고, 알라 외에는 어느 누구도 '주권'을 행사할 수 없다. 나는 6장에서 경배와 믿음과 주권의 의미에 대해 설명했다. 이제부터 주권의 진정한 의미를 보다 상세히 살피고, 주권과 문화와의 관계에 대해서도 알아볼 것이다.

이슬람에서 알라의 주권은 단지 인간이 모든 법령들을 알라로부터 도출하고 그것들에 의거해 판결을 내리는 것만을 의미하지 않는다. 이슬람에서 '샤리아'는 단지 법령에만 국한되어 있지 않고, 통치의 원칙과 그 체제 및 유형들까지도 포함하고 있다. 샤리아를 협의적으로 법령에만 국한되는 것으로 보는 것은 이슬람의 본질을 제대로 이해한 것이 아니다. '알라의 샤리아'는 인간의 삶을 규정하는 모든 것들이 알라에 의해 제정된다는 것을 의미한다. 이는 믿음의 원칙, 통치 및 정의의 원칙, 윤리와 인간관계의 원칙, 그리고 지식의 원칙을 아우른다.

샤리아는 이슬람의 믿음과 개념을 포함한다. 알라의 속성, 삶의 본질, 삶 속에 표출된 것과 내재된 것, 인간의 본성과 이들 요소의 상호관계에 대한 믿음과 개념의 연관성도 포함한다. 샤리아는 또 정치적, 사회적, 경제적 문제들과 관련한 원칙들을 아우른다. 이들 사안과 원칙이 유일신 알라에 대한 완전한 순종에 근거하도록 만들려는 의도에서다. 그리고 샤리아는 법적 문제들사람들은 오늘날 이것을 '샤리아'라고 부르지만, 이슬람에서 샤리아의 진정한 의미는 완전히 다르다을 포함한다. 샤리아는 사람, 행동 그리고 사건을 판단하는 동시에 사회의 윤리와 예절, 가치와 기준, 지식의 모든 측면 및 예술과 과학의 원리들을 다룬다. 법적 문제들에 있어서도 그런 것처럼, 이 모든 것도 알라로부터의 인도가 필요하기 때문이다.

우리는 정부 및 법 체계, 그리고 한 사회에 통용되는 윤리, 인간관계, 가치와 기준 등과 관련한 알라의 주권에 대해 논했다. 유의해야 할 점은 가치와 기준 및 윤리와 예절이 모두 사회의 보편적 믿음과 개념에 근거하고 있으며, 그 믿음과 개념은 하나의 근원, 즉 알라로부터 나온다는 사실이다.

이런 명제를 놓고 일반인뿐만 아니라 이슬람 학자들도 이상하게 생각할 수 있는 점이 있다. 바로 과학과 예술의 영역에서도 인도를 받기 위해 이슬람과 알라에 귀의해야 한다는 점이다.

이미 (이를 설명하기 위해) 예술을 주제로 한 책이 출판되었다.*
이 책은 모든 예술적 노력이 인간의 개념, 믿음, 직관을 반영하는 것이라고 지적하고 있다. 또, 모든 예술적 노력이 사람의 직관에서 발견되는 삶과 세계에 관한 모든 이미지를 반영하고 있다고 설명하고 있다. 부연하자면, 이 모든 일들은 이슬람의 개념에 의해 지배될 뿐만 아니라 사실상 이 개념은 무슬림의 창조성을 자극하는 원동력이 되기도 한다. 우주에 대한 이슬람의 개념은 인간과 우주 전체, 그리고 창조주 알라와의 관계를 정의한다. 이 개념의 기본적 주제는 인간의 본성과 우주 내에서의 지위, 삶의 목적, 기능, 삶의 진정한 가치라고 할 수 있다. 이 모든 것들이 이슬람의 개념에 포함된다. 이슬람 개념은 단순히 추상적인 사고가 아니라 살아 움직이는 원동력으로 인간의 감정과 행동에 영향을 미치고 있다.

요컨대, 예술과 문학적 사상, 그리고 알라의 인도와의 관계에 대한 명제는 보다 구체적인 논의를 필요로 한다. 우리가 앞서 언급했듯이, 이러한 논의는 지식인들뿐만이 아니라 법 문제에 있어 알라의 주권을 믿는 무슬림들에게도 낯설 수 있을 것이다.

이슬람에서의 학문

무슬림은 신앙의 문제, 삶의 개념, 경배의 행위, 윤리와 인간사, 가

---

* 저자가 말하는 이 책은 그의 동생인 무함마드 쿠틉(Muhammad Qutb)이 쓴 《이슬람 예술의 원칙들》이라는 책이다.

치와 기준, 경제·정치적 사안들의 원칙, 그리고 역사적 흐름의 해석에 있어서 알라 외의 다른 근원을 의지해서는 안 된다. 그러므로 무슬림은 신실함과 경건함, 믿음과 행동에 있어 비난을 받지 않도록 이런 모든 것을 철저히 배워야 한다.

그렇다 할지라도 무슬림이 같은 무슬림 또는 비무슬림에게 추상적인 과학, 예컨대 화학·물리학·생물학·천문학·의학·공학·농업·행정·과학·군사학, 그리고 기술적 측면에만 국한된 여타 유사한 과학 및 예술을 배울 수는 있다. 분명한 것은 무슬림공동체가 출범하게 될 경우 공동체에 이 모든 분야의 전문가들이 충분히 공급되어야 한다는 점이다. 이는 모든 과학과 예술이 무슬림들에게는 당연히 알아야 할 지식, 즉 '충분 의무'인 파르드 알 키파야Fard al-Kifayah, sufficiency duty이기 때문이다. 다시 말해서, 공동체의 요구를 충족시켜줄 수 있는 이런 다양한 과학과 예술 분야 전문가들의 수가 충분해야 한다는 것이다.

만일 한 무슬림 사회가 이들 과학과 예술이 발전할 수 있는 적절한 환경을 조성하지 못한다면, 그 사회는 진정으로 발전하기 어려울 것이다. 따라서 이 조건들이 충족되지 않는 상황에서는 무슬림이 종교에 구애됨 없이 같은 무슬림 또는 비무슬림으로부터 배우고 그들의 지도하에 경험을 얻는 것이 허용된다. 하디스도 "너희는 너희가 해야 할 일을 가장 잘 알고 있다"라며 이러한 배움의 필요성을 언급하고 있다. 그러나 이러한 과학과 기타 학문들은 삶, 우주, 인간, 인간 창조의 목적, 인간의 책임, 인간과 물리적 세상, 창조주와의 관계에 관한 무슬림의 기본 개념들과는 관련이 없다. 또한 이것들은 개인과 집단의 삶을 정립하는 법이나 규율의 원칙들과도 관련이 없을 뿐 아니라 사회의 모습과 형태를 결정하는 윤리와 예절, 전통과 습관, 가치 및 기준들과도 관련이 없다. 때문에 비무슬림에게서 이를 배운다고 해서 무슬림이 그의 믿음을 저버리거나 자힐리야 상태의 사람으로 돌아갈 위험은 없다.

그러나 인간의 노력, 즉 과학이 아닌 인간의 지적 활동을 해석함에 있어서는 그 노력이 개인적이든 집단적이든 간에 인간 본성 및 역사적 흐름에 관한 이론들과 관련이 있다. 이런 맥락에서 우주와 인간 삶의 기원에 관한 설명은 형이상학화학, 물리학, 천문학, 의학 등과는 관련이 없는의 분야다. 따라서 이 분야 학문들의 지위는 인간의 삶을 정립하는 법적 문제나 규정, 규율과 거의 같은 위치에 있다고 할 수 있다. 이 분야 학문들은 간접적으로라도 인간의 믿음에 영향을 준다. 그러므로 알라를 경외하는 독실한 무슬림, 즉 이런 문제들에 대한 가르침이 오직 알라로부터 온 것임을 잘 알고 있는 무슬림들 외에 다른 사람들로부터 이 분야의 학문과 관련된 것들을 배우는 것은 허용되지 않는다. 그 이유는 이런 학문들이 인간의 신앙 또는 신조와 관련되어 있기 때문이다. 따라서 이런 사안들에 대해서는 타종교인이나 다른 문명이 아닌 알라의 인도를 직접 구하는 것이 유일신 알라와 사도 무함마드에 대한 신앙에 있어 필수적이라는 것을 무슬림은 잘 알아야 한다.

물론 무슬림 연구자가 자힐리야 학자들의 모든 의견과 사상을 연구할 수는 있다. 하지만 이는 연구자 자신의 믿음과 개념을 구축하기 위해서가 아니라 자힐리야 학자들이 취한 그릇된 사상을 파악하기 위한 것이어야 한다. 이를 통해 무슬림 연구자는 인간에 의해서 만들어진 이론들을 진정한 이슬람의 관점에서 어떻게 바로잡을 수 있는지 정확히 알고, 건전한 이슬람적 가르침의 원칙들에 의거하여 반박할 수 있을 것이다.

철학, 역사 해석, 심리학누군가의 의견이 아닌 관찰과 실험적 결과를 위한 것을 제외하고, 윤리학, 신학과 비교종교학, 사회학통계와 관찰을 제외하고 등은 과거 또는 현재의 자힐리야적 믿음과 전통에 영향을 받아왔다. 때문에 이런 학문들은 공공연하게 또는 암묵적으로 모든 종교들, 특히 이슬람의 원리와 충돌하게 된다.

인간의 사고와 지식을 다루는 이런 분야의 학문들은 물리학, 화학, 천문학, 생물학, 의학 등과는 다르다. 후자의 학문들은 실질적인 실험과 결과에 의존할 뿐 사변적 철학의 범위에 속하지는 않는다. 그러나 예외도 있다. 예를 들면, 다윈주의 생물학은 관찰의 영역을 넘어섰다. 이 학문은 생명의 시작과 진화를 설명하는 데 있어서 물리적 세계 외부의 힘, 즉 알라의 섭리를 고려할 필요가 없다는 가정을 세우기 위해 근거와 이성적 판단이 결여된 의견을 제시하고 있다.

인간의 사고와 관련한 문제들에 있어서 부양자 알라의 인도는 완벽하고 충분하며, 유일신 알라에 대한 믿음과 완전한 순종에 기초한 이슬람의 원칙은 이러한 문제들에 관한 인간의 모든 사변적 시도보다 훨씬 월등하다. 때문에 다윈주의와 같은 시도들은 너무나 어처구니없고 이치에 맞지 않는다.

이슬람에서의 문화

"문화는 인류의 전승이다." 그래서 국가나 국적 또는 종교를 갖지 않는다는 명제는 과학과 기술 관련 분야에서는 일리가 있다. 즉, 우리가 이런 과학적 영역을 뛰어넘지 않고, 형이상학적 해석을 탐구하지 않으며 인간 창조의 목적과 인간의 역사적 역할, 그리고 예술과 문학 및 인간의 직관도 철학적으로 설명하지 않을 경우 맞는 말이다. 그러나 근대 역사를 돌이켜 볼 때 문화에 대한 이 명제는 유대 민족이 행하는 속임수들 중 하나일 뿐이다. 신앙과 종교에 의해 규정된 모든 제한 사항들을 제거하는 것이 이들의 목적이다. 이를 통해 유대인들은 전 세계의 정치에 침투하고 자신들의 사악한 계획을 영구화하려는 것이다. 이들의 이런 사악한 행동의 최고 정점은 고리대금에서 찾을 수 있다. 인류의 모든 부를 이자로 운용하면서 유대인들은 금융기관을 손아귀에 넣으려고 시도하며 이미 상당 부분 성공을 거두기도 했다.

  이러한 유대인의 음모 속에서도 이슬람의 문화에 대한 시각은 변치 않고 명확하다. 이슬람은 이론적인 과학과 그것의 실제 적용을 제외하고 이 세상에 두 종류의 문화가 있다고 간주한다. 이슬람의 개념에 근거하는 이슬람 문화와 그렇지 않은 자힐리야의 문화다. 후자는 삶의 다양한 형태로 나타나지만 알라의 권위가 아닌 다른 것에 바탕을 두고 인간의 사고에 신의 지위를 부여하는 것으로, 그 사고의 진위여부도 알라의 인도에 의거해 판단되지 않는다. 반면에 이슬람 문화는 이론적이고 실제적인 문제들과 관련되어 모든 문화 활동의 발전과 영속을 보장하는 원칙, 방법, 특징을 포함하고 있다.

현대 유럽 산업 문화의 역동적 정신인 실험적 방법이 유럽에서 기원한 것이 아니라 안달루시아 및 동방에 위치한 이슬람 세계에서 기원한 것이라는 점을 기억해야 한다. 실험적 방법의 원리는 물리적 세계의 현상과 힘, 비밀에 대한 이슬람의 개념과 이에 대한 설명의 파생물이다. 이 실험적 방법을 이슬람 세계로부터 수용함으로써 유럽은 과학의 부흥기에 접어들어 탁월한 과학적 수준으로 한 발 한발 나아가게 되었다. 반면, 무슬림 세계는 점차 이슬람의 본질과 가르침으로부터 멀어졌고, 결과적으로 왕성했던 과학적 운동도 점차 둔해지다가 이후엔 완전히 소멸하게 되었다. 이러한 침체 상태를 야기한 원인 중 일부는 무슬림 사회 내부에 있었고, 다른 일부는 기독교인들과 시온주의자들에 의해 무슬림 세계가 침탈을 당하는 등의 외부적인 요인들이었다. 유럽은 경험주의 학문의 방법론에서 이슬람의 신앙적 요소를 제거했다. 이어 유럽이 하나님의 이름으로 일반인들을 억압했던 중세 교회에 반기를 들었을 때, 유럽 학자들은 경험주의 학문에서 알라의 인도와 관련된 이슬람의 모든 방법론들을 제외시켰다.

이렇게 유럽적 사고의 총체적 기반은 자힐리야적인 것이 되어 이슬람의 개념에서 완전히 멀어지게 되었고, 심지어 상충하고 충돌하게 되었다. 그러므로 무슬림은 가능하다면 독실한 신앙을 가진, 알라를 경외하는 다른 무슬림들에게서 과학적인 지식을 배워야 한다. 그 외 철학적이거나 인식론적인 학문 분야에 있어서는 이슬람의 본질인 알라의 인도를 따라야 한다.

알라의 인도가 진정한 지식이다!

이슬람에서는 '알고 있는 사람으로부터 지식을 구하라'라는 격언이 받아들여질 수 없다. 특히 신앙과 종교, 윤리와 가치, 관습과 습관 및 인간관계와 연관이 있는 모든 사안들에 있어서는 더욱 그렇다.

이슬람에서 무슬림들이 화학, 물리학, 천문학, 의학, 과학, 농업 등 기술과학을 비무슬림 또는 독실하지 않은 무슬림으로부터도 배울 수 있도록 허용하고 있다는 것은 의심의 여지가 없다. 그러나 알라를 경외하는 무슬림 과학자가 이들 과학 분야에 없을 경우에만 해당한다. 안타깝지만 이것이 이슬람 세계의 현재 상황이다. 무슬림들이 그들이 지켜야 할 종교와 삶의 방식에서 벗어나, 알라가 그들에게 부여한 최고 대리인의 지위를 완성하기 위해 모든 과학을 배우고 다양한 능력을 발전시켜야 할 책임을 등한시했기 때문이다. 그러나 이슬람은 무슬림들이 신앙의 원칙, 이슬람 개념의 함의, 쿠란의 해석, 하디스, 예언자, 역사철학, 사회의 전통, 정부의 구조, 정치의 형태 등에 관한 지식 분야들을 비무슬림 학자들이나 자료를 통해 배우는 것을 허용하지 않는다. 신앙과 종교적 지식을 신뢰할 수 있는 독실한 무슬림 학자들로부터만 이런 지식을 습득하는 것이 의무다.

이 글을 쓰고 있는 나는 여러 책을 읽으며 인간 지식의 거의 모든 방면을 연구하는 데 40년의 세월을 보냈다. 특별히 지식의 몇몇 분야를 전공했고 개인적 관심에서 다른 분야도 공부했다. 그리고 나서 내가 가진 신앙의 근원으로 눈을 돌렸다. 이후 지금까지 읽은 것이 무엇이든 간에 이슬람 신앙의 근원에서 발견한 그 어떤 것과도 견줄 만한 것이 없다는 것을 깨닫게 되었다. 그렇다고 다른 근원의 신학을 추종하느라 긴 인생을 보낸 것을 후회하지는 않는다. 자힐리야 시대의 특성, 일탈과 잘못, 무지는 물론이고 허식과 잡음, 오만방자한 주장을 알게 되었기 때문이다. 이를 통해 나는 무슬림이 이러한 두 개의 근원, 즉 알라가 내리신 인도의 근원과 자힐리야의 근원을 결합시킬 수 없다는 데 확신을 가지게 되었다.

더욱이 이것은 나의 개인적 의견이 아니다. 이는 단지 일부 몇 사람의 견해에 의해 결정될 수 없는 중대한 사안이다. 어떤 사안에 대해 인간의 해석과 지식에 의존할 것인지 말 것인지를 결정해야 하는 경우가 있는데, 이런 상황은 알라의 가르침이 그 문제를 판단할 방법을 제시할 때는 발생하지 않는다. 아무리 찾아도 알라의 가르침에서 답을 구할 수 없는 경우에만 해당된다. 만약 그 문제와 관련해 알라와 그의 사도의 결정이 있다면 당연히 그것에 따라야 한다. 어려운 문제에 봉착했을 때 무슬림으로서 가장 적절한 태도는 알라와 예언자가 계시하거나 판단한 근거가 있는지 최대한 찾아보는 것이다. 특히 사회적으로 논쟁의 여지가 있는 중요한 결정은 알라와 예언자의 판단에 맡겨져야 한다.

지고하신 알라께서는 무슬림을 적대시하는 유대인들과 기독교인들의 궁극적 목적에 대해 아래와 같이 말씀하셨다.

많은 성서의 백성들은 너희가 믿음을 가지자

불신하기를 원하도다.
이는 진실이 그대들에게 명시되매 그들 스스로가 시기하도다.
그러나 알라의 명령이 있을 때까지 용서하고 간과할지니
진실로 알라는 전지전능하시니라. (쿠란 2:109)

유대인들과 기독교인들은 그대를 기꺼이 맞지 아니하고
그들의 신앙을 따르라 할 것이니,
"알라의 복음이 길이니라"고 그들에게 말할지어다.
그대에게 내려준 지혜가 있음에도 그들의 욕망을 따른다면,
알라의 보호와 구원을 받지 못할 것이다. (쿠란 2:120)

믿음을 가진 자들이여!
만일 너희가 성서의 백성들 가운데
한 분파에 귀를 기울인다면
그들은 너희의 신앙을 불신으로 만들 것이니라. (쿠란 3:100)

하피즈 아부 얄라Hafiz Abu Yala*가 전하는 바에 따르면, 예언자 무함마드는 유대인과 기독교인들에 대해 다음과 같이 말했다. "경전의 백성들the People of the Book, 유대교인과 기독교인을 일컫는 표현임에게 그 어떠한 것도 묻지 말라. 그들은 너희를 인도하지 않을 것이다. 실제로 그들 자신조차 잘못 인도되고 있다. 만일 너희가 그들의 말을

---

* 아부 얄라는 수니파 이슬람 학자로, 하디스 집대성에 지대한 공헌을 한 인물이다. 이라크 북부 지역에서 활동하면서 하디스 학문을 확립하는 데 주도적인 역할을 하였다.

듣게 된다면, 너희는 결국 기만을 받아들이고 진실을 부인하는 결과를 낳을 것이다. 알라에 의해 모세가 너희들 가운데 살아있었다면, 그는 나를 따르는 것 이외에 알라로부터 그 어떠한 것도 허락받지 못했을 것이다."

유대인과 기독교인들의 궁극적 계획에 관해 알라가 무슬림들에게 경고했음에도 불구하고, 그들이 이슬람의 믿음과 역사에 대해서 논할 때나 무슬림 사회 또는 무슬림 정치와 경제에 대해 어떤 조언을 할 때, 우리는 그들이 좋은 의도로 무슬림들의 번영을 바라거나 진정으로 알라의 가르침을 구하기 위해 이런 행동을 보인다고 생각하는 환상에 빠져들곤 한다. 하지만 이것은 극히 잘못된 자세다. 위의 쿠란 구절에 잘 나타나 있듯이 유대인과 기독교인들의 이런 접근은 정말로 신뢰할 수 없는 것이다.

마찬가지로 지고하신 알라의 말씀, 즉 "말하라, 알라의 인도가 진정한 인도이니라"는 모든 무슬림이 이런 사안들에 있어서 가르침을 구할 곳은 바로 유일한 근원인 알라라는 것을 명확히 말해주고 있다. 왜냐하면 알라의 인도를 넘어선 모든 것은 잘못된 것이기 때문이다. "말하라, 알라의 인도가 진정한 인도이니라"라는 쿠란 구절은 바로 이 점을 강조한 것이다. 이 구절에는 그 어떠한 모호함도 없고 다른 해석은 가능하지 않다.

눈에 보이지 않는 참지식

또한, 알라를 경외하지 않고 세속적인 삶의 목표만 추구하는 사람을 멀리하라는 알라의 권고도 있다. 무슬림은 추측에 따르는 것을 금하고 있으나 이런 사람은 개인의 추측에 따라 행동하는 자다. 단지 이 세상의 삶에서 자신의 눈에 보이는 것만을 알고 있을 뿐, 진정한 지식을 보유하지 못한 사람이다.

> 알라의 메시지를 외면하는 자, 그대도 그들을 외면하라.
> 그들은 현세만을 추구할 뿐이라.
> 그것만이 그들이 알고 있는 것이라.
> 실로, 주님은 그분의 길에서 벗어난 자들을 알고 계시며
> 또한 복음을 받은 이들도 알고 계시니라. (쿠란 53:29~30)

> 그들은 현세의 외형만을 알뿐
> 내세에 대해서는 알지 못하고 있도다. (쿠란 30:7)

오늘날 모든 '과학자들'이 그러하듯이 알라를 기억하는 일을 등한시하고 이 세상의 일들에 완전히 사로잡힌 사람은 단지 눈에 보이는 것만 알고 있을 뿐이다. 이는 결코 참지식이 아니다. 따라서 기술적 지식을 제외하고 이런 학자들에게 배우는 것은 무슬림에게 허용될 수 없다. 무슬림은 심리적, 개념적 문제와 관련한 과학자들의 해석을 무시해야 한다. 이는 쿠란이 "아는 자와 모르는 자가 같을 수 있느뇨?"라며 반복적으로 강조하는 그런 지식이 아니다. 이 쿠란 구절의 문맥을 고려하지 않고 잘못된 해석을 내놓는 사람들도 있다. 따라서 이 수사학적인 구절은 전체 절을 인용할 필요가 있다.

밤에 스스로 엎드려 예배하거나 서서 기도하며
내세를 두려워하고 주님의 은혜를 구원하여 예배하는 자가
그렇지 아니한 자와 같을 수 있느뇨?
일러 가로되, "아는 자와 모르는 자가 같을 수 있느뇨?"
실로 이해하는 이들은 교훈을 받아들이느니라. (쿠란 39:9)

밤의 어둠속에서도 여전히 섰다 엎드렸다 경배하면서 내세를 두려워하고, 부양자 알라의 자비를 구하는 사람만이 진정으로 지식을 가지고 있는 것이다. 말하자면 위의 구절이 언급하는 진정한 지식은 알라에 대한 경배와 경외로 인도하는 지식을 의미한다. 반면, 알라를 부정하면서 인간의 본성을 왜곡하는 지식은 쿠란이 규정하는 진정한 지식이 아니다.

지식의 영역은 신앙적 구절, 종교적 의무 또는 허용된 것과 금지된 것에 관한 법률에 국한되지 않는다. 지식의 영역은 광범위하다. 지식은 이런 것들 외에 자연 법칙에 관한 지식과 알라의 권위하에 현세에서 인간이 수행하는 대리인 역할과 관련한 모든 문제들을 포함한다. 그러나 그 토대가 신앙에 근거하지 않는다면 그 어떤 지식도 앞서 쿠란에서 규정하고 신실한 믿음을 가진 자들에 의해 언급된 지식의 정의 범주에는 포함될 수 없다. 천문학, 생물학, 물리학, 화학, 지리학 등 우주와 자연의 법칙을 다루는 모든 학문과 신앙 사이에는 깊은 연관성이 있다. 만약 이런 학문들이 개인적 의견과 추측에 의해 왜곡되지 않고 알라의 개념을 배제하지 않는다면 이 모든 학문은 인간을 알라에게로 향하도록 인도한다.

그러나 안타까운 상황이 실제로 유럽에서 발생했다. 유럽 역사에서 과학자들과 억압적 교회 사이에 매우 고통스럽고도 증오에 찬 갈등이 일어났던 때가 있었다.* 그 결과 유럽에서는 과학적 부흥 운동 자체가 무신론의 토대 위에서 시작되었다. 이 운동은 삶의 모든 측면에 매우 큰 영향을 주었으며, 사실상 유럽 사상의 전반적 특징을 변화시켰다. 유럽의 학계가 교회에 대해 가진 적대감은 교회 또는 기독교 신앙을 넘어 종교 일반에 대한 강력한 반감으로 연결되었다. 그 결과 모든 과학과 학문은 종교와 거리를 두려 했다. 사변적 철학은 물론, 종교와는 관련이 없는 기술적·추상적 과학도 종교를 적대시했다.**

서구적 사고방식과 과학은 모든 종교에 대한 적대심, 특히 이슬람에 대해서는 더욱 심한 반감을 가지고 시작되었다. 이슬람에 대한 이러한 적대심은 명확히 드러나고 있으며, 종종 치밀한 계획 아래 악의적인 공격이 이뤄지고 있다. 그 목적은 우선 이슬람 신앙의 토대를 흔드는 것이고, 점차적으로 이슬람 사회의 구조를 파괴하려는 것이다.

이런 상황을 잘 알고 있으면서도 우리가 심지어 이슬람 과학을 가르치는 일에서조차 서구적 사고방식에 의존한다면, 이는 이슬람

---

* 중세에 '과학적 지식'의 해석과 적용을 독점했던 서구 기독교 교회에 대한 반발로 합리적 이성을 근거로 한 과학의 성립을 추구한 '계몽주의' 사조가 등장한 '르네상스기'를 이른다.

** 보다 구체적인 내용에 대해서는 《이슬람: 미래의 종교(Al-Mustaqbal li-hādha al-Din)》 중 '알 피삼 알 나카드(al-Fisam al-Nakad, 끔찍한 정신분열증-역자 주)' 장(章)을 참조할 것. 이 저서는 사이드 쿠틉이 1956년에 집필했다.

의 시각에서 절대로 용서받을 수 없는 무지가 될 것이다. 만약 서구의 것 외에 다른 선택의 여지가 없을 경우, 순수한 과학적·기술적 분야를 서구로부터 배울 수는 있다. 그러나 이러한 서구 학문들이 철학적 고찰, 사색 등에 접근할 수 없도록 감시하는 것이 우리의 의무다. 왜냐하면 이러한 철학적 고찰은 일반적으로 종교, 특히 이슬람에 대해 반대 입장을 취하기 마련이고, 그런 학문들로부터 나오는 미미한 영향이 쌓여 이슬람의 맑은 샘을 오염시킬 수 있기 때문이다.

제9장
무슬림의 국적과 믿음

이슬람의 샤리아가 적용되지 않고 이슬람 종교가 지배적이지 않은 모든 곳은 무슬림과 딤미 모두에게 전쟁의 영토Dar-ul-Harb다. 그곳이 그들의 출생지이든 그들의 친척들이 거주하는 곳이든 그들의 재산과 여타 재물이 있는 곳이든 상관없이 무슬림은 늘 이에 대항해 싸울 준비가 되어 있어야 한다.

이슬람이 인류에게 가치와 기준에 관한 새로운 개념을 제공하고 이들 가치와 기준을 습득하는 방법을 보여줬을 때, 이슬람은 인간관계에 관한 새로운 개념 또한 인류에게 제시하였다. 이슬람은 인간이 그의 부양자 알라에게 귀의해야 하며, 알라의 인도만이 가치와 기준을 얻을 수 있는 유일한 근원이라는 점을 깨닫도록 가르친다. 알라만이 이 모든 것을 가능하게 하는 제공자Provider이자 창시자이기 때문이다. 따라서 인간의 모든 관계는 알라를 통해 이루어지는 것을 바탕으로 해야 한다. 왜냐하면 우리는 알라의 의지로 창조되었고 그에게로 다시 돌아갈 것이기 때문이다.

이슬람은 알라의 관점에서 인간들을 서로 단결시키는 단 하나의 관계를 구축하기 위해 계시되었다. 만약 이 관계가 확고히 선다면 혈연이나 그 밖의 요인들에 근거한 모든 관계는 없어지게 된다.

> 그대는 알라와 내세를 믿는 이들이
> 알라와 그분의 예언자에게 거역하는 자들에게
> 마음을 갖는 것을 발견치 못하리라.
> 비록 그자들이 그들의 아버지나, 아들

혹은 형제들이나 친척들이라 할지라도… (쿠란 58:22)

세상에 존재하는 알라의 무리는 단 하나다. 다른 모든 것들은 사탄과 반역의 무리들이다.

믿음을 가진 자들은 알라를 위해 싸우고,
불신하는 자들은 사탄을 위해서 싸우나니.
사탄의 무리와 맞서 싸우라.
실로 사탄의 교활함은 허약할 뿐이라. (쿠란 4:76)

알라께 이르는 길은 오직 하나다. 다른 어떤 길을 통해서도 알라께 다가갈 수 없다.

실로 이것이 바른 길로 인도하는 나의 길이니.
그것을 따르되 다른 길을 따르지 말라.
그것은 너희들을 그분의 길로부터 탈선케 하는 것이니라.
그분께서 너희에게 명령한 것이니 정직하라. (쿠란 6:153)

인간의 삶에는 단 하나의 진정한 체계가 있다. 바로 이슬람이다. 다른 모든 체계는 자힐리야다.

그들이 원하고 있는 것은 무지자힐리야 시대의 심판이 아닌가?
그러나 믿음을 가진 신앙인들에게는

알라보다 훌륭한 재판관이 어디 있겠는가?(5:50)

세상에는 따라야 할 유일한 단 하나의 법이 있다. 바로 알라가 규정한 샤리아다. 다른 모든 것은 감성적이고 충동적인 것일 뿐이다.

그 후 알라는 그대를 바른길 위에 두었으니.
그대는 그 길을 따르되
알지 못하는 자들의 유혹을 따르지 말라. (쿠란 45:18)

진실은 하나이고 나눌 수 있는 것이 아니다. 이 외에 다른 모든 것은 그릇된 것이다.

그분이 알라시며 너의 주님이자 진리이시니.
그 진리 외에는 방황이라.
그런데도 너희가 어떻게 배신한단 말인가? (쿠란 10:32)

'이슬람의 영토'에는 국적이 없다!

이슬람의 영토Dar-ul-Islam로 불릴 수 있는 지구상의 장소는 오직 하나뿐이다. 이슬람 국가가 설립되고, 샤리아의 권위가 서고, 알라가 금지한 것이 지켜지는 바로 그곳이다. 이곳에서는 모든 무슬림들이 상호 협의를 통해 국가의 업무를 수행한다. 그 외 지구의 나머지 지역은 전쟁의 영토Dar-ul-Harb다. 무슬림이 전쟁의 영토와 가질 수 있는 관계는 계약적 협정을 바탕으로 한 평화관계 또는 전쟁이라는 두 가지 뿐이다. 협정을 체결한 국가나 지역은 이슬람의 영토로 간주되지 않는다.

> 믿음으로 이주하여 그들의 재산과 그들 스스로를 바쳐
> 알라를 위해 싸운 이들과, 그들을 보호하고 도와준 이들은
> 서로가 서로를 위한 보호자들이라.
> 그러나 믿음은 있으되 이주하지 아니한 자들에 대해서는
> 그들이 이주할 때까지 너희가 그들을 보호해야 할 의무는 없노라.
> 그러나 그들이 너희에게 신앙의 도움을 구할 때는
> 그들을 도울 의무가 있되
> 너희와 그들 사이에 계약이 있는 백성은 제외하니
> 알라는 너희가 행하는 모든 것을 지켜보고 계시니라.
> 또한 불신자들이 서로가 서로를 보호하니
> 만일 너희가 그렇게 하지 않는다면
> 지상에는 혼동과 큰 재해가 있으리라.
> 믿음으로 이주하여 알라를 위해 싸우는 이들과
> 그들을 보호하여 도와주는 사람들이 진실한 신앙인들이니
> 그들에게는 관용과 자비로운 양식이 있으리라.
> 또한 후에 믿음을 갖고 이주하여 너희와 함께 싸우는 자 있었으니
> 이들도 너희 가운데 있도다. … (쿠란 8:72~75)

이슬람은 이처럼 완전한 인도와 결정적인 가르침을 가지고 이 세

상에 왔다. 이슬람은 인간의 위상을 높이고, 인간을 땅과 흙에 대한 지역적 속박과 살과 피에 대한 혈연적 속박으로부터 해방시키기 위해 계시되었다. 무슬림은 국가를 가지지 않는다. 단지 알라의 법 샤리아가 적용되고 인간관계가 알라와의 관계를 토대로 정립된 지구의 일부 지역에서 더불어 살 뿐이다. 무슬림은 자신의 믿음 이외의 다른 국적을 가지고 있지 않다. 단지 '알라의 영토' 내에 존재하는 무슬림공동체의 일원이 되는 것이다. 무슬림은 알라에 대한 믿음을 함께 하는 사람들 외에는 진정한 친척도 없다. 따라서 무슬림과 다른 믿는 자들 간의 연대는 알라와 그들의 관계를 통해서만 확립되는 것이다.

　부모형제나 아내, 다른 가족 구성원들과도 무슬림은 우선 창조주 알라와 그들의 관계를 통해서만 관계를 맺는다. 그런 이후에야 비로소 혈연으로 서로가 연결될 수 있다.

> 사람들이여! 너희 주님을 공경하라.
> 한 몸에서 너희를 창조하사 그로부터 배우자를 두어
> 그로 하여금 남녀가 풍성히 번성토록 하였느니라.
> 너희가 너희 권리를 요구하매
> 알라를 공경하고 또 너희를 낳아준 태중을 공경하라.
> 실로 알라는 너희를 지켜보고 계시니라. (쿠란 4:1)

　물론 가족과 알라와의 관계를 중시하는 것 때문에 무슬림이 그의 부모님을 공경하고 배려하는 것에 소홀히 해도 된다는 것은 아니다. 이슬람은, 부모가 이슬람에 반하는 적대 세력의 최전선에 동참하지 않는 한에서는 설사 믿음이 서로 달라도 부모에 대한 공경을 막지 않는다. 그러나 만약 그들이 이슬람의 적들과 동맹을 맺었다고 공개적으로 선언한다면 무슬림과 부모와의 관계는 단절되며 그들을 공경하거나 배려할 의무도 없어진다. 압둘라 이븐 우바이 Abdullah Ibn Ubayy*의 아들 압둘라의 이야기는 우리에게 이와 관련해 좋은 사례를 제시하고 있다.

이븐 지야드Ibn Ziyad**의 말을 인용해 이븐 자리르Ibn Jarir***가 다음 이야기를 전했다. 예언자 무함마드가 압둘라 이븐 우바이의 아들 압둘라를 불러 "너는 너의 아버지가 말했던 것을 알고 있느냐?"라고 물었다. 압둘라는 "저의 부모님이 당신에게 몸값을 당시 아랍 전통에는 피해를 주거나 범죄를 저지른 자가 돈을 내면 그 책임을 피할 수 있었다 치러야 할 지도 모른다는 건가요, 저의 아버지가 뭐라고 말하였는데요?"라고 되물었다. 예언자는 "네 아버지가 말하길, 만일 우리가 (전장에서) 메디나로 돌아가면, 영예로운 사람이 경멸받는 사람을 제거할 것이라고 말했다"라고 답했다. 그러자 압둘라가 말했다. "오, 알라

---

* 이븐 우바이(?~631)는 아랍의 바누 카즈라즈 부족의 지도자로서 무함마드가 메디나로 이주할 당시 그곳의 지도자 중 한 명이었다. 무함마드가 메디나에 도착하자 그는 무슬림이 되었다. 하지만 그의 개종이 정직하지 못한 것이었다는 평이 나돌았다. 그는 무함마드와 여러 문제로 충돌을 빚었다. 때문에 이슬람 학자들은 그를 '위선자'라고 기술하곤 한다.
** 이븐 지야드는 이라크 지역의 쿠파와 바스라 총독에 이어 쿠라산 지역의 총독을 지냈다.
***이븐 자리르(838~923)는 저명한 페르시아 역사학자이자 쿠란 해설가다.

의 사도여, 알라의 이름으로 그는 진실을 말했군요. 당신이 영예로운 사람이고 그는 경멸받는 사람입니다. 오, 알라의 사도여, 메디나의 사람들은 당신께서 메디나에 오시기 전에는 어느 누구도 나보다 더 아버지에 순종한 사람이 없다는 것을 잘 알고 있습니다. 그러나 지금은 그의 목을 베는 것이 알라와 그의 예언자를 기쁘게 하는 일이라면 나는 기꺼이 그렇게 하겠습니다." 그러자 예언자는 "아니다"라고 답했다. 무슬림들이 메디나에 돌아왔을 때, 압둘라는 그의 아버지 머리에 검을 겨누고 마을의 입구에 서 있었다. 그리고 아버지에게 말하길, "당신은 우리가 메디나로 돌아오면 영예를 가진 사람이 경멸받는 사람을 제거할 것이라고 말했지요? 지금 아버지와 알라의 사도 중 누가 영예를 가지고 있는지 알게 되실 겁니다. 알라와 그의 사도가 허락해 줄 때까지 당신은 메디나에 들어올 수 없으며, 또한 당신은 나로부터 피난처를 제공받지도 못할 것입니다!" 이븐 우바이는 통곡하면서 "카즈라즈 사람들이여, 내 아들이 내가 내 집으로 들어가지 못하도록 어떻게 하고 있는지 보시오!"라고 두 번이나 외쳤다. 그러나 그의 아들 압둘라는 예언자가 허락하지 않는다면 아버지를 메디나에 들어오지 못하게 할 것이라고 반복해 말했다. 이 소리를 듣고 몇 사람이 주위에 모여들었고 압둘라에게 사정하기 시작했다. 그러나 압둘라는 꼼짝 않고 서 있었다. 몇 사람이 예언자에게로 가서 이 사실을 알렸다. 예언자는 그 사람들에게 "압둘라에게 그의 아버지가 들어올 수 있도록 하라고 전하시오"라고 말했다. 압둘라가 이 소식을 듣고 나서야 그의 아버지에게 "예언자가 허락했으니 이제 들어오실 수 있습니다"라고 말했다.

믿는 자들은 모두 형제다

믿음의 관계가 확립되었을 때 혈연이든 아니든 믿는 사람들은 모두 형제가 될 수 있다. 지고하신 알라께서 "실로, 믿는 사람들은 형제다"라고 말씀하셨다. 이는 명령이지만 동시에 제한 사항이 될 수 있다. 믿지 않는 사람들은 형제가 아니라는 얘기다. 또한 알라께서는 다음과 같이 말씀하셨다.

> 믿음으로 이주하여 그들의 재산과 그들 스스로를 바쳐
> 알라를 위해 싸운 이들과, 그들을 보호하고 도와준 이들은
> 서로가 서로를 위한 보호자들이라. … (쿠란 8:72)

이 구절에서 언급한 보호라는 것은 한 세대에만 한정되는 것이 아니라 미래의 모든 세대들까지도 포함하는 것이다. 이는 또 신성하고 영원한 사랑의 결속, 충성, 자비를 바탕으로 미래의 세대들과 과거의 세대를 연결짓는 것이다.

> 그들 이전에 가정을 갖고 믿음을 가졌던 이들은
> 이주하여 온 그들을 사랑했고
> 그들에게 베풀어진 것으로 마음이 시기하지 아니했으며,
> 가난하면서도 자신들보다 그들을 우선 대우하였으며,
> 누구든 마음이 인색하지 아니한 이들로 번성한 자들이라.
> 그들 이후에 온 이들은,

"주여, 저희와 저희 이전에 믿음을 가졌던 이들에게
관용을 베풀어 주소서.
그리고 저희의 심중에 믿는 사람들에 대한
증오가 남아 있지 않도록 하여 주소서.
주여! 실로 당신은 친절과 자비로 충만하시다"고 말하더라.
(쿠란 59:9~10)*

지고하신 알라는 쿠란에서 이전 예언자들의 이야기를 믿는 자들의 사례로 언급하셨다. 다양한 시기에 알라의 예언자들은 신앙의 횃불을 밝히고 믿는 자들을 인도했다.

노아가 주님을 불러 간청하더라.
"주여, 저의 아들은 저의 가족입니다.
당신의 약속은 진실이며 당신이 심판을 주관하십니다."
이때 주님께서 가라사대,
"오 노아여, 그는 선행을 행하지 아니하니
그대의 가족 가운데 있지 아니하노라.
그대가 알지 못하는 것으로 내게 구하지 말라.
실로 내가 네게 충고하나니

---

* 여기서 '그들'은 모두 '무하지린'으로서 메카로부터 메디나로 이주한 주민을 일컫는다. '그들' 이전에 살던 메디나의 원주민들은 '안사리'로 불린다. '그들 이후에 온 이들'은 뒤늦게 메디나로 이주하여 온 자들 또는 늦게 이슬람에 귀의한 자들을 가리킨다.

그대가 무지한 자 중에 있지 말라 함이라."
이에 노아가 다시 간청하더라.
"주여, 당신께 간청하나니 제가 알지 못하는 것으로
당신께 구원하지 않겠습니다.
당신이 저를 용서치 아니하시고 은혜를 베푸시지 않으신다면
저는 상실자들 중에 있게 되나이다." (쿠란 11:45~47)

상기하라. 주님의 명령으로써 아브라함을 시험할 때
그는 그것들을 이행하였으니.
알라가 말씀하사,
"보라. 내가 너를 인류의 지도자로 임명하도다."
아브라함이 가로되,
"저의 후손으로부터도 지도자들이 있을 것입니까?" 하니,
알라가 말씀하사,
"나의 약속은 우매한 자들을 포함하지 않으리라" 하셨도다.
(쿠란 2:124)

그리고 아브라함이 말하더라,
"주여, 이곳을 평화로운 곳으로 하여 주소서.
알라를 믿고 내세를 믿는 이들에게 풍성한 과실을 주옵소서."
이에 알라가 말씀하사,
"불신하는 자들을 당분간 만족하게 하다가
불지옥으로 비참한 여행이 되게 하리라." (쿠란 2:126)

예언자 아브라함이 그의 아버지를 비롯한 여러 사람들이 계속해서 잘못을 범하는 것을 보았을 때, 그는 그들에게서 등을 돌리면서 아래와 같이 말했다.

> 저는 당신들과, 그리고 알라 외에
> 당신들이 숭배하는 것들을 저의 주님께 기도드리겠습니다.
> 주님에 대한 저의 기도는 축복을 받을 것입니다. (쿠란 19:48)

아브라함과 그의 백성들에 관한 이야기와 관련해 알라는 믿는 자들의 모범 사례가 될 수 있는 측면들에 대해 강조하셨다.

> 실로 아브라함과 그와 함께한 이들의 이야기는
> 너희들에게 교훈이 될지니.
> 그들은 다른 백성들에게 "우리는 너희와 관계가 없으매,
> 너희가 알라 외에 숭배한 것과도 관계가 없도다.
> 또한 너희가 알라를 홀로 경배할 때까지 우리와 너희 사이에는
> 적의와 증오가 영원하리라"고 말하더라. … (쿠란 60:4)

동굴의 동료들*로 알려진 용감한 젊은이들의 이야기도 있다. 가

---

* 쿠란의 제18장, '동굴의 장'에 나오는 이야기다. 억압적인 환경 속에서 알라를 경외하는 삶을 살 수 없다고 판단한 젊은이들이 자신들이 속한 사회를 거부하고 동굴로 피신한다는 이야기다. 이들이 얼마 동안 동굴에서 수면상태에 빠졌는지 알려지지 않고 있지만, 알라는 후에 그들을 깨워 새로운 삶을 주었다. 이들이 깨어났을 때는 억압이 없는 자유로운 사회가 도래해 있었다.

족과 부족 내에서 불신을 목격하자 이들은 올바른 종교에 헌신하며 살기 위해 가족과 부족을 버리고, 나라를 떠나 부양자 알라에게 달려갔다.

> 알라께서 그대무함마드에게 진리로서 그들의 이야기를 전하노라.
> 그들은 믿음을 가진 젊은이들이었으니
> 그들에게 은혜를 더하여 주었노라.
> 알라께서 그들의 마음을 강하게 하였으니
> 그들이 일어나 말하더라.
> 그들은 그들의 주님을 믿었던 젊은이들이었음이라.
> 나는 그리하여 그들에게 은혜를 더하였도다.
> 또한 나는 그들의 심중에 힘을 더했으니
> 그들이 일어서 말하더라.
> "우리의 주님은 천지의 주님이시니
> 우리는 결코 그분 외에 다른 신을 섬기지 않으리라.
> 우리가 그랬다면 우리는 실로 과장된 말을 지껄였을 뿐이라."
> 그런데 이 고을의 백성들은 그분 이외의 다른 신을 섬겼더라.
> 왜 그들은 분명한 예증을 대지 못하는가?
> 알라에 대해 거짓 하는 자보다 더 사악한 자가 어디 있는가?
> 너희가 알라 아닌 다른 것을 숭배하는 그들을 멀리하려 한다면
>   동굴로 가라. 주님께서 너희에게 자비를 베풀 것이며
> 너희의 일이 평안하고 쉽도록 하여 주리라. (쿠란 18:13~16)

노아의 아내와 롯의 아내는 모두 그들의 남편으로부터 별거를 당했다. 그 이유는 그들의 믿음이 달랐기 때문이었다.

> 알라께서 불신자들을 비유하사
> 노아의 아내와 롯의 아내를 비유하셨나니.
> 그들 둘은 알라의 의로운 종들 밑에 있었으나
> 그들의 남편들을 배반하였으며
> 그래서 그들의 행위로 말미암아
> 알라로부터 아무 것도 얻지 못한 채,
> "너희는 다른 사람들이 들어가는 지옥으로 함께 들어가라"는
> 말밖엔 얻은 것이 없었도다. (쿠란 66:10)

그리고 파라오의 아내에 관한 또 다른 예가 있다.

> 또한 알라께서 믿는 사람들을 위해
> 파라오의 아내를 비유하셨나니. 보라! 그녀가 말하였노라.
> "주여, 저를 위하여 당신 가까이 천국 안에 궁궐을 지어 주소서.
> 그리고 파라오와 그의 행위로부터 저를 구하여 주시고
> 사악한 자들로부터 저를 구하여 주소서." (쿠란 66:11)

쿠란은 또 여러 다른 종류의 관계들을 예로 들어 묘사하고 있다. 노아 이야기에서 우리는 부자관계에 대한 사례를 봤다. 아브라함 이야기에서는 아들과 나라와의 관계에 대한 사례를, 동굴의 동료

들 이야기에서는 친척과 부족 및 모국과 관련된 포괄적인 사례를, 그리고 노아·롯·파라오의 아내 이야기에서는 부부관계에 대한 사례를 알 수 있었다.

  이슬람 이전에 활동했던 위대한 예언자들의 삶에서 여러 관계들에 대한 사례를 파악했으니 이제 초기 무슬림공동체 당시의 사례를 살펴보자. 우리는 이 공동체에서도 엄청난 수의 유사한 사례들과 경험들을 발견할 수 있다. 이 공동체는 믿는 사람들을 위해 알라가 제시하신 신성한 길을 따랐다. 인맥, 혈연, 부족 등을 바탕으로 한 과거 공동체의 사회이념이 깨졌을 때, 즉 한 사람과 다른 사람을 연결하는 기본적인 관계가 깨졌을 때 같은 가문 또는 부족의 사람들은 다양한 집단으로 나뉘었다. 이런 상황에서 지고하신 알라께서는 믿는 사람들을 칭찬하시며 말씀하셨다.

> 그대는 알라와 내세를 믿는 이들이 알라와 그분의 예언자에게
> 거역하는 자들에게 마음을 갖는 것을 발견치 못하리라.
> 비록 그 자들이 그들의 아버지나, 아들
> 혹은 형제들이나 친척들이라 할지라도.
> 그들을 위해 알라께서는
> 이미 그들의 마음속에 믿음을 기록하셨고
> 그분의 영혼으로 보호하셨기 때문이라.
> 그분께서는 그들로 하여금 천국에 들게 하니
> 그 밑에는 강이 흐르며 그들은 그곳에서 영생하노라.
> 이에 알라는 그들로 기뻐하시고 그들은 그분과 기뻐하니

실로 그들은 알라의 사람들이더라.
실로 알라의 편에 있는
그들이야말로 번성하는 자들이니라. (쿠란 58:22)

우리는 예언자 무함마드와 그의 삼촌 아부 라합Abu Lahab, 그의 사촌 아부 자흘Abu Jahl의 혈연관계가 단절되었다는 것과, 메카로부터 메디나로 이주한 무슬림들이 그들 가문의 사람들과 싸우기 위해 바드르 전투에서 최전선에 선 것을 잘 알고 있다. 또한 메디나에서 조력자들과의 관계는 공통의 신앙, 이슬람을 기초로 하여 강화되었음을 알고 있다. 그들은 실제 혈연관계에 있는 친척보다 더욱 가까운 형제 같은 관계가 되었다. 이러한 관계는 모든 아랍인들과 비아랍인들을 포함한 믿는 자들에게 새로운 무슬림 형제애를 불러 일으켰다. 로마 출신의 수하입Suhaib*, 아비시니아 출신의 빌랄Bilal**, 페르시아 출신의 셀만Selman***은 이슬람 사회 내에서 모두 형제들이었다. 그들 사이에는 부족주의를 바탕으로 하는 어떠한 파벌도 없었으며, 혈통에 대한 자존심도 사라졌고 민족주의의 목소리도 들리

---

* 비잔틴 제국 출신의 노예였던 수하입은 대상의 일원으로 메카를 방문하던 중 이슬람을 받아들였다. 이후 그는 무함마드의 메디나 이주를 도왔으며, 무함마드 사후에는 초기 이슬람 국가의 종교지도자 역할을 담당했다.
** 빌랄 이븐 라바(Bilal ibn Rabah, 580~640)는 에티오피아 출신 노예였다. 메카에서 이슬람을 받아들인 이후 그는 예언자 무함마드가 임명한 최초의 무앗진(예배시간을 알리는 사람)이 되었다.
***페르시아 출신 셀만은 초기에 이슬람을 받아들이고 무함마드의 동료로서 이슬람 발전에 크게 기여하였다. 그는 여러 전투에서 새로운 전술을 도입해 이슬람군의 승리를 이끌었고, 후에 이슬람 법관, 학자 등의 여러 역할을 수행했다.

지 않았다. 알라의 사도는 그들에게 "이러한 파벌주의를 없애라. 이 것은 추한 것이다. 그리고 파벌주의를 주장하고 이를 위하여 싸우며, 이것 때문에 죽는 사람은 우리의 일원이 아니다"라고 공언했다.

무함마드의 강력한 의지에 따라 이처럼 파벌주의와 혈통주의가 종식되었다. 인종을 바탕으로 한 구호도, 민족주의적 자존심도 없어졌다. 피와 살의 유대로부터, 땅과 국가의 자존심으로부터 해방된 사람들의 사기는 하늘을 찌를 듯했다. 무슬림의 나라는 그저 그런 땅의 한 부분이 아니라 이슬람 영토의 한 지역이 되었다. 신앙과 규율, 알라의 샤리아가 절대적인 곳, 사람들이 안식처로 삼고 방어하고 넓히기 위해 순교까지 하는 곳이 바로 이슬람의 영토다. 이런 이슬람의 영토는 딤미이슬람 영토에 사는 비무슬림들로, 세금을 내는 조건으로 보호를 받는다의 경우처럼 샤리아를 국가의 법으로 받아들이는 모두에게 안식처가 된다. 그러나 이슬람의 샤리아가 적용되지 않고 이슬람 종교가 지배적이지 않은 모든 곳은 무슬림과 딤미 모두에게 전쟁의 영토다. 그곳이 그들의 출생지이든 그들의 친척들이 거주하는 곳이든 그들의 재산과 여타 재물이 있는 곳이든 상관없이 무슬림은 늘 이에 대항해 싸울 준비가 되어 있어야 한다.

이런 이유에서 무함마드도 메카에 대항해 싸웠다. 비록 그 도시가 그의 출생지이자 그의 친척들이 살고 있었던 곳이고, 메디나로 떠나올 때 그와 동료들이 살던 집과 재산이 있던 곳이었지만 말이다. 그런 관계에 있었지만 이슬람에 정복당하고 샤리아가 적용되기 이전까지 메카 땅은 무함마드와 그의 동료들에게는 이슬람의 영토가 아니었다.

국적은 신앙이 결정한다!

이것! 바로 이것만이 이슬람인 것이다. 이슬람은 혀끝에서 발음되는 그냥 몇 음절이 아니다. 자신이 태어난 나라라고 해서 무조건 이슬람 국가로 불리는 것도 아니다. 더불어 무슬림인 아버지나 선조로부터 물려받았다고 해서 이슬람 국가가 되는 것도 아니다.

> 아니다, 그들이 그대로 하여금 분쟁을 조정케 하고
> 그대가 조정한 결정에 대해 만족하고
> 그에 순응하지 아니할 때
> 그들은 결코 믿는 신앙인이라 할 수 없느니라. (쿠란 4:65)

이것만이 이슬람이다, 그리고 오직 이것만이 이슬람의 영토다. 특정 지역, 인종, 혈통, 부족, 가문 등에 따라 결정되는 것이 아니다.

이슬람은 땅속세의 연대와 구속으로부터 모든 인류를 해방시켜 인류가 하늘알라로 향해 높이 솟아오르도록 했다. 이슬람은 인류의 지위가 천사들보다도 더 높아지도록 혈연관계, 즉 생물학적 고리로부터 인류를 해방시켰다.

무슬림이 거주하고 지키는 무슬림의 영토는 땅 조각이 아니다. 정체성을 의미하는 무슬림의 국적은 정부에 의해서 결정되는 국적이 아니다. 그 안에서 위안을 받고 서로 보호해야 하는 무슬림의 가족은 혈연관계가 아니다. 영광을 바치고 순교까지 할 수 있는 무슬림의 깃발은 국기가 아니다. 축하하고 알라께 감사를 드려야 하는 무슬림의 승리는 군사적 승리가 아니다. 이에 대해 알라는 다음과 같이 말씀하셨다.

> 알라의 도움으로 승리하는 그때(협의로는 메카 정복의 승리를 가리킴)에,
> 떼 지어 알라의 종교로 귀의하는 백성들을 그대는 보리니.
> 주님을 찬미하고 관용을 구하라.
> 실로 그분은 관용으로 충만하시니라. (쿠란 110:1~3)

무슬림의 승리는 오직 신앙의 기치 아래서만 얻어지는 것이다. 승리를 위한 노력도 앞에서 언급한 어떤 세속적인 목표나 다른 의도가 있어서가 아니라 순수하게 알라를 위하고 그의 종교와 법의 성공적인 확산을 위한 것이다. 이 노력은 전리품이나 명예를 위해서도 아니고, 특정 국가나 민족의 영예를 위해서도 아니며, 종교적 박해에 대항하여 가족을 지키고자 할 때를 제외하고는 단지 가족 자체를 보호하려고 하는 것도 아니다.

순교의 영예는 오직 인간이 알라의 대의를 위해 싸웠을 때만 얻어지는 것이다. 만약 그 어떤 다른 목적 때문에 죽었을 경우에는 이런 영예가 부여되지 않을 것이다.

믿음 때문에 무슬림을 박해하고, 그가 종교적 의무를 실행하지 못하도록 방해하고, 샤리아의 적용을 금하는 모든 나라는 전쟁의 영토다. 무슬림의 가족이나 친척이나 그의 동료들이 살고 있더라도, 그의 자본이 투자되고 그의 무역 또는 상업 활동이 그 나라에서 이루어지더라도 그렇다. 반면, 이슬람 신앙이 지배적이고 샤리

아가 유효하게 적용되는 나라는 이슬람의 영토다. 무슬림의 가족이나 친척, 그의 동료들이 그곳에 살지 않고 그곳과 어떠한 상업적 관계가 없는 곳일지라도 이슬람의 영토다.

무슬림의 조국은 이슬람의 신앙, 이슬람의 삶의 방식, 알라의 샤리아가 퍼져 있는 곳이다. '조국'의 의미는 단지 인간을 위해서 가치 있는 곳이다. 마찬가지로 '국적'도 믿음과 삶의 방식을 의미하며, 이 관계는 단지 인간의 존엄을 위해서 가치가 있는 것이다.

가족, 부족, 국가, 인종과 피부색에 따라 집단을 분류하는 것은 인간이 만들었던 원시적 국가제도의 잔재들이며, 이런 자힐리야적 집단 분류는 인간의 정신적 가치가 낮은 단계에 있었을 때 생겨난 것이다. 예언자 무함마드는 이런 분류들을 인간의 영혼이 맞서야 하는 '죽은 것들'이라고 묘사했다.

유대인들이 인종과 국적을 기초로 자신들을 알라로부터 선택받은 민족이라고 주장했을 때, 지고하신 알라는 그들의 주장을 거부하시면서 모든 시대와 모든 인종에 있어 이런 정체성의 유일한 기준은 신앙뿐이라고 말씀하셨다.

그들이 말하길,
"유대인이나 기독교인들이 되어라.
그러면 너희는 옳은 길로 인도되리라."
그들에게 일러 가로되,
우리는 가장 올바른 아브라함의 종교를 따르노라.
그분은 우상 숭배자가 아니었노라.

무슬림들이여 말하라.

"우리는 알라를 믿고 우리에게 계시된 것과,

아브라함과 이스마엘, 이삭, 야곱과

그 자손*들에게 계시된 것과,

모세와 예수가 계시받은 것과,

선지자들이 그들의 주님으로부터 계시받은 것을 믿나이다.

우리는 그들 어느 누구도 구별치 아니하며

오직 그분에게만 순종할 따름입니다."

만일 그들이 너희들이 믿는 것처럼 믿는다면

그들은 올바른 길로 인도되리라.

그러나 그들이 배반한다면 그들은 지옥에 빠질 것이며

알라께서는 그대를 그들에 대항하도록 충만하게 할 것이니.

그분은 들으시고 아시는 분이시라.

우리는 알라로부터 세례를 받나니,

세례함에 알라보다 나은 자가 누구인가?

우리는 그분에게 경배하는 자들이라. (쿠란 2:135~138)

알라에 의해 정말로 선택받은 사람들은 무슬림공동체다. 이는

---

* 유대인의 경전에 따르면 아브라함은 사라를 아내로 맞이했으나 사라는 아이를 낳지 못했다. 그래서 아브라함은 이집트 출신의 추종자 하갈과 동침하여 이스마엘을 얻었다. 그러나 나중에 사라도 임신하여 이삭을 낳게 되었다. 그 후 사라는 아브라함에게 자기가 낳은 아이가 적자임을 주장하고 하갈과 이스마엘을 쫓아냈다. 나중에 이삭과 그의 아들 야곱에게서 유대 민족이 나오고, 이스마엘에게서는 아랍 민족이 나오게 되었다고 신학자들은 설명하고 있다.

인종, 민족, 피부색, 나라에 차별을 두지 않고 알라의 기치 아래 모인 사람들의 집단이다.

> 너희는 가장 좋은 움마무슬림공동체의 백성이라.
> 계율을 지키고 악을 배제할 것이며,
> 알라를 믿을지니라. … (쿠란 3:110)

제1세대 무슬림공동체는 아라비아 출신의 아부 바크르, 아비시니아 출신의 빌랄, 로마 지역이었던 시리아 출신의 수하입, 페르시아 출신의 셀만을 비롯한 신앙으로 뭉친 다른 형제들을 포함하고 있었다. 이들의 뒤를 이은 세대들도 마찬가지였다. 이곳에서 민족은 이슬람 신앙이었고, 조국은 이슬람의 영토였으며, 통치자는 알라였고, 헌법은 쿠란이었다.

다른 사람들을 알라 앞으로 인도하려는 사람들은 조국, 국적, 인간관계와 관련한 이 고귀한 개념을 마음속에 새겨야 한다. 이들 이슬람 인도자들은, 이러한 개념을 불순하게 하고 조국, 인종, 국가와의 관계에 있어서 알라 외에 다른 것에 권위를 두는 쉬르크Shirk, 알라와 다른 신을 같은 지위에 놓고 혼합하려는 움직임의 작은 요소라도 내포할 수 있는 자힐리야의 영향들을 제거해야 한다. 이 모든 것들은 지고하신 알라가 계시한 구절에 언급되어 있다. 알라는 그것들을 저울의 한 편에 두고 다른 한 편에는 믿음과 책임감을 두시고는 사람들에게 선택하도록 한다.

일러 가로되,

너희 선조들과 너희 후손들과

너희 형제들과 너희 아내들과 너희 부족과

너희가 획득한 재산과 거래가 없을까 두려워하는 상품과

너희가 바라는 주거지들이

알라와 선지자와 알라의 길에서 성전하는 것보다 귀중하다면,

기다리라.

알라의 명령이 있으리라.

알라는 우매한 백성을 인도하시지 아니하시니라. (쿠란 9:24)

이슬람을 알리는 사람들은 자힐리야의 본질, 이슬람의 본질, 그리고 이슬람의 영토와 전쟁의 영토에 관해 그들 마음에 어떠한 작은 의심도 가지지 말아야 한다. 이러한 의심들로 인해 많은 사람들이 혼란에 빠지게 된다. 이슬람이 지배적이지 않고 샤리아가 확립되어 있지 않은 땅에는 이슬람이 없다. 이슬람의 삶의 방식과 샤리아 법이 적용되지 않는다면 그곳은 이슬람의 영토가 아니다. 이런 곳에서는 신앙만이 불신을, 이슬람만이 자힐리야를, 진실만이 거짓을 잠재울 수 있다.

제10장
광범위한 변화

만약 이슬람 체계가 이곳저곳에서 약간의 변화와 수정이 가해진 것이라면 어느 누가 자힐리야 체계로부터 이슬람 체계로의 변화에 동의하겠는가? 기존의 체계를 유지하는 것이 더 나을 것이라고 생각할 것이다. 또, 그렇게 해서 확립된 질서가 기껏해야 개혁과 변화를 받아들이는 융통성을 가진 유동적이며 일시적인 체계에 불과하다면, 기존의 체계를 폐기하고 아직 확립되지도 적용되지도 않은데다가 대부분 기존 질서와 다를 게 없는 특징을 가지고 있을 뿐인 새로운 질서를 구태여 받아들일 필요조차 없을 것이다.

신자이든 불신자이든 사람들을 이슬람으로 인도할 때는 한 가지 사실, 즉 이슬람 자체의 특성이자 이슬람 역사 속에서 볼 수 있는 한 가지 사실을 항상 염두에 두어야 한다. 그것은 이슬람이 자체의 독특한 특징들을 보유한 삶과 우주의 포괄적 개념이라는 점이다. 이슬람에서 인간의 삶과 그로부터 파생하는 모든 인간관계에 관한 개념은 독특한 특징들을 가지는 하나의 완전한 체계다. 기본적으로 이 개념은 과거의 것이든 새로운 것이든 모든 자힐리야 개념들에 반한다. 물론 세부적인 사안에 있어서 이슬람과 자힐리야의 개념들 사이에 유사한 점이 있는 것처럼 보일 수도 있지만, 이슬람의 개념은 인간이 친숙하게 접해온 다른 모든 이론들과는 다르다.

  이슬람의 가장 중요한 기능이 바로 이 개념에 맞도록 인간의 삶을 형성하고, 개념의 실질적인 형태를 부여하고, 그리고 알라가 규정한 세상의 체계를 확립하는 것이다. 이 목적을 위해 알라는 초창기 이슬람 국가를 인류의 실질적인 본보기로 세우셨다. 지고하신 알라께서는 다음과 같이 말씀하셨다.

> 너희가 가장 좋은 움마의 백성이라.
> 계율을 지키고 악을 배제할 것이며, 알라를 믿을지니라. …
> (쿠란 3:110)

그리고 알라께서는 이 공동체를 다음과 같이 특징 지우셨다.

> 이들이란 알라께서 지상에 정주케 한 그들로,
> 그들은 예배를 행하고 자카트를 내며
> 선을 행하며 악을 멀리하니
> 만사의 결과는 알라께 달려 있노라. (쿠란 22:41)

자힐리야와의 타협은 없다!

이 세상에 현존하는 자힐리야의 개념들과 타협하거나, 자힐리야 체계와 같은 땅에서 공존하는 것은 이슬람의 기능이 아니다. 이런 상황은 이슬람이 이 세상에 처음 출현했을 때도 발생하지 않았고, 오늘날에도 미래에도 그러지 아니할 것이다. 어느 시대에 속해 있더라도 자힐리야는 유일신 알라에 대한 경배와 알라에 의해 규정된 삶의 방식에서 이탈한 그저 자힐리야일 뿐이다. 자힐리야는 알라가 아닌 다른 근원에서 그 체계와 법, 규율과 습관, 기준과 가치를 도출해낸다. 반면, 이슬람은 알라에 대한 순종이다. 이슬람의 기능은 사람들을 자힐리야로부터 멀어지게 하고 이슬람으로 향하게 하는 것이다.

자힐리야 사회에서는 인간이 다른 인간을 숭배한다. 달리 말하자면, 일부 사람들은 다른 사람들을 지배하고 규제하기 위한 법을 만든다. 이런 법들이 알라의 가르침에 어긋나더라도 상관없다고 생각하고, 또 자신들의 권력이 올바르게 사용되는지 남용되는지 신경 쓰지 않는다.

반면, 이슬람은 알라 한 분에 대한 사람들의 경배다. 이슬람은 알라의 권위로부터 개념과 믿음, 법과 규칙, 기준과 가치를 끌어내고 사람들을 예속 상태에서 해방시켜 알라에게 헌신하는 자들로 만든다. 이것이 이슬람 신앙의 본질이고 지상에서 수행해야 할 이슬람의 역할이다. 이 점이 바로 무슬림이든 비무슬림이든 우리가 진정한 이슬람으로 인도하는 모든 사람들에게 강조해야 할 부분이다.

이슬람은 그것이 개념이든 그 개념에서 나온 삶의 방식이든 자힐리야와 혼합된 어떤 것도 받아들이지 않는다. 이슬람과 자힐리야 중 하나만 존재할 것이며 이슬람과 자힐리야가 적당히 섞이는 상황은 인정되지 않는다. 이러한 점에서 이슬람의 입장은 명확하다. 이슬람에 따르면 진실은 하나고 나뉠 수 없다. 만약 어떤 것이 진실이 아니라면 잘못된 게 틀림없으며, 진실과 그릇됨이 섞이고 공존하는 것은 불가능하다. 알라만이 명령할 수 있으며, 그렇지 않다면 자힐리야인 것이다. 알라의 샤리아만이 통용되는 것이고, 그렇지 않은 것은 인간의 욕망이 만든 자힐리야의 법일 뿐이다.

> 그대에게 계시한 율법으로 그들을 재판하되
> 그들을 알라가 계시한 바에 따라 재판했다면

그들의 요구를 따르지 말며,
알라가 그대에게 계시한 것으로부터
그들의 이탈함을 경계하라. (쿠란 5:49)

그러한 이유로 그대로 하여금
그들을 믿음으로 인도하라 함이니
그대가 명령받은 대로 강직하라.
그리고 그들의 유혹을 따르지 말며,
일러 가로되
"나는 알라께서 계시한 쿠란을 믿으며
내가 명령받은 대로 너희를 정당하게 맞이하리라.
알라는 우리의 주님이요, 너희 주님이시니
우리에게는 우리의 행위에 대한 책임이 있으며
너희에게는 너희 행위에 대한 책임이 있노라.
그러므로 우리와 너희 사이에 논쟁이 필요치 않노라.
알라는 우리를 함께 불러 가시니
우리의 목적지는 그분이시라." (쿠란 42:15)

그러나 그들불신자이 그대에게 대답할 수 없다면
그들은 단지 그들의 저속한 욕망을 따랐을 뿐이니.
알라의 복음이 아닌 저속한 욕망을 따른 자보다
더 방황한 자 누구인가?
실로 알라는 죄지은 백성들을 인도하시지 않노라. (쿠란 28:50)

그 후 우리는 그대를 바른길 위에 두었으니

그대는 그 길을 따르되

알지 못하는 이들의 유혹을 따르지 말라. (쿠란 45:18)

그들이 원하고 있는 것은 무지자힐리야 시대의 심판이 아닌가?

그러나 믿음을 가진 신앙인들에게는

알라보다 훌륭한 재판관이 어디 있겠는가? (쿠란 5:50)

이 구절들은 세상에 오직 두 가지 길만이 있음을 명백히 보여주고 있다. 제3의 길은 존재하지 않는다. 알라와 그의 예언자 무함마드에 순종하거나, 아니면 자힐리야를 따르는 것뿐이다. 만약 알라가 계시한 법이 중재자의 역할을 할 수 없다면 사람들은 당연히 그 법에서 이탈할 것이다. 하지만 알라는 명백하고 단호한 명령과 법을 인간에게 내려주셨고 여기에는 어떠한 논란과 변명의 여지도 있을 수 없다.

이 세상에서 무슬림이 수행해야 할 가장 중요한 사명은 인간의 리더십을 조장하는 자힐리야를 무너뜨리고, 그 리더십을 이슬람의 수중에 두어 이슬람의 영원한 특징인 특별한 삶의 방식을 실행하는 것이다. 올바르게 인도된 이 리더십은 인류의 선과 성공을 위한 것이다. 선은 창조주 알라께 귀의하는 것으로부터 실현되고, 성공은 우주의 나머지 것들과 조화를 이루면서 이루어지는 것이다. 이는 알라가 선택한 높은 지위로 인류를 끌어올리고 그들을 욕망의 예속 상태에서 벗어나게 하는 것이다. 앞 장에서 언급한 바와 같이 이러한 목적은 라바티 빈 아미르*에 의해서 설명되었다. 페르시아 군 사령관 루스툼이 "무슨 목적으로 왔는가?"라고 질문했을 때 라바티는 다음과 같이 답했다. "알라는 다른 사람에 대한 노예 상태에서 벗어나 알라 한 분만을 섬기기를 원하는 자, 세상의 편협함을 떨쳐버리고 넓은 세상과 후세를 받아들이고 싶은 자, 그리고 종교의 폭정이 아닌 이슬람의 정의를 희망하는 자들을 데려오라고 우리를 보냈다."

이슬람은 사람들의 인식, 제도, 삶의 방식, 관습과 전통 속에서 나타나는 인간의 욕망을 채워주기 위해 계시되지 않았다. 이런 욕망은 이슬람 초기에도 있었고 현재에도 존재한다. 동양에서도 있었고 서양에서도 그랬다. 이슬람은 이기적인 욕망을 바탕으로 한 통치를 허용하지 않으며 그것과 관련 있는 모든 개념, 법, 관습, 전통을 폐지하기 위해 등장했다. 또한 창조주 알라에 대한 순종을 기초로 하는 새로운 세상을 만든다는 목적 아래 욕망으로 가득한 인간의 삶을 새로운 개념으로 대체하기 위해 시작되었다. 때때로 이슬람의 일부 내용들이 자힐리야 시대 사람들의 일부 삶의 측면들과 비슷한 것처럼 보이지만, 그러한 내용들은 자힐리야도 아니고 자힐리야 시대에서 온 것도 아니다. 몇몇 세세한 부분들에서 나타나는 유사성은 우연의 일치에 불과하다. 두 나무, 즉 이슬람과 자힐리야의 뿌리는 전적으로 다르다. 이슬람의 나무는 알라의 지혜

---

* 페르시아 대군과 치른 카디시야 전투에 참여한 무슬림 군대의 장수들 중 한 명이다. 가난한 집안 출신이었으나 이슬람을 받아들인 후 장수로서 크게 성공한다. 카디시야 전투에 대해서는 제4장의 각주를 참고할 것.

로 씨가 뿌려졌고 영양분을 공급받아온 반면, 자힐리야의 나무는 인간의 욕망이라는 토양에서 성장한 것이다.

> 좋은 땅에서 식물이 무성하니 알라의 뜻이라.
> 그러나 좋지 아니한 땅에서는 잡초뿐이거늘.
> 이렇게 알라께서 감사하는 백성을 위하여
> 말씀으로 비유하시노라. (쿠란 7:58)

자힐리야는 그것이 고대의 것이든 현대의 것이든, 어떤 형태를 가지고 있든 사악하고 부패한 것이다. 자힐리야의 외부적 현상들은 여러 시대에 따라 다를지도 모르지만 그 뿌리는 같다. 그것의 뿌리는 인간의 욕망이다. 이는 사람들을 자신의 무지와 이기심에서 벗어나지 못하게 하고 일부 사람들, 일부 계층, 일부 국가들, 일부 인종들의 이익을 위해 이용된다. 그 이익을 추구하는 것이 정의와 진실과 선을 압도한다. 그러나 알라의 순수한 법은 이러한 뿌리들을 파헤쳐버리고, 인간의 방해가 없는 법 체계를 제공한다. 알라의 법은 인간의 무지나 욕망에 의해 영향 받지 않을 뿐만 아니라, 특정 집단과 사람들의 이익을 위한 것도 아니다.

이것이 알라가 가르치는 삶의 개념과 인간이 만든 이론 사이에 존재하는 근본적인 차이점이다. 따라서 이 두 가지를 하나의 체계 밑에 모으는 것은 불가능하다. 이슬람과 자힐리야를 적당히 섞은 삶의 체계를 구축하려는 노력은 부질없는 짓이다. 알라는 그의 속성과 유사한 것이 존재하는 것을 용서치 않을뿐더러 그가 계시한 삶의 방식과 유사한 것이 존재하는 것도 수용치 않는다. 알라의 눈에는 이 두 가지 모두 쉬르크 또는 알라 외에 다른 신들을 섬기는 것이다. 이 두 가지 모두 같은 정신 상태에서 나오는 것이기 때문이다.

이러한 진실이 우리의 마음에 분명하고 확고하게 각인되어야 한다. 우리가 이슬람을 사람들에게 소개할 때 우리의 혀는 이슬람을 발음하는 데 주저하지 말아야 하며, 부끄러워하거나 사람들 마음에 어떠한 의심도 남겨두어서는 안 된다. 또, 사람들이 이슬람을 따르게 되면 그들의 삶이 완전히 변하리라고 확신할 때까지 그들을 떠나서도 안 된다. 이슬람은 그들 삶의 개념뿐만이 아니라 그들의 생활 방식까지 완전히 변화시켜 상상을 초월하는 축복을 받게 해줄 것이다. 결과적으로 그들의 삶에 대한 개념은 긍정적으로 고양되고, 그들의 행동 양식은 개선되며, 인간의 지위에 걸맞는 숭고한 존엄성에 가까이 다가갈 수 있다. 우연의 일치로 이슬람의 일부 측면과 비슷하게 보이는 소소한 것들이 남아 있을 수는 있지만, 그들을 힘겹게 하는 자힐리야의 방식들은 더는 존재하지 못할 것이다. 또한 비슷하게 보이는 일부 측면들조차 과거와는 달라질 것이다. 왜냐하면 그들은 이제 이슬람의 위대한 뿌리에 연결되어 있기 때문이다. 이 뿌리는 과거에 그들과 연결되어 있던 쓸모없고 사악한 자힐리야의 뿌리와는 명백히 다르다. 이 과정에서 이슬람은 과학적 관찰에 기초하는 그들의 어떠한 지식도 금지하지 않을 것이며 오히려 관찰을 바탕으로 하는 과학적 연구를 크게 촉진할 것이다.

우리가 이슬람의 소명을 사람들에게 전할 때, 이슬람은 인간이 만들어낸 종교나 이념들 중의 하나가 아니며 인간이 만든 체계도 아니라는 점을 그들에게 이해시키는 것이 우리의 의무다. 이슬람은 이슬람이다. 그 이상도 그 이하도 아니다. 이슬람은 그 자체의 영원한 속성, 영원한 개념, 영원한 방식을 가지고 인간이 만든 모든 체계들보다 더 많은 축복을 인간에게 보장한다. 이슬람은 고귀하고, 순수하고, 정의롭고, 아름답다. 이는 바로 지고하시고 위대하신 알라의 근원으로부터 생겨난 것이기 때문이다.

자신 있게 이슬람을 전하라!

우리가 이러한 태도로 이슬람의 본질을 이해할 때, 이러한 이해 그 자체가 우리 안에 자신감과 힘을 주는 한편 다른 사람들에 대한 동정과 연민을 갖게 하여 사람들을 이슬람으로 자신 있게 인도할 수 있다. 자신은 진실과 함께 하고 있는 반면에 다른 사람들은 그릇된 생각을 가지고 있다는 사실을 아는 사람만이 자신감을 가질 수 있는 법이다. 인류의 고통을 보고 그들을 편하게 해주는 방법이 무엇인지 아는 사람만이 동정심을 가질 수 있으며, 사람들의 잘못을 보고 있는 상황에서 최상의 인도 방법이 무엇인지 아는 사람만이 연민을 가질 수 있다.

우리가 그들에게 이슬람을 합리화할 필요는 없으며, 또 그들의 욕망과 왜곡된 개념들을 누그러뜨려 줄 필요도 없다. 우리는 그들에게 매우 솔직하고 직설적으로 말할 것이다.

"당신들이 속한 자힐리야 사회는 당신을 불순하게 만든다. 그래서 알라께서는 당신을 정화하고자 한다. 당신이 따르는 관습들은 불결한 것이다. 그래서 알라께서는 당신을 깨끗하게 하시고자 한다. 당신은 수준이 낮은 삶을 살고 있다. 그래서 알라께서는 당신의 삶을 고양시키고자 한다. 당신이 속해 있는 상황은 문제투성이고 억압적이며 비열하다. 그래서 알라께서는 당신에게 평안과 자비와 선을 주고 싶어 하신다. 이슬람은 당신의 개념들을 바꿀 것이고, 당신의 삶의 방식과 가치를 변화시킬 것이고, 당신의 삶을 높은 수준으로 끌어올려 현재 역겹게 살고 있는 당신의 인생을 내려다보게 할 것이고, 동양에서든 서양에서든 경멸이 가득한 모든 삶의 방식을 내려다보게 할 새로운 삶의 방식을 당신에게 보여줄 것이고, 이 세상에 현존하는 모멸적인 모든 가치들을 내려다보게 할 새로운 가치들을 당신에게 소개할 것이다. 만약 당신이 처한 딱한 상황 때문에 이슬람적인 삶의 진정한 모습을 보지 못할 경우, 이슬람의 적들이 모두 연합해 이 새로운 삶의 확립과 실질적 형태로의 발전에 대항할 경우에는 우리가 이를 직접 보여주도록 할 것이다. 알라의 은총으로 이슬람의 진정한 모습은 우리들의 마음속에 있다. 이는 우리의 쿠란, 우리의 샤리아, 우리의 역사, 우리 미래에 대한 개념의 창들을 통해 보이고 있다. 그 밝은 미래가 도래할 것을 우리는 믿어 의심치 않는다."

광범위한 변화가 더 매력적이다!

이것이 우리가 이슬람을 소개할 때 사람들에게 접근해야 하는 방법이다. 이것이 진실이고, 초기에 이슬람이 사람들에게 말씀을 전했던 형태였다. 이것이 아라비아 반도든, 페르시아든, 로마 제국의 속국들이든 이슬람이 전해진 모든 지역들에서 나타난 형태였다.

이슬람은 이들 지역을 위에서 내려다봤다. 이슬람이 서 있는 그곳이 알라가 추구하는 '높은 곳'이기 때문이다. 이슬람은 이들 지역 사람들에게 극진한 사랑과 관대함을 가지고 접근했다. 그것이 이슬람의 진정한 기질이기 때문이다. 이슬람은 그들에게 모든 것을 매우 명확하게 설명했다. 이렇게 하는 것이 이슬람의 진정한 방법이기 때문이다. 이슬람은 그들의 삶의 방식, 생활태도, 개념과 가치들을 포괄적으로 변화시키겠다고 선언했다. 이슬람은 오늘날 일부 무슬림들이 그렇게 하는 것처럼 그들을 기쁘게 하려는 목적에서 그들의 체계나 방법과 유사한 것들을 제시하지 않았다. 일부 무슬림들은 '이슬람 민주주의'니 '이슬람 사회주의' 등의 용어를 사용하면서 사람들에게 이슬람을 소개한다. 또는 이슬람의 기준에 맞추는 데 있어 현재 이 세상의 경제적, 정치적, 법적 제도들을 큰 폭으로 바꿀 필요가 없다고 주장하기도 한다. 이런 합리화의 목적은 모두 사람들의 욕망을 채우기 위한 것일 뿐이다!

실제로 이 문제는 이들이 생각하는 것과는 완전히 다르다! 지구를 장악해왔던 자힐리야에서 이슬람으로의 변화는 방대하고 광범위한 것이다. 이슬람적인 삶은 고대의 것이든 현대의 것이든 자힐리야적 삶의 모든 방식들과는 정반대이기 때문이다. 현재 인류의 끔찍한 상황은 지금의 체계와 방식을 일부 변화시키는 것으로 완화될 수 없으며, 방대하고 광범위한 변화 없이 결코 그 상황으로부터 빠져나오지 못할 것이다. 따라서 창조물 인간의 방식에서 창조주 알라의 방식으로, 인간의 명령에서 알라의 명령으로 모든 것이 바뀌어야 한다.

이것이 바로 우리가 목소리를 높여 더 크게 주창해야 할 사실이다. 사람들의 마음속에 어떠한 의심이나 모호함도 남기지 않도록 주창해야 한다.

처음에는 사람들이 이런 방식의 메시지 전달을 싫어할 수도 있고 도망치고 두려워할 수도 있다. 그러나 이슬람이 처음으로 소개되었을 때도 사람들은 싫어했고, 도망쳤고, 두려워했다. 당시 적지 않은 사람들이 이슬람을 증오했다. 예언자 무함마드가 그들의 개념을 비난하고, 그들의 신들을 비웃고, 그들의 행동방식을 거부하고, 그들의 습관과 관습을 외면하면서 소수의 믿는 자들을 위해 기존의 자힐리야와는 전혀 다른 새로운 행동방식, 가치, 관습들을 채택했을 때 사람들은 분개했다.

그런데 그 이후 무슨 일이 일어났는가? 처음에는 너무나도 낯설게 느껴졌던, 그 때문에 도망쳤던, 그리고 자신들이 가진 모든 힘과 전략을 가지고 대항해 싸웠던 그 진실의 말씀들을 사랑하기 시작했다.

> 그들은 마치 당나귀들이
> 한 마리의 사자에 놀라 도망치는 것과 같더라. (쿠란 74:50~51).

이슬람의 힘이 약했던 메카에서 지지자들을 고문했고, 이슬람의 힘이 강해지기 시작한 메디나에서는 무슬림들과 끊임없이 전쟁을 벌였던 그 사람들이 이슬람을 진심으로 받아들이기 시작했다.

  이슬람의 소명이 초기에 직면해야 했던 상황들은 오늘날의 상황보다 더 호의적이지도 좋지도 않았다. 이 소명은 생소한 것이었고, 그래서 자힐리야에 의해 거부되었다. 소명은 메카 계곡에만 한정되어 있었고, 힘과 권력을 가진 사람들에 의해 핍박당했다. 당시 그 소명은 완전히 낯선 것으로서, 이슬람의 근본적 가르침과 목적에 반대하는 강력하고 자신만만한 제국들에 둘러싸여 있었다. 그러나 이 모든 악조건에도 불구하고 이슬람의 소명은 강력한 알라의 부르심이었다. 그리고 이는 오늘날에도 미래에도 계속 강력한 것으로 남을 것이다. 이슬람 소명이 지닌 진정한 힘의 원천은 이슬람 신앙의 본질 자체에 숨겨져 있다. 이것이 바로 최악의 상황하에서도, 가장 거센 반발 속에서도 이슬람의 소명이 힘을 발휘할 수 있는 이유다. 이 소명은 그것이 기초하고 있는 단순하고 명확한 진실에서 그 힘을 이끌어낸다. 이슬람 소명의 균형 잡힌 가르침은 아무리 긴 시간이 흐르더라도 그러한 악조건과 타협하지 않고 용납하지 않는 인간의 본성에 따른 것이다. 어떠한 경제적·사회적·과학적·지적 퇴보 또는 발전 단계에서도 인류를 진보로 이끄는 것이 바로 이슬람의 소명이 가진 힘이다. 이슬람의 소명이 가진 힘의 또 다른 비밀은 이것이 변하지 않는 확고한 원칙을 가지고 자힐리야와 그 물리적 힘에 도전한다는 데 있다. 이슬람의 소명은 자힐리야적 성향과 타협하지 않으며, (편리한) 합리화에 빠지지도 않는다. 오직 이것이 좋은 것이고 자비와 축복이라는 사실을 사람들이 이해하도록 대담하게 진실을 주창할 뿐이다.

알라는 인간을 창조했다. 인간의 본성과 마음속 생각을 너무나 잘 알고 있다. 알라는 인간이 어떻게 진실을 받아들이는지도 당연히 알고 계신다. 대담하고, 명확하고, 강력하게, 주저나 의심 없이 주창할 때 인간은 진실을 진심으로 받아들인다.

실제로 인간의 본성에는 한 삶의 방식을 다른 것으로 완전히 바꿀 수 있는 역량이 있다. 이처럼 어떤 것을 한 번에 완전히 바꾸는 것이 여러 차례 부분적으로 변화시키는 것보다 오히려 더 쉽다. 만약 그릇된 과거 삶의 체계가 더 고귀하고 완벽하며 순수한 것으로 완전히 바뀐다면, 인간의 심리는 이에 동의하고 받아들이려 할 것이다. 그러나 만약 이슬람 체계가 이곳저곳에서 약간의 변화와 수정이 가해진 것이라면 어느 누가 자힐리야 체계로부터 이슬람 체계로의 변화에 동의하겠는가? 기존의 체계를 유지하는 것이 더 나을 것이라고 생각할 것이다. 또, 그렇게 해서 확립된 질서가 기껏해야 개혁과 변화를 받아들이는 유통성을 가진 유동적이며 일시적인 체계에 불과하다면, 기존의 체계를 폐기하고 아직 확립되지도 적용되지도 않은데다가 대부분 기존 질서와 다를 게 없는 특징을 가지고 있을 뿐인 새로운 질서를 구태여 받아들일 필요조차 없을 것이다.

패배주의를 경계하라!

우리는 또한 이슬람에 관하여 말할 때면 마치 이슬람이 무고하게 비난받는 종교인 것처럼, 그래서 그런 비난에 대해 항변하는 것처럼 다른 사람들에게 설명하는 일부 무슬림을 발견한다. 대표적인 항변 중에는 이런 것이 있다. "현대의 체계는 이런저런 것들을 수행했는데, 이슬람은 이에 상응하는 어떤 것도 하지 않았다는 주장이 있습니다. 그러나 들어보세요! 이슬람은 현대 문명보다 1,400년이나 앞서 이 모든 것을 수행했습니다!"

이런 것을 항변이라고 할 수 있는가? 어떻게 이토록 수치스런 항변을 할 수 있는지!

그저 자힐리야 체계 및 그 사악한 파생물과 표면적으로 비교할 뿐이라면 이슬람은 그 정당성을 사람들에게 쉽게 설득시킬 수가 없다. 많은 사람들을 현혹해왔고 그들의 사기를 꺾어왔던 다른 '문명들'은 근본적으로 자힐리야 체계일 뿐이며 이슬람과 비교해 볼 때 잘못된 것이고, 공허한 것이며 가치 없는 것임을 분명히 밝혀야 한다. 자힐리야 체계하에 사는 사람들이 소위 이슬람 국가 또는 '이슬람 세계'에서 사는 사람들보다 더 나은 상황에 있다는 주장에는 근거가 없다. 이슬람 국가에 살고 있는 사람들은 이슬람을 버렸기 때문에 그런 불행한 상태에 놓인 것이지, 그들이 무슬림이기 때문에 그런 것이 아니다. 이슬람이 사람들에게 제시하는 그 정당성은 다음과 같다. 분명코 이슬람은 상상 이상으로 좋은 것이다. 이슬람은 자힐리야가 지속되지 못하도록 이를 변화시키기 위해 계시된 것이다. 즉, 이슬람은 인류를 타락으로부터 구하고 인간의 지위를 높이기 위해 이 세상에 온 것이지, '문명'이라는 탈을 쓰고 타락해가는 사람들을 축복하기 위해 계시된 것이 아니다.

현재의 체계와 일부 종교들, 현재의 일부 사상들에서 이슬람과 유사한 것들을 찾을 정도로 우리가 패배주의에 젖어서는 안 된다.

우리는 동서양에 존재하는 모든 체계를 거부한다. 왜냐하면 이들 체계는 반동적이며 이슬람이 인류를 인도하려는 방향과 반대로 향하고 있기 때문이다.

우리가 이러한 방식으로 사람들에게 접근하고 이슬람의 포괄적인 개념에 관한 기본적인 메시지를 그들에게 전달할 때, 기존 개념에서 다른 개념으로, 그때까지 유지해 온 공허한 삶의 방식에서 다른 방식으로 바꾸는 것에 대한 정당성이 인간들의 마음속 깊은 곳까지 다다를 수 있다. 다시 말해 우리가 사람들에게 접근할 때 효과적이지 않은 주장을 펼쳐서는 안 된다. 예를 들면 다음과 같이 말하는 것이다. "현재 확립되어 있는 체계에서 벗어나 아직 적용되지 않은 체계로 오세요. 새 체계는 기존의 질서에 아주 약간의 변화만 가할 것입니다. 당신들은 크게 반대하지도 않을 것입니다. 당신들은 그동안 해왔던 것들을 계속 할 수 있습니다. 당신들의 습관, 예절, 성향을 아주 약간 바꾸라는 것을 제외하면 당신들을 귀찮게 하지도 않을 것입니다. 새 체계는 아주 약간만 간섭할 뿐 당신이 좋아하는 것이라면 무엇이든 하게 해줄 것입니다."

겉으로 보기에 이러한 방법이 쉬워 보인다. 그러나 거기에는 어떠한 매력도 없을뿐더러 진실에 기초한 것도 아니다. 이슬람은 단지 개념과 태도만이 아니라 체계와 방식, 법과 관습 모두를 송두리째 바꾼다는 것이 진실이다. 이런 변화는 매우 근본적인 것이어서 자힐리야적 삶의 방식, 즉 인류가 현재 살고 있는 삶과는 어떠한 관계도 있을 수 없다. 이슬람은 전반적이고 세부적인 측면들 모두에서 사람들을 인간에 대한 예속으로부터 유일신 알라에 대한 헌신으로 인도한다고 자신 있게 말할 수 있다.

"원한다면 믿고, 원하지 않는다면 거부하라."

"그러나 거부한다면, 알라의 길로부터 완전히 멀어질 것이다."

본질적인 문제는 믿음과 불신, 알라의 유일성 인정과 부인, 그리고 이슬람과 자힐리야 중 어떤 것을 선택하느냐의 문제다. 이는 명확히 해야 할 필요가 있는 선택이며 아무리 무슬림이라고 주장해도 자힐리야의 삶을 사는 이들은 진정한 무슬림이 아니다. 만약 어떤 이가 이슬람이 이런 자힐리야와 공존할 수 있다고 생각하면서 자신과 다른 사람들을 속이려고 한다면, 물론 이는 그의 편리한 선택에 따른 결정일 것이다. 그러나 이런 눈속임이 누구를 위한 것이건 간에 그것은 결코 현실의 그 어떤 것도 바꿀 수 없다. 그것은 이슬람이 아니며, 그는 무슬림이 아니다. 오늘날 이슬람 소명의 과제는 이렇듯 무지한 사람들을 이슬람으로 되돌리고 그들을 진정한 무슬림으로 만드는 것이다.

우리는 어떤 보상을 받기 위해 사람들을 이슬람으로 인도하고 있는 것이 아니다. 우리는 우리 자신들을 위해 그 어떤 것도 바라지 않으며, 우리가 바라는 보상 또한 사람들이 가지고 있는 것이 아니다. 비록 사람들이 우리를 고문할지도 모르지만, 우리가 그들을 이슬람으로 인도하는 이유는 우리가 그들을 사랑하고 그들이 잘 되기를 바라기 때문이다. 바로 이것이 이슬람을 전하는 사람의 특징이고 동기다. 사람들은 우리로부터 이슬람의 본질, 종교적 의무의 본질, 이슬람의 위대한 축복을 배울 권리가 있으며 그들이 하는 행위의 본질이 자힐리야일 뿐이라는 사실을 알 권리도 있다. 다시 강조하지만 자힐리야는 이슬람에 절대로 자리할 수 없다. 샤리아가 아닌 것은 모두 인간의 욕망일 뿐이다. 진실이 아닌 것은 거짓일 뿐이다. 진실의 범위를 넘어서는 것도 모두 거짓일 뿐이다!

해결책은 바로 이슬람에 있다!

이슬람에는 우리가 수치스러워하거나 항변해야만 하는 그 어떤 것도 없다. 이슬람에는 사람들을 속임수로 유인하는 것도 없고 이슬람이 내포하고 있는 명확한 진실에 대해 일부러 입막음할 이유도 없다. 그렇게 하는 것은 패배주의적 심리에 기인한 것이고 동서양에 걸친 자힐리야의 이런저런 방식 앞에 무릎 꿇는 행위다. 소위 현대화된 무슬림이라고 불리는 일부 사람들은 인간이 만든 제도에서 이슬람과 유사한 것을 찾으려 하고, 이슬람적인 행동과 결정에 대해 자힐리야의 행동 양식을 이용하여 특정 사안들의 정당성을 찾으려고 노력하고 있다.

항변과 정당화, 사과의 필요를 느끼는 사람들은 결코 이슬람을 다른 사람들에게 제대로 소개할 수 없다. 이런 사람들은 모순과 결점과 사악함으로 가득한 자힐리야적 삶을 살고 있으며, 그가 속한 자힐리야를 위해 정당성을 보여주려고 하는 속없는 사람들이다. 이들이 바로 이슬람에 대항하면서 일부 신실한 사람들의 마음까지 산란케 하는 자들이다. 그들은 이슬람의 진정한 본질을 혼탁하게 한다. 마치 이슬람의 오류를 따지는 법정에라도 선 것처럼 변명을 늘어놓는 자들일 뿐이다.

나는 미국에 거주하는 동안, 우리 편에 서서 논쟁을 벌이곤 하던 이런 종류의 사람들을 종종 발견했다. 하지만 이들은 실질적으로 이슬람의 편에 서 있는 것이 아니다. 그들 중 일부는 항변과 정당화를 통해 이슬람을 설명하는 입장을 취했다. 반면에 나는 서구의 자힐리야, 즉 흔들리는 종교적 믿음, 인간이 만든 사회적·정치적 방식과 부도덕성에 대한 공세의 입장을 분명히 했다. "삼위일체, 원죄, 희생과 속죄의 개념들을 보세요. 이것들은 이성과 양심에는 맞지 않는 것들입니다. 자본주의를 보세요. 독점, 고리대금을 비롯한 여타 부당한 것들을 포함하고 있습니다. 개인의 자유를 보세요. 법의 힘 아래 보장받는 것을 제외하고는 친척과 동료들에 대한 인간적인 연민과 책임을 결여하고 있습니다. 물질주의적 태도를 보세요. 인간의 사기를 꺾어 놓습니다. 당신들이 '자유로운 남녀의 결합'이라고 부르는 동물적인 행동을 보세요. 당신들이 '여성 해방'이라고 부르는 그 천박한 행태를 보세요. 실제적인 삶의 요구에 반하는 부당하고 부담스런 결혼과 이혼 관련 법들을 보세요. 그럼 이슬람을 볼까요. 이 종교는 인간이 갈구해왔지만 도달하지 못한 논리, 아름다움, 인간애, 행복에 이르게 해주고 있습니다. 이슬람은 삶의 실질적인 방식입니다. 이슬람이 제시하는 해결책은 인간의 전반적인 본성에 기초하고 있습니다."

위에서 언급한 것들이 바로 우리가 보고 듣고 있는 서구적 삶의 실체다. 이슬람의 관점에서 재조명된 이러한 사실들은 미국 사람들의 얼굴을 붉게 만든다. 그럼에도 불구하고 자힐리야가 빠져 있는 그 더러움 앞에 무릎 꿇는 사람들이 있다. 소위 현대화된 이슬람의 주창자라고 자처하는 이런 사람들은 심지어 서구의 쓰레기더미 속에서, 동양의 사악하고 더러운 물질주의에서 이슬람과 유사한 것들을 찾으려고 한다.

이슬람의 축복으로 그들을 인도하자!

요약하자면, 사람들에게 이슬람을 소개하는 우리는 자힐리야의 압박이 아무리 거세더라도 그 개념과 방식, 관습의 어떤 부분도 따르지 않는 사람들이어야 한다.

우리의 첫 번째 과제는 이러한 자힐리야를 이슬람 사상과 전통으로 대체하는 것이다. 이는 우리 중 일부 사람들이 주장하는 것처럼 자힐리야에 동의하거나 자힐리야의 일부 단계를 거치는 것을 통해서는 절대로 달성할 수 없다. 이는 시작 단계부터 패배를 인정하는 것을 의미하기 때문이다.

물론 현 사회의 사상과 전통에 물든 사람들은 크게 반발할 것이다. 특히 여성 문제에 있어서는 더욱 그렇다. 자힐리야의 공격이 거셀수록 무슬림 여성은 극도의 억압적인 상황 아래 놓일 것이다. 그러나 이것은 우리가 어차피 직면해야만 하는 상황이다. 우선 확고부동한 자세를 가진 후 자힐리야에 승리를 거둬야 한다. 우리가 달성하길 원하는 고귀하고 밝은 이슬람의 삶에 비해 자힐리야는 정말로 수준이 저급한 상태에 있다는 것을 보여줘야 한다.

이것은 자힐리야와 몇 단계를 함께 가서는 실현될 수 없다. 즉각 자힐리야와의 모든 관계를 끊고 우리 자신을 그것과 분리해야 가능하다. 올바른 절차는 먼저 분별력을 가지고 화합하며, 존엄성을 가지고 주고받으며, 사랑으로 진실을 말하고, 인간애를 가지고 신앙의 우월성을 보여주는 것이다. 이 모든 것을 갖춘 뒤에 우리가 자힐리야의 한복판에 살고 있다는 사실, 하지만 우리의 삶의 방식이 자힐리야의 것보다 훨씬 더 곧바르다는 사실, 자힐리야로부터 이슬람으로의 변화는 방대하고 광범위한 것이라는 사실을 깨달아야만 한다. 이슬람과 자힐리야 사이의 틈은 한없이 넓고, 이 둘 사이에는 서로 통하는 어떤 다리도 없다. 물론 양측의 사람들이 서로 섞일 수도 있지만 이는 자힐리야의 사람들이 이슬람으로 건너오는 경우에만 가능하다. 그들이 소위 이슬람 국가로 불리는 곳에 살면서 그들 스스로를 무슬림으로 생각하는 사람들이든지 아니면 이슬람 국가가 아닌 곳에 살고 있는 사람들이든지 간에 이슬람으로 건너온 사람들은 과거의 끔찍한 상황을 벗어버리고 어둠에서 빠져나와 빛으로 들어가게 되고, 이슬람을 이해하는 속에서 이슬람의 모든 축복을 누릴 수 있다. 만일 그렇게 하지 않을 경우 우리는 알라께서 그의 사도 무함마드에게 명한 것을 그들에게 말해줄 것이다.

너희에게는 너희의 종교가 있고
나에게는 나의 종교가 있을 뿐이라. (쿠란 109:6)

제11장
승리를 얻은 신앙

비록 죽음이 그들의 운명일지라도 무슬림들은 절대 머리를 숙이지 않을 것이다. 비록 죽음이 모든 사람들에게 다가올지라도 무슬림들에게는 순교라는 비장의 무기가 있다. 순교를 통해 무슬림들은 천국으로 나아가지만 정복자들은 지옥의 불로 향할 것이다.

그러하니 마음 아파하거나 슬퍼하지 말라.
믿는 신앙인이라면 그대들이 승리하리라. (쿠란 3:139)

  이 구절을 읽을 때 첫 번째로 마음에 와 닿는 생각은 이것이 실질적인 투쟁의 모습인 지하드의 형태와 관련되어 있다는 것이다. 그러나 이 구절의 정신과 적용, 다양한 암시는 이런 특정한 측면보다 더 위대하고 광범위하다. 이 구절은 믿는 자의 의식과 생각, 사물, 현상, 가치와 사람에 대한 그의 정확한 평가를 고무시키는 항구적인 정신 상태를 묘사하고 있다.
  이 구절은 모든 상황, 모든 조건, 모든 기준, 모든 사람을 대하는데 있어 믿는 자의 마음에 확고히 새겨져야 할 승리의 상태를 묘사하고 있다. 이 구절은 또, 신앙의 근원이 아닌 다른 근원에서 나온 모든 가치들보다 이슬람 신앙의 가치가 우월함을 표현하고 있다.
  승리는, 신앙의 길에서 벗어난 지상의 모든 권력보다 위에 있고, 신앙의 근원에서 도출되지 않은 지상의 모든 가치들보다 위에 있으며, 신앙으로 채색되지 않은 지상의 모든 관습보다 위에 있고, 신앙에 의해 승인되지 아니한 지상의 모든 법보다 위에 있고, 신앙에 기원을 두지 않은 모든 전통보다 위에 있는 것을 의미한다.

승리는, 강하고 다수이고 부유할 때뿐만 아니라 약하고 소수이고 가난할 때에도 우월하다고 느끼는 것을 의미한다.

승리는 또 우월감을 의미한다. 어떤 강대한 세력 앞에서도, 어떤 사회 관습과 잘못된 전통 앞에서도, 사람들에게 인기를 얻을지는 몰라도 신앙에 있어서는 권위를 갖지 못하는 어떠한 행동 앞에서도 굴복하지 않는 강한 정신을 의미한다.

승리는, 전쟁에서 이기는 것만을 의미하지 않는다. 전장에서의 확고함과 강인함은 위에 언급한 전지전능한 알라의 말씀, 즉 쿠란 구절에 나타난 승리의 정신 중 일부분일 뿐이다.

우월한 이슬람 신앙과 신자

신앙을 통한 우월함은 단지 단순한 의지의 표현이나 일시적인 행복감, 또는 순간적인 열망이 아니다. 이는 존재의 진정한 본질을 핵심으로 하는 영원한 진리에 바탕을 둔 우월한 감정이다. 이 영원한 진리는 힘의 논리, 주변 환경의 인식, 사회의 작동, 사람들의 관습보다 상위에 위치한다. 이는 영생의 알라와 연결되어 있어 영원하다.

한 사회는 지배적인 논리와 공통의 양식을 가지고 있다. 그 영향력은 강력하고 중압감도 부담스럽다. 그 사회의 권력을 가진 누군가에 의해 보호받지 않거나 강력한 힘으로 도전하지 않으면 그 영향력과 중압감에 짓눌려 살아야 한다. 일반적으로 인정되는 개념들과 통용되는 관념들은 자체적인 권위를 갖고 있다. 따라서 더 확실한 진리가 없으면 이것들을 제거하기 어렵다. 이들 개념과 관념이 아무것도 아닌 것으로 위축될 정도의 강력한 빛이 필요하다. 더불어 이들 근원보다 더 우월하고, 더 위대하고 강력한 근원의 도움 없이는 이것들을 무력화시키기 어렵다.

  이런 사회의 성향, 즉 그 사회의 지배적인 논리와 공통의 양식, 가치와 기준, 관념과 개념, 오류와 일탈에 대해 반대 입장을 취하는 사람은 쉽게 자신이 무력하며 소외당하고 있다고 느낄 것이다. 만약 그가 의지하는 권위가 인간보다 더 강력하며, 지구보다 더 영원하며, 생명보다 더 고귀한 근원에서 나오지 않는다면 분명히 그럴 것이다.

  하지만 실로 알라는 믿는 자가 중압감이나 실의와 비탄으로 고통 받으면서 억압에 맞서도록 홀로 내버려두지 않으며, 반대로 이 모든 것들로부터 벗어나도록 돕는다. 이에 대해 알라는 아래와 같은 말씀을 전하셨다.

    그러하니 마음 아파하거나 슬퍼하지 말라.
    믿는 신앙인이라면 그대들이 승리하리라. (쿠란 3:139)

  이 말씀은 실의와 비탄 두 가지 모두로부터 믿는 자를 해방시켜 준다. 이 두 가지 감정은 어려운 상황에서 인간이 자연스럽게 가질 수 있는 것들이다. 이 메시지는 단순히 인내와 확고함을 통한 것이 아니라 우월한 감정을 통해서 실의와 비탄을 훌훌 털게 해 준다. 이 우월감의 높이에서 보면 억압의 힘, 지배적인 가치, 통용되는 개념, 기준, 규칙, 관습과 습관, 오류에 깊숙이 스며든 사람들이 모두

저열하고 천박함을 훤히 알 수 있다.

실로 믿는 자는 최고의 지위에 있다. 그를 지지하는 권위와 그를 인도하는 근원의 기초 위에서 최고의 지위를 갖는 것이다. 이처럼 알라로부터 영감을 받으며 알라의 가르침에 귀의하여 알라의 길을 걷고 있다면 믿는 자는 이 세상과 사람들에 대해, 지배적인 가치와 사람들 사이에 통용되는 기준에 대해 무엇이라고 말해야 하는지 잘 알 것이다.

이슬람 신자는 이 세상의 본질에 대한 이해와 개념에 있어서 가장 우월하다. 왜냐하면 이슬람이 그에게 가르쳐 준 방식으로 유일신 알라를 믿는다는 것은 위대한 진리를 이해하는 가장 완벽한 형태이기 때문이다. 이슬람 신앙이 제시하는 이 세상에 대한 이해는 다른 개념이나 믿음, 종교들을 모두 합쳐 얻어낸 지식보다 훨씬 더 깊다. 이런 이해는 고대는 물론 현대의 철학자들에 의해 도달된 바가 없으며, 우상 숭배자들이나 왜곡된 경전의 추종자들에 의해서도 달성된 바 없고 저속한 물질주의자들에 의해서는 더더욱 파악되지 않는 것이다. 이러한 이해는 너무나 밝고 명료할 뿐 아니라 아름답고 잘 조화되어 그 영광이 과거 어느 때보다도 빛을 발하게 된다. 이런 지식을 파악하고 있는 사람들은 의심할 여지없이 다른 누구보다도 우월한 이들이다.

이슬람 신자는 가치와 기준에 있어서 가장 우월하다. 이를 바탕으로 그는 삶, 사건, 사물 및 사람을 평가한다. 그가 가진 믿음의 근원은 알라와 이슬람이 묘사하는 알라의 속성에 대한 지식과, 단지 작은 지구만이 아니라 실재하는 우주 전체에 대한 지식이다. 이런 숭고한 믿음은 믿는 자에게 자신의 발치에서 일어나는 것만 알고 있는 인간들이 만들어낸 불완전한 기준보다 더 우월하고 확고한 가치들을 제공한다. 믿지 않는 자들은 같은 세대에 속한다 하더라도 동일한 기준에 동의하지 않는데다가 시시각각 자신의 기준을 바꾸기 일쑤다. 그러나 이슬람 신자는 영원불변한 가치와 기준을 평생 유지한다.

이슬람 신자는 양심과 이해, 도덕과 예절에 있어서도 가장 우월하다. 왜냐하면 그는 위대한 이름과 속성을 가진 알라를 믿고 있기 때문이다. 바로 이것 자체가 그의 내부에 존엄, 순결과 청렴, 겸손과 경건, 선행을 위한 열망, 지상에서 알라의 올바른 대리인이 되겠다는 바람을 만들어 낸다. 더불어 이슬람은 그에게 내세에서의 보상을 확실히 약속한다. 이는 현세에서의 어려움과 슬픔이 하찮은 것이 되어버리는 그런 엄청난 보상이다. 비록 그가 이렇다 할 성공을 거두지 못하고 이 세상을 지나쳐가더라도 믿는 자의 마음은 이것으로 만족할 수 있다.

그리고 이슬람 신자는 법과 삶의 체계에 있어서도 가장 우월하다. 만약 믿는 자가 고대로부터 현대까지 사람들이 알고 있는 모든 것을 살펴보고 이를 그가 알고 있는 법과 체계에 대비해 본다면, 그는 그것들이 이슬람의 완벽한 체계와 법에 비해 어린애 장난이나 장님의 물건 찾기와 같다는 것을 깨닫게 될 것이다. 그리고 만약 믿는 자가 그의 높은 지위에서 동정심과 연민을 가지고 인간의 잘못과 어리석음을 내려다본다면, 끝없는 오류와 부질없이 공허한 삶을 초월했다는 승리감 외에 다른 어떤 것도 그의 마음에서 발견되지 않을 것이다.

초기 무슬림들의 자신감

바로 이 우월함을 바탕으로 초기 무슬림들은 자힐리야 시대의 허영과 권력을 향한 공허한 집착, 사람들을 노예로 만들었던 전통을 완전히 바꾸고자 했다. 물론 자힐리야는 어느 특정한 시대에 국한된 것이 아니며 과거, 현재, 미래를 통틀어 사람들이 이슬람의 방식에서 벗어날 때마다 다시 등장한다.

알 무기라 이븐 슈으바al-Mughira Ibn Shuba*가 페르시아의 유명한 장군인 루스툼의 진영에서 자힐리야의 형태, 예의, 기준과 현상을 목격했을 때 취한 태도가 대표적인 예다. 아비 우스만 알 나흐디Abi Uthman al-Nahdi**가 다음과 같이 전한다.

알 무기라가 다리를 지나 페르시아 군대에 도달했을 때, 페르시아인들은 그를 앉히고 공식적인 접견을 위해 루스툼에게 허가를 청했

---

* 이븐 슈으바는 무함마드의 동료 중 한 사람으로, 전장에서 많은 공을 세웠다. 아라비아 반도 타이프 지역의 사키프 부족 출신으로, 628년 타이프(Taif) 전투 직후 이슬람으로 개종했다. 개종 후 그는 이슬람군이 치른 모든 전투에 참여할 정도로 용맹을 떨쳤다. 야마마(Yamama) 전투에서 한쪽 눈을 잃기도 하였지만 이후에도 많은 전공을 쌓았다. 그의 공을 치하하기 위해 제2대 정통 칼리파 우마르는 그를 이라크 남부 지역인 바스라 총독으로 임명했다.

** 알 나흐디는 이슬람 이전에 태어나 75세가 되던 694년에 사망했다. 이슬람 탄생 전후 시기를 살면서 무함마드와 동료들의 행적에 관심을 갖고 많은 이야기들을 전했다.

다. 패배했음에도 그들의 허례허식적인 모습은 전혀 변하지 않았다. 알 무기라는 앉아 있지 않고 루스툼을 만나기 위해 나아갔다. 사람들은 모두 군대 제복을 입고 있었고, 그들 중 많은 사람들은 관을 쓰고 금으로 수를 놓은 외투를 입고 있었다. 바닥은 빽빽이 카펫이 깔려 있었다. 그 카펫은 300~400걸음 정도까지 이어져 있었다. 루스툼 장군에게 도달하려면 이 카펫을 모두 지나야 했다. 알 무기라는 루스툼을 향해 계속 나아갔다. 네 갈래로 머리를 땋은 알 무기라는 왕좌에 올라 루스툼 옆에 앉았다. 그러자 루스툼의 신하들이 알 무기라에게 달려와 그를 끌어내렸다. 그러자 알 무기라가 말했다. "우리는 당신들이 분별력 있는 사람들이라고 들었다. 그러나 나는 당신들이 가장 어리석은 민족임을 깨닫고 있다. 아랍인들은 모두 서로에게 동등하다. 그리고 전장에서 포로로 잡혔을 때를 제외하고는 어느 누구도 다른 사람에게 노예가 되지 않는다. 나는 당신들이 우리가 하는 것처럼 서로 동등하게 대우한다고 상상했다. 만약에 당신들이 나를 이렇게 대할 것이었으면 미리 알려줬어야 한다. 또 당신들의 일부가 다른 사람들에 대해 주인 행세를 하고 있다는 점도 알려줬어야 했다. 이는 좋은 태도가 아니다. 우리는 이렇게 하지 않는다. 나는 내 스스로 온 것이 아니라 당신의 요청으로 이 자리에 왔다. 나는 지금 왜 당신들의 상황이 녹록치 않고, 당신들이 결국 패배할 수밖에 없었는지 알게 되었다. 어떠한 왕국도 이런 기질과 정신으로 살아남을 수는 없다."

카디시야 전투 직전에 라바티 빈 아미르도 루스툼과 그의 가신들 앞에서 유사한 태도를 취했다.

카디시야 전투 직전에 사아드 빈 와카스 Sad bin Waqqas*는 라바티 빈 아미르를 페르시아군 총사령관이자 통치자인 루스툼에게 사신으로 보냈다. 그는 바닥 전체에 카펫이 깔려 있고 커튼 전체가 실크와 벨벳으로 된 텐트로 들어갔다. 루스툼은 왕관을 쓰고 보석과 진주로 장식된 옷을 입은 채 금으로 된 왕좌에 앉아 있었다. 누더기 옷을 입고 방패를 든 라바티는 작은 말을 타고 텐트로 들어갔다. 그는 말에서 내리지 않고 왕좌 근처까지 나아갔다. 그런 뒤 내려서는 말을 큰 베개에 묶었다. 그가 무장하고 투구를 쓴 채 더 앞으로 나아갔다. 페르시아 사람들이 그에게 "무장을 해제하라"고 말했다. 그러자 그는 "나는 스스로 오지 않았고 당신들의 간청에 의해서 왔다. 만약에 당신들이 이것을 좋아하지 않는다면 나는 다시 되돌아 갈 것이다"라고 답했다. 루스툼이 "그를 들어오게 하라"고 지시했다. 그는 창을 땅에 짚으면서 앞으로 나아갔다. 카펫에 구멍이 생기는 것은 당연했다. 루스툼이 "어떤 목적으로 이곳에 왔는가?"라고 물었다. 이에 대해 그는 "알라는 다른 사람에 대한 노예 상태에서 벗어나 알라 한 분만을 섬기기를 원하는 자, 세상의 편협함을 떨쳐버리고 넓은 세상과 후세를 받아들이고 싶은 자, 그리고 종교의 폭정이 아닌

---

* 와카스(?~664)는 쿠라이쉬 부족 주브라(Zubrah) 가문 출신으로 이슬람 초기에 개종해 무함마드의 동료가 되었다. 무함마드 모친의 사촌이기도 한 그는, 무함마드와 함께 이슬람을 전파하면서 많은 전투에 참여했다. 첫 전투에서 피를 흘리며 싸운 것으로 유명하다. 카디시야 전투에서도 큰 공을 세워, 후에 쿠파와 나즈드 지역의 총독으로 임명되었다.

이슬람의 정의를 희망하는 자들을 데려오라고 우리를 보냈다"라고 대답했다. [이븐 카시르(Ibn Kathir)*의 《알 비다야 와 알 니하야》(al-Bidayah wa al-Nihayah, 시작과 끝)에서 인용.]

믿는 자는 좌절하지 않는다!

상황은 변한다. 무슬림들은 물리적인 힘을 상실했고 정복당하기도 했다. 그러나 자신들이 가장 우월한 존재라는 의식은 아직 무슬림들의 뇌리를 떠나지 않았다. 만약에 무슬림들이 믿는 자로 남는다면, 그들은 우월한 지위에서 정복자를 바라볼 수 있을 것이다. 또 이것이 곧 사라질 일시적인 상황이라는 점과, 신앙이 탈출구가 없어 보이는 그 물결을 되돌릴 것이라는 점을 무슬림들은 여전히 확신한다. 비록 죽음이 그들의 운명일지라도 무슬림들은 절대 머리를 숙이지 않을 것이다. 비록 죽음이 모든 사람들에게 다가올지라도 무슬림들에게는 순교라는 비장의 무기가 있다. 순교를 통해 무슬림들은 천국으로 나아가지만 정복자들은 지옥의 불로 향할 것이다. 그리고 무슬림들은 관대하신 알라의 다음과 같은 목소리를 들을 것이다.

---

* 카시르(1301~1373)는 이슬람 학자로 특히 쿠란 해설가로서 명성을 날렸다. 시리아에서 태어난 그는 이슬람을 공부해 다마스쿠스 대사원에서 학자로 일하는 것을 시작으로 실명을 할 정도로 오랫동안 연구에 몰두했다. 그가 남긴 여러 쿠란 해설서는 현재까지도 많은 후학들이 참고문헌으로 이용하고 있다.

지상에서 믿지 아니한 자들의 흥망성쇠가
그대를 기만치 않도록 하라.
그러나 쾌락은 순간이요, 그들의 마지막 주거지는 지옥이니
얼마나 저주받은 거처인가!
그러나 주님을 두려워하는 이들에게는
강이 흐르는 천국이 그들의 것이 될 것이요,
그곳에서 영생하리라.
이는 알라가 내려 주신 것으로써
알라께 있는 모든 것은 의로운 자들을 위한 축복이라.

(쿠란 3:196~198)

인간 사회는 강한 욕망에 흠뻑 젖어 있고, 저속한 열정에 빠져 있으며, 타락과 불결함에 둘러싸여 있다. 이런 사회에서도 일부 인간은 속박과 제약으로부터 자유와 기쁨을 누리고 있다고 생각한다. 그러나 이런 사회는 어떠한 순수한 기쁨도, 심지어 정결한 먹을거리조차도 가지고 있지 못하다. 또한 쓰레기더미나 진흙탕처럼 불결한 것을 제외하고는 아무것도 남아 있지 않다. 반면, 믿는 자는 높은 지위에서 타락과 불결함에 빠져 있는 사람들을 내려다본다. 그 사회에서 그가 유일하게 그런 사람일 수도 있다. 그러나 그는 낙담하거나 슬퍼하지 않으며 이슬람의 단정하고 깨끗한 외투를 벗고 저속한 일반 대중의 삶에 동참하는 것을 바라지 않는다. 그는 신앙의 기쁨, 믿음의 맛과 함께 최상의 지위에 남아 있을 것이다.

믿는 자는 종교, 숭고한 가치, 고귀한 예절 등과 같은 순수하고

아름다운 것들이 전혀 없는 사회에서 마치 보석을 소유한 사람처럼 그의 종교를 놓지 않고 꼭 쥐고 있을 것이다. 다른 사람들은 그의 생각을 비웃으며, 그의 가치와 고집스러움을 조롱할 것이다. 그러나 이런 것들이 무슬림을 나약한 사람으로 만들지는 못한다. 그는 놀리고 비웃으며 조롱하는 사람들을 높은 지위에서 내려다 볼 것이다. 그리고 그는 신앙의 밝은 길에서 자신보다 앞서 등장했던 위대한 영혼들 중의 하나인 예언자 노아의 다음과 같은 언급처럼 말할 것이다.

> 너희가 우리를 조롱한다면 우리는 너희가 조롱하는 것처럼
> 너희를 조롱하리라. (쿠란 11:38)

그리고 그는 이 밝은 길의 끝과 어두운 길의 끝을 보게 될 것이다. 알라께서는 다음과 같이 말씀하셨다.

> 죄인들은 믿음을 가졌던 자들을 비웃어
> 그들 옆을 지나갈 때면 눈짓으로 조롱하곤 하였고,
> 그들믿는 자이 무리에게로 돌아왔을 때는
> 그들죄인끼리 희롱을 나누며, 그들믿는 자을 볼 때면,
> "보라, 이들이 방황한 자들이라"고 말하더라.
> 그들죄인, 불신자은 그들믿는 자을 감시하기 위해
> 보내어진 자들이 아니었으며
> 오늘은 믿음을 가진 이들이 그 불신자들을 조롱하리라.

이들믿는 자은 안락의자에 앉아 바라다보리니,
실로 불신자들은 그들이 행하였던 대로
보상을 되돌려받지 않느뇨. (쿠란 83:29~36)

쿠란은 믿지 않는 자들이 믿는 자들에게 말했던 것을 우리에게 다음과 같이 전한다.

알라의 분명한 말씀이 그들에게 낭송될 때
불신자들은 믿는 자들에게 "어느 쪽이 더 나은 지위이며
어느 쪽이 살기에 더 좋은가?"라고 말하더라. (쿠란 19:73)

둘 중에 어느 편인가? 무함마드를 믿지 않는 위대한 사람들인가, 아니면 무함마드 주위에 모여 있는 가난한 사람들인가. 둘 중 어느 편인가? 알 나드르 빈 알 하리스al-Nadr bin al-Harith* · 아므르 빈 히샴Amr bin Hisham** 알 왈리드 빈 알 무기라al-Walid bin al-Mughira*** · 아부

---

* 알 하리스는 이슬람 이전부터 큰 부를 축적한 쿠라이쉬 부족의 재력가였다. 무역을 통해 많은 돈을 벌었으며 그 돈으로 노래하는 여자 노예를 거느리기도 했다. 부를 바탕으로 메카에서 큰 영향력을 행사한 알 하리스는 무함마드의 이슬람 전파를 강력 저지한 인물이었다. 그러나 바드르 전투에서 패하였고 무함마드는 그를 직접 처형하였다.

** 히샴은 메카 지도자들 중 한 명으로, 무슬림들을 박해한 대표적인 인물들 중의 하나였다. 쿠라이쉬 부족 내에서 '지혜의 아버지'라고 불릴 정도로 박학다식한 인물이었으나, 무함마드에 대항했다는 이유로 이슬람에서는 '무지의 아버지'로 불린다. 그는 무슬림 군대와 맞싸운 바드르 전투에서 큰 부상을 당해 결국 사망했다.

***알 무기라는 쿠라이쉬 부족 내 마크줌(Makhzum) 가문의 지도자였다. 부족

수피얀 빈 하르브Abu Sufyan bin Harb*와 같은 소위 '위대한' 사람들 편인가, 아니면 빌랄·암마르Ammar**·캅바브Khabbab***와 같은 가난하지만 이슬람을 진심으로 믿는 자들인가? 믿는 자들의 적은 거대하고 우아한 모임 장소인 알 나드와al-Nadwah를 소유한 군주들이었으며 권력과 권위와 위엄을 가지고 있었던 반면, 쿠라이쉬 부족에서 어떠한 권력과 지위도 가지지 못한 무함마드를 따르는 사람들은 알 아르캄al-Arqam, 무함마드의 동료 중 한 명으로 소박한 그의 집에 무슬림들이 자주 모였음의 집과 같은 초라한 장소에서 모임을 가졌다.

만약 무함마드의 가르침이 (세속적으로) 좋았더라면, 과연 그렇

내 전투를 전담하는 가문이었으며 전리품을 통해 막대한 부를 쌓았다. 무함마드의 이슬람군대와 싸울 때 선봉에 선 인물이었다.

* 하르브(560~650)는 쿠라이쉬 부족 내 가장 강력한 가문 중 하나인 압드 샴스(Abd Shams)의 지도자였다. 무함마드의 이슬람 전파에 반대하는 세력을 이끈 주도자이기도 했다. 그러나 이슬람군대가 메카에 무혈입성한 이후 그는 말년에 이슬람으로 개종했다. 이 때문에 쉬아파 무슬림들은 그를 위선자로 규정하고 있다. 자신의 권력을 유지하기 위해 위선적으로 무슬림이 되었다는 주장이다. 어쨌든 그의 가문은 세력을 계속 유지해 후에 우마위야 왕조를 건설했다.

** 암마르 이븐 야시르 알 안시(Ammar Ibn Yasir al-Ansi, 570~657)는 이슬람 초창기에 개종한 무함마드의 동료다. 쿠라이쉬 부족 아디(Adi) 가문의 노예였던 그는 무함마드와 동갑으로, 이슬람 이전부터 친구 사이였다. 의리있는 인물로서 메디나로의 이주에 참여하고 여러 전투에 적극적으로 동참했다. 하지만 우마위야 왕조를 건설한 무아위야군과의 시핀(Siffin) 전투에서 전사했다.

*** 캅바브 이븐 알 아라트(Khabbab ibn al-Aratt)는 아라비아 반도 중부의 타밈(Tamim) 부족 출신으로, 처음으로 이슬람을 받아들인 10명 중의 한 명이다. 전쟁에서 포로가 된 그는 노예시장에서 쿠라이쉬 부족의 한 여인에게 팔렸다. 이후 대장장이로 일하다 이슬람으로 개종했으며, 제1대 정통 칼리파 아부 바크르에 의해 노예 상태에서 해방되었다. 이후 무함마드와 함께 메디나로 이주해 바드르 전투, 우후드 전투 등에 참여했다. 혁혁한 공으로 많은 보상을 받아 부유해졌으며 사람들에게 많은 자비를 베푼 사람으로 유명하다.

게 미천한 사람들만이 그를 따랐을까?

이것이 이 세상에서 통용되는 (천박한) 논리다. 그가 사는 시대와 지역을 막론하고 보다 높은 지평을 보지 못하는 사람들의 논리다. 그리고 이것이 바로 알라의 지혜다. 믿음은 통치자와의 친밀한 관계, 정부로부터의 특혜, 사람들로부터의 인기, 욕망의 충족과 같은 화려하고 매혹적인 세속의 유혹으로부터 독립되어야 한다는 알라의 지혜다. 믿음은 단지 열심히 일하고, 분투하고 순교하는 것이다. 우리 자신이 먼저 이를 원하고 사람들에게 믿음을 받아들이도록 해야 한다. 인간과 인간이 간절히 바라는 매혹적인 것들을 위해서가 아니라 순수하게 알라를 위해서 믿음을 가슴에 담겠다고 확신하는 사람들만이 믿음을 받아들이도록 해야 한다. 쾌락과 이익을 바라고, 허식과 가식을 탐내고, 부와 재산을 추구하고, 알라가 아니라 인간에 대한 배려를 더 중요시하는 사람들로부터는 믿음이 멀어지도록 해야 한다. 이런 모든 게 알라의 저울 앞에서는 깃털처럼 가벼운 쓸모없는 것일 뿐이라는 점을 모르는 사람들이기 때문이다.

진실로 믿는 자는 인간의 판단에 의존하는 가치, 개념, 기준을 따르지 않는다. 그는 이런 것들을 인간의 부양자 알라로부터 도출한다. 이것만으로도 충분하기 때문이다. 그는 필요에 따라 수시로 변하는 인간의 욕망을 따르지 않으며, 변동하지 않고 한쪽으로 치우치지 않는 진리의 확고한 균형에 의존한다. 믿는 자의 영감은 일시적이고 제한적인 세계로부터 오는 것이 아니다. 그의 영혼에 존재하는 영감은 우주의 근원으로부터 오는 것이다. 이처럼 믿는 자는 인간의 부양자 알라, 곧 진리의 균형이자 우주의 근원에 연결되어 있다. 이런 상황에서 어떻게 믿는 자가 자신의 영혼에서 좌절을, 자신의 가슴에서 슬픔을 발견할 수 있겠는가!

실로 믿는 자는 진리와 함께 한다. 진리가 아니라면 거짓 말고 무엇이 있겠는가? 아무리 거짓이 권력을 갖고, 북을 치고 깃발을 휘날리며 추종자와 군중을 갖는다고 하더라도 진리의 어떤 사소한 부분 하나도 변하게 할 수 없다. 실로 믿는 자는 진리와 함께 한다. 잘못된 믿음과 진리를 앞에 두고 믿는 자는 진리 아닌 잘못된 믿음을 따를 수 없다. 그는 믿는 자다. 어떠한 상황이나 조건에서도 그는 진리를 잘못된 믿음으로 바꾸지 않는다.

주여, 당신께서 저희를 인도하신 후,
저희의 마음이 방황치 않도록 하여 주시고
저희에게 자비를 내려주소서.
진실로 당신은 은혜를 베푸시는 분이십니다.
주여, 당신은 의심할 바 없는 어느 날에
모든 인간을 한곳에 모이게 하시나니
진실로 알라는 약속을 어기지 않으시니라. (쿠란 3:8~9)

제12장

이것이 바로 그 길이다!

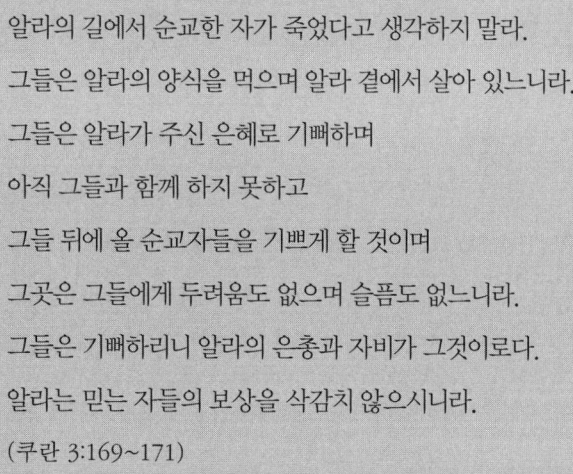

알라의 길에서 순교한 자가 죽었다고 생각하지 말라.
그들은 알라의 양식을 먹으며 알라 곁에서 살아 있느니라.
그들은 알라가 주신 은혜로 기뻐하며
아직 그들과 함께 하지 못하고
그들 뒤에 올 순교자들을 기쁘게 할 것이며
그곳은 그들에게 두려움도 없으며 슬픔도 없느니라.
그들은 기뻐하리니 알라의 은총과 자비가 그것이로다.
알라는 믿는 자들의 보상을 삭감치 않으시니라.

(쿠란 3:169~171)

별들의 궤도를 둔 하늘을 두고 맹세하사,
약속된 심판의 날을 두고 맹세하며
증언하는 이들과 증언 받는 그들을 두고 맹세하며
구덩이를 만든 사람들에게 저주가 있으리라.
그들은 화염을 그곳에 던졌노라.
그들은 그 화염 옆에 앉아 믿는 신도들에게
행하였던 모든 것을 증언하나니.
그들불신자들은 권능과 찬미로 충만하신
알라를 믿는다는 이유로 그들믿는 자들을 학대하였도다.
하늘과 대지의 왕국이 알라께 있으며
그분은 모든 것을 지켜보고 계시니라.
실로 믿음을 가진 남성과 여성을 학대하고
회개하지 아니한 이들에게는 지옥의 징벌이 있을 것이니,
그들은 타오르는 불지옥의 벌을 맛보리라.
그러나 믿음으로 선을 행하는 의로운 자들에게는
강물이 흐르는 천국이 있나니
실로 그것이 위대한 승리라.

실로 그대 주님의 벌은 엄하니라.
그분알라께서 창조하셨으니
그분은 다시 생명을 주실 수 있느니라.
그분은 관용과 사랑으로 충만하시어
영광의 권좌에 앉아 계시며
뜻하시는 모든 것을 행하시니라. (쿠란 85:1~16)

위의 알 부르즈al-Burj, 황도 십이궁 또는 별자리들 장에 언급된 '불구덩이를 만든 사람들'의 이야기는 어느 시대 어느 장소에서나 사람들을 알라께 인도하는 믿는 자들이 깊이 숙고할 필요가 있는 대목이다. 서론, 서술, 해설과 교훈을 담고 있는 이 쿠란의 이야기는 알라를 향한 소명의 본질, 이 소명에 대한 사람들의 반응, 현세와 내세의 모든 세상을 아우르는 소명의 방대한 범위 안에서 가능한 결말에 대해 심대한 진리를 말해주고 있다. 이 이야기를 통해서 쿠란은 믿는 자들에게 그들이 가야할 길을 제시한다. 또한 전지전능한 알라의 가르침을 통해 미지의 길을 걸어가면서 맞닥뜨릴 수 있는 어떠한 것들도 불굴의 의지로 받아들이도록 믿는 자들을 준비시키고 있다.

'불구덩이를 만든 사람들'은 알라를 믿었고 자신의 믿음을 공개적으로 선언한 사람들에 대한 이야기다. 그들은 전지전능한 알라를 선택할 수 있는 권리를 부인하는 전제적이고 폭압적인 적들과 대적했다. 적들은 알라로부터 부여받은 존엄성을 인간에게서 빼앗으려 했다. 존엄성을 박탈당한 사람들은 폭군들의 손에서 노리개로 전락했고, 고문을 당했으며 산 채로 태워졌고 고통으로 울부짖었다.

그러나 믿는 자들의 마음에 있는 신앙은 모든 박해로부터 이들을 더욱 고귀하게 만들었다. 믿음이 목숨보다 훨씬 강했으므로 고문의 위협도 그들을 흔들어놓지 못했다. 그들은 결코 신앙을 부인하지 않았으며, 불길 속에서 죽음을 맞이했다.

실로 그들의 마음은 현세로부터 해방된 것이다. 삶에 대한 애착과 고통스런 죽음에 대한 공포도 그들이 불명예를 받아들이도록 만들지 못했다. 그들은 이 세상의 유혹으로부터 자신을 해방시켰으며, 고귀한 신앙을 통해 생명을 뛰어넘어 궁극적으로 승리했다.

믿음을 갖고 바르게 행동하며 숭고하고 명예로운 영혼을 가졌던 그들은, 교만하고 사악할 뿐 아니라 죄악을 행하는 저급한 사람들에 의해 구덩이에 밀어 넣어졌다. 이들 범죄자들은 불구덩이 옆에 앉아 믿는 자들이 고통으로 몸부림치는 것을 지켜보았다. 그들은 어떻게 불이 살아 있는 생명을 태우는지, 그리고 어떻게 이들 고귀한 영혼들의 육체가 재로 타들어가는지를 지켜보면서 즐겼다. 피와 살점을 쳐다보면서 광기에서 우러난 기쁨의 탄성이 그들의 입술로부터 터져 나왔다.

이 소름끼치는 사건은 반역자와 같은 사람들이 타락의 구렁텅이에 얼마나 깊이 빠져들 수 있는지를 보여준다. 그들은 다른 사람들을 고문하면서 즐거움을 찾았다. 짐승들조차 이런 짓을 하지는 않는다. 야생의 맹수는 쾌락을 얻기 위해 고통을 주는 것이 아니라 오직 먹기 위해 다른 동물을 죽인다.

이 사건은 또 믿는 자의 해방된 자유로운 사기가 이를 수 있는 수준을 보여주고 있다. 그 높은 수준은 모든 세대와 모든 시대에 있어서 인간이 얻을 수 있는 최고의 명예라고 할 수 있다.

이 사건을 세속적인 시각에서 본다면 폭정이 신앙을 이기고 승리한 것처럼 보일 수 있다. 정의롭고 고귀하며 확고하고 숭고한 사람들의 마음속에 신앙이 최고 정점에 도달했지만, 폭정과 신앙 간의 투쟁에서 큰 역할을 못했다고 평가할 수도 있을 것이다. 쿠란의 구절에서도, 이 사건에 관한 다른 종교적 문헌들에서도 알라께서 이들 폭군들의 범죄를 현세에서 처벌했는지에 대해서는 어떠한 언급도 하지 않고 있기 때문이다. 노아의 사람들, 후드의 사람들, 살리흐의 사람들, 슈아이브의 사람들, 그리고 롯의 사람들을 벌하신 것이나 강력한 권력을 가진 파라오를 저지한 것처럼 알라는 불구덩이를 만든 사람들을 벌하시지는 않았다.

따라서, 세속적인 관점에서 본다면 이 사건의 결말은 비참하고 비극적이었다.

그러나 이 문제가 여기서 끝났다고 볼 수 있는가? 고귀한 신앙을 가진 믿는 자들의 집단이 폭군들의 고문으로 인해 불구덩이에서 영원히 사라지고 말았는가? 그리고 타락한 범죄행위를 저지른 범죄자 집단이 전혀 처벌받지 않았는가?

세속적인 입장에서 보면 이 비극적인 결말이 마음을 아프게 하지만 쿠란은 믿는 자들에게는 또 다른 진실을 가르치고, 모든 문제들을 평가하는 또 다른 척도를 제시하고, 투쟁의 범위에 대해 새로운 눈을 뜨게 한다.

삶의 쾌락과 고통, 성취와 좌절은 이 척도에 의하면 큰 의미가 없을뿐더러 이익과 손실도 가늠할 수 없다. 완전한 승리는 물리적 싸움에서 당장 이기는 것에 국한되지 않는다. 싸움에서 당장 이기는 것은 완전한 승리의 다양한 형태들 중 하나에 불과하다.

알라의 척도를 가진 저울에서 진정한 무게는 승리의 무게다. 알라의 시장에서 수요가 있는 상품은 오직 신앙의 상품이다. 완전한 승리에 있어 가장 최고의 형태는 어려움을 극복한 영혼의 승리, 고통을 극복한 믿음의 승리, 박해를 극복한 신앙의 승리다. '불구덩이를 만든 사람들' 사건에서 믿는 자들의 영혼은 두려움과 고통, 지상과 속세의 유혹을 극복하고 승리했다. 이들 영혼은 사악한 고문을 극복하고 승리를 얻었다. 이런 승리는 모든 시대에 있어 인간이 달성할 수 있는 최고의 영예이고, 또 바로 이것이 진정한 승리다.

다양한 이유로 모든 사람은 죽는다. 그러나 모든 사람이 이런 승리를 얻거나, 이런 자유를 맛보거나, 이처럼 높은 수준에 오르는 것은 아니다. 이런 숭고한 죽음은 알라가 선택하고 영예를 주는 일부 사람들에게 국한된다. 이들은 육체적으로는 다른 인간처럼 죽지만 영예에 있어서는 다른 사람들과 비교할 수 없다. 인류 역사 전체를 기준으로 평가를 하더라도 이들에게 부여되는 영예는 인류의 차원을 넘어 가장 고귀한 천사들만이 받을 수 있는 것이다.

물론 이들 믿는 자들도 자신의 신앙을 포기함으로써 생명을 건질 수 있었을 것이다. 그러나 만약 그랬다면 그들 자신과 인류 전체에게 얼마나 큰 손실이었겠는가? 그들은 패배했을 것이고 이 위대한 진리를 소멸시켰을 것이다. 믿음이 없는 삶은 불명예스러운 것이며 만약 폭군들이 인간의 영혼과 육체를 지배하도록 허용한다면 인류 전체가 타락하게 될 것이다.

이것이 그 당시 믿는 자들이 지상에서 살면서 깨달은 고귀하고 위대한 진리였다. 불길이 그들을 휩싸고 육체를 태우던 상황에서도 믿는 자들이 깨닫고 발견했던 진리였다. 이 고귀한 진리는 화염의 고문을 극복하고 승리했다.

이런 투쟁의 범위는 이 땅 또는 이 세상에 국한되지 않는다. 이 투쟁을 목도하고 기억하는 사람들은 단순히 한 세대의 인간들이 아니다. 천사들 역시 지상에서 일어나는 일들에 관여하고 있다. 그들은 사건들을 관찰하고 증인이 되며 모든 세대의 인간들이 가진 협애한 척도가 아니라 다른 척도로 이 사건들을 평가한다. 천사는 지상의 사람보다 더 고귀한 영혼이며, 그들의 수는 지상의 사람들보다 더 많다. 의심할 여지 없이 천사들의 찬사와 존경은 지상에 사는 인간들의 의견과 판단보다 훨씬 중요하고 정확하다.

그리고 내세가 있다. 내세는 지상의 영역과 분리되지 않은 영원 불변의 영역이며, 그저 믿는 자들의 인식 속에서 뿐만 아니라 실제로 존재하는 영역이다.

따라서 투쟁은 지상에서 끝나지 않는다. 진정한 최종 판결은 이곳 지상에서 결정되지 않는다. 그러므로 이 세상에서 발생한 것에 대해 지상에서 내려진 판결은 정확하지 않은 것이다. 왜냐하면 이러한 지상에서의 판결은 투쟁의 작고 중요하지 않은 부분만을 다루기 때문이다.

알라의 보상과 처벌을 기억하라!

전자의 관점, 즉 이 세상의 척도를 기준으로 한 관점은 성급한 인간에 의해 이용되는 제한적이고 편협한 것이다. 반면, 후자의 관점은 포괄적이고 선견지명이 있는 것이다. 이런 관점은 올바른 믿음을 기초로 현실을 반영하고 있으므로 쿠란의 가르침에 의해 믿는 자의 영혼 속에서 성장한다.

그들의 신앙, 복종, 어려움에 맞서는 확고한 신념, 그리고 박해를 극복한 승리에 대해 알라가 믿는 자들에게 약속한 보상 중의 하나는 마음의 평안이다.

> 믿음을 가진 자는 알라를 염원하여 마음의 평안을 찾느니라.
> 실로 알라를 염원할 때 마음이 평안하느니라. (쿠란 13:28)

그리고 이 보상은 바로 자비로우신 알라의 기쁨이자 사랑이다.

> 실로 믿음을 갖고 선행을 행하는 그들을 위해
> 알라께서 사랑을 베푸시리라. (쿠란 19:96)

그리고 또 다른 보상은 알라께 기억된다는 것이다.

알라의 사도 무함마드가 다음과 같이 말했다. "어떤 사람의 아이가 죽었을 때 알라가 천사들에게 물었다. '내 종의 아이 영혼을 가져갔는가?' 천사들이 그렇다고 답했다. 그러자 알라는 '내 종의 가장 소중한 사람을 데려갔는가?' 천사들이 그렇다고 답했다. 알라가 '내 종이 뭐라고 말하던가?'라고 물었다. 천사들은 '그가 당신을 찬양하면서 자신들은 알라에 속해 있고 알라께 귀의할 것'이라고 말했다고 전했다. 그러자 알라는 '나의 종을 위해 천국에 집을 지어주고 그 집을 찬미의 집이라고 부르게 하라'라고 명하셨다." (티르미디 하디스)*

예언자 무함마드는 또 지고하신 알라가 다음과 같이 말씀하셨다고 전했다. "나는 나의 종이 나에 대해 생각하는 것과 같이 그를 대한다. 그가 나를 기억하면, 나는 그와 함께 있다. 그가 나를 그의 가슴에 새기면, 나도 그를 내 가슴에 새긴다. 그가 한 집단에서 나를 언급하면, 나는 더 나은 집단에서 그를 언급한다. 만약 그가 한 뼘만큼 나를 향해 온다면, 나는 한 팔의 길이만큼 그에게 간다. 만약 그가 한 팔의 길이만큼 나를 향해 온다면, 나는 한 걸음만큼 그를 향해 간다. 만약 그가 나를 향해 걸어온다면, 나는 그에게 뛰어갈 것이다." (부카리**와 무슬림 하디스***)

그리고 지상에서 살아가는 믿는 자들의 선행에 대한 알라의 보

---

* 티르미디(Tirmidhi, 824~892)는 중세 하디스 수집가이자 이슬람 학자. 그의 하디스는 6대 정통 하디스 중의 하나로 인정된다.
** 부카리 하디스는 저명한 이슬람 학자 무함마드 이븐 이스마일 알 부카리 (Muhammad Ibn Ismail al-Bukhari, 810~870)가 집대성한 무함마드 언행록이다. 6대 하디스 중 최고의 권위를 가지고 있는 하디스다.
*** 무슬림 하디스는 이슬람 학자 무슬림 이븐 알 핫자즈(Muslim Ibn al-Hajjaj, 821~875)가 수집한 무함마드 언행록이다. 무슬림들은 부카리 하디스에 이어 무슬림 하디스를 두 번째로 신뢰하고 있다.

상에 대해 천사들은 지대한 관심을 갖는다.

> 알라의 권좌를 유지하는 천사들과 그 주위에 있는 이들은
> 주님을 찬미하여 그분을 믿고,
> 다른 믿는 자들을 위해 용서를 구하더라.
> 주여, 당신은 모든 것을 자비와 지혜로서 베푸시는 분이시니
> 회개하여 당신의 길을 따르는 이들에게 관용을 베풀어 주소서
> 그리고 불지옥으로부터 그들을 보호하여 주소서. (쿠란 40:7)

특히 순교자들을 위한 알라의 보상은 천상에서의 새 생명이다.

> 알라의 길에서 순교한 자가 죽었다고 생각하지 말라.
> 그들은 알라의 양식을 먹으며 알라 곁에서 살아 있느니라.
> 그들은 알라가 주신 은혜로 기뻐하며
> 아직 그들과 함께 하지 못하고
> 그들 뒤에 올 순교자들을 기쁘게 할 것이며
> 그곳은 그들에게 두려움도 없으며 슬픔도 없느니라.
> 그들은 기뻐하리니 알라의 은총과 자비가 그것이로다.
> 알라는 믿는 자들의 보상을 삭감치 않으시니라.
>
> (쿠란 3:169~171)

그리고 신앙을 거부하는 자들과 폭군들, 범죄자들에 대해 알라는 지상에서 그들이 제한된 시간 동안 살도록 내버려두겠지만 내

세에서는 그들을 징벌할 것이라고 여러 차례 약속했다. 비록 알라가 이 세상에서 그들 중 일부를 처벌했더라도, 최후의 처벌은 내세에서 더욱 엄중하다.

> 지상에서 믿지 아니한 자들의 흥망성쇠가
> 그대를 기만치 않도록 하라.
> 쾌락은 순간이요 그들의 주거지는 지옥이니
> 얼마나 저주받을 거처인가? (쿠란 3:196~197)

> 죄인들이 행하는 것을 알라께서 무관심하다 생각지 말라.
> 실로 그분은 그날심판의 날을 위하여 그들을 유예할 뿐이니
> 그들의 눈은 그날 공포로 응시하리라.
> 그들은 서둘러 목을 길게 빼고 머리를 세우며
> 그들의 눈은 두려움으로 가득 차 바라보지 못하나니
> 그들의 마음은 공허하리라. (쿠란 14:42~43)

> 그러므로 그들이 무익한 대화에 빠져 그들이 약속받은
> 그들의 날에 직면할 때까지 만끽하도록 버려두라.
> 그날 그들은 무덤으로부터 급히 나와
> 우상에게로 서둘러 가더라.
> 실의에 빠진 그들의 눈은 아래로 내려져 있으며
> 수치가 그들을 에워싸니
> 그러함이 그들이 약속받은 날이니라. (쿠란 70:42~44)

이처럼 인간의 삶은 천사들과 연결되어 있으며, 또한 내세의 삶으로 이어지기에 선과 악, 진실과 거짓, 신앙과 폭압 간 투쟁의 장은 이 지상에 국한된 것이 아니다. 이 문제는 이곳에서 끝나지 않고, 최종 결정은 이 세상에서 내려지지 않는다. 이 세상에서의 삶, 모든 기쁨과 고통, 성취와 절망은 알라의 저울에서 큰 무게를 갖지 않는다.

요약하면, 투쟁의 장은 공간과 시간, 치수와 척도에 있어서 상당히 광범위하다. 이를 깨닫는 것은 믿는 자의 지평을 넓혀주고 그의 포부를 고양시킨다. 결과적으로 이 세상과 그 안에 있는 모든 것, 현세의 삶과 그와 관계된 모든 것은 작아져 그의 시야에 모두 들어오게 된다. 믿는 자의 위대함은 그가 보고 이해하는 범위와 지평에 비례해서 고양된다. 이런 광범위하고 포괄적이며 고귀하고 순수한 신앙의 개념을 만들기 위해서 '불구덩이를 만드는 사람들의 이야기'는 아주 좋은 사례이다.

최고의 보상은 알라를 기쁘게 하는 것!

알라를 향한 소명과 쿠란의 알 부르즈 장에 언급된 '불구덩이를 만드는 사람들 이야기'에 나타난 모든 가능성에 대해 어느 정도 설명이 이뤄졌다.

알라를 향한 소명의 역사는 다른 사악한 운동들과 투쟁하는 과정에서 다양한 결말을 목격해 왔다.

소명의 역사는 노아의 사람들, 후드의 사람들, 슈아이브의 사람들, 롯의 사람들이 멸망하는 것과 아주 소수의 믿는 자들만이 살아남는 것을 목격했다. 이러한 사례들은 지고하신 알라가 때로는 반도叛徒의 무리와 폭군들에게 이 세상에서 형벌을 내리신다는 것을 우리에게 말해준다. 물론 제대로 된 형벌이 내세에서 그들을 기다리고 있을 것이다.

소명의 역사는 파라오와 그의 군대가 전멸한 것과, 모세와 그의 민족이 위험을 피해 가나안 땅에 그들의 나라를 세우는 것을 목격했다. 그 당시 유대인들은 비록 변치 않는 확고함을 유지하지 못했고 알라의 종교를 지상에서 완전하게 꽃피우지 못했음에도 이스라엘의 모든 역사에 있어서 가장 올바른 사람들이었다. 그래서 이 사례는 그 이전 알라가 벌하신 민족들과 달랐다.

소명의 역사는 무함마드의 인도와 믿음에 등을 돌린 다신교도들이 멸망하는 것을 목격했다. 그리고 무함마드를 따른 사람들의 가슴에 새겨진 위대한 승리, 즉 믿는 자들의 완전한 승리를 목격했다. 이를 통해 인류 역사 최초로 알라의 방식이 완전하게 확립되었다. 그 이전에도, 그리고 그 이후에도 인간이 달성하지 못한 업적이었다.

그리고 소명의 역사는 우리가 앞서 본 것처럼 '불구덩이를 만든 사람들'의 사례를 목격했다. 신앙의 역사에서 거의 언급되고 있지는 않지만 소명의 역사는 또 이슬람 이전과 이후 시대에 많은 다른 사례들을 목격했다. 심지어 오늘날에도 그런 사례들이 목격된다. 이들 중 일부의 결말은 지난 수세기 동안의 역사에 기록되곤 했다.

이슬람 이전과 이후의 다양한 사례들 중에서 '불구덩이를 만든 사람들'의 사례를 절대로 잊어서는 안 된다. 이 사례가 절대로 잊혀서는 안 된다. 믿는 자들이 재앙을 피하지 못했지만, 믿지 않는 자들은 처벌받지도 않았다! 알라를 향한 소명을 수행하는 믿는 자들은 자신들도 알라의 길을 걷는 중에 이러한 극한의 결말을 맞이할 수 있다는 사실을 확실히 알아야 한다. 믿는 자들은 이에 대해 뭐라고 말할 권리가 없다. 그들의 운명와 믿음의 문제는 알라께 달려있기 때문이다.

믿는 자들의 임무는 그들의 의무를 다하면서 계속 앞으로 나아가는 것이다. 그들의 임무는 알라를 선택하는 것, 생명보다 믿음을 우선하는 것, 신앙으로 박해를 극복하는 것, 그들의 행위와 의도를 알라께 명백히 입증하는 것이다. 이것이 전부다. 이후 그들 자신과 그들의 적을 어떻게 처리하는지는 알라께 달렸다. 알라는 그의 종교, 그의 가르침, 그의 적절한 판단에 의해 모든 것을 처리하신다. 알라는 역사에 잘 알려진 결말들 중 하나를 선택하거나 알라 자신만이 알고, 알라 자신만이 볼 수 있는 다른 결말을 선택할 것이다.

믿는 자들은 알라를 위한 일꾼이다. 알라께서 원하시는 임무라면 어떻게 해서든지 그들은 해내야 하고, 그에 따른 보상을 받을 것이다. 그들이 들인 노력의 결말을 결정하는 것은 그들의 능력과 관계없고, 그들의 책임도 아니다. 모든 사안에 권위를 가진 단 한 분 알라께서 하실 일이지 단순한 일꾼인 그들의 몫은 아니다.

믿는 자들이 받는 첫 번째 보상은 그들이 어떤 상황에 처해있든 누릴 수 있는 마음의 평안, 뛰어난 지성, 고귀한 생각, 그리고 욕망과 유혹으로부터의 해방이다.

두 번째 보상은 이 세상의 사람들 뿐만 아니라 천사들로부터 오는 찬사와 숭배의 명예다.

그러고 나서 그들은 더 큰 보상을 내세에서 받게 된다. 바로 최후의 심판을 쉽게 통과하고 천국에서 여러 복락福樂을 받는 것이다.

이런 여러 보상과 더불어 믿는 자들은 알라를 기쁘게 하는 최고의 보상을 받게 된다. 이는 알라가 그의 목적과 권능을 위한 수단으로 이들을 선택하고 그가 적절하다고 판단하였기에 지상에서 그들을 이용하신 것이다. 알라의 선택을 받고 사역하는 것은 알라가 인간에게 내릴 수 있는 최고의 선물이다.

인내하고 서두르지 말라!

고귀한 초창기 무슬림 세대에 대한 훈련도 가장 높은 수준에서 이런 성격을 담고 있었다. 그들은 알라의 소명과 그의 권위하에서 일하는 일꾼으로서의 임무를 수행하기 위해 자신들의 개인적 성향과 정체성을 포기했다. 또 알라의 결정과 모든 상황에 기쁜 마음으로 순종했다.

예언자 무함마드가 행한 그들에 대한 훈련도 알라의 가르침에 따라 진행되었다. 그들의 마음과 눈을 천국으로 향하게 했으며, 이 세상에서 알라가 의도하고 정한 바에 따라, 저 세상에서 알라를 기쁘게 할 바에 따라 그들에게 할당된 임무를 참고 인내하며 수행하도록 했다.

예언자는 암마르와 그의 부모가 혹독하게 고문받는 것을 목격했다. 그러나 예언자는 "참아라, 야시르의 가족이여! 천국이 그대들에게 약속되어 있노라"라는 말 외에는 다른 조치를 취하지 않았다.

캅바브 이븐 알 아라트는 다음과 같은 무함마드의 일화를 전했다. "우리는 카바Kaaba, 메카의 중심지로 카바 신전이 있는 곳의 한 나무 그늘 아래서 휴식을 취하고 있던 알라의 사도 무함마드에게 '왜 당신은 우리를 돕도록 알라께 요청하지 않습니까? 왜 우리를 위해 기도하지 않습니까?'라고 불평했다. 그러자 무함마드는 다음과 같이 답했다. '너희들 이전에도 한 사람을 잡아, 땅속에 그의 몸 절반을 묻고 그의 머리가 두 조각으로 갈라질 때까지 지켜보던 사람들이 있었다. 그들은 또 철 빗으로 그의 뼈와 살점 사이를 빗질하기도 했다. 그럼에도 불구하고 그 사람은 자신의 종교를 부인하지 않았다. 알라는 결코 이런 일에 대해 그 자리에서 결정을 내리시지 않는다. 적절한 때가 올 것이다. 사나Sana, 예멘의 수도에서 하드라마우트Hadramut, 예멘 남동부 지역의 사막까지 낙타를 타고 여행하는 사람도 알라 외에는 두려워하는 것이 없다. 그의 양떼에 대한 늑대의 공격도 두려워하지 않는다. 그런데 너희들은 왜 그렇게 서두르느냐.'"(부카리 하디스)

헌신적인 알라의 종이 되라!

알라의 지혜는 모든 결정과 상황의 기초가 된다. 그는 우주 전체를 다스린다. 그리고 우주의 시작과 끝을 분명히 알고 있으며 우주의 사건들과 상호관계를 조절한다. 알라는 보이지 않는 어떤 것의 뒤에 숨겨져 우리에게 잘 알려지지 않은 지혜도 알고 있다. 그 지혜는 알라의 뜻과 연동하며 오랜 역사의 과정을 통해 전개된다.

때때로 몇 세대와 몇 세기가 지난 후에, 알라는 한 사건에 대한 지혜를 우리에게 밝힌다. 거기에는 동시대 사람들이 이해할 수 없는 것들도 있으며, 사람들은 "왜 이런 일이? 오, 주여! 왜 이런 일이 발생했습니까?"라고 말하며 의아해 했을 것이다. 하지만 이런 질문은 무지로부터 나오는 것이다. 믿는 자는 이런 무지에서 벗어나 알라의 모든 결정은 지혜를 머금고 있다는 점을 알아야 한다. 개념에 대한 믿는 자의 포괄적인 이해, 공간과 시간, 가치와 척도에 대한 믿는 자의 선견지명은 이런 문제를 제기하는 불신을 극복할 수 있게 해준다. 믿는 자는 알라가 정한 길을 순종하고 만족하면서 나아가야 한다.

쿠란은 지상에서 알라의 대리인이 될 수 있는 신뢰의 마음들을 길러 냈다. 이 마음들은 확고하고 강직하며 순수했다. 세속적인 것을 뒤로 하고 모든 것을 참고 견뎠으며 이 세상의 어떤 것에도 시선을 사로잡히지 않고 이를 뛰어넘어 내세를 내다봤다. 알라를 기쁘게 하는 것 외에는 어떤 것도 추구하지 않았으며 가난과 고난, 절망과 고문으로 목숨을 잃더라도 알라의 길을 기꺼이 걸어 나갔다. 이 마음들은 지상에서의 성급한 보상을 추구하지 않았다. 그 보상이 알라를 향한 소명의 승리, 이슬람의 주도권 확보, 모든 무슬림들의 영광이라는 형태로 나타났건 전지전능한 알라가 과거 세대의 불신자들에게 행한 것처럼 폭군들을 멸망시키는 형태로 나타났건 괘념치 않았다. 이승의 삶에서 아무런 기대를 갖지 않아야 하며 진리와 거짓에 대한 최종 결정은 내세에서 이뤄진다는 것을 잘

아는 이런 마음들의 맹세가 진솔하다는 것을 알았을 때, 알라는 지상에서 그 마음들에 승리와 신뢰를 내리셨다. 이러한 신뢰는 단지 그 마음들의 이익을 위한 것만이 아니라 그 마음들로 하여금 알라의 체계를 확립하도록 하기 위함이었다.

이런 마음을 가진 사람들이 바로 알라가 신뢰하는 자들이었다. 세속적인 혜택에 대한 아무런 약속도 그들에게 주어지지 않았으며, 그들의 시야도 그런 혜택들을 얻는 데 고정되어 있지 않았다. 알라를 기쁘게 하는 것 외에 어떤 보상도 바라지 않는 그 시점부터 그들은 알라의 헌신적인 종들이었다.

승리에 대한 약속이 주어지고, 전리품에 대해 설명되고, 다신교도들이 이 세상에서 처벌될 것이라고 언급한 쿠란의 모든 구절은 메디나에서 계시되었다. 이들 구절은 보상에 관한 문제가 믿는 자의 행동 영역, 기대, 욕망에서 완전히 배제된 이후에 계시되었다. 알라가 의도한 삶의 방식이 인간의 실제 삶으로 나타났을 때, 사람들이 볼 수 있을 정도로 이 삶의 방식이 실질적이고 확고한 형태로 자리 잡게 되었을 때, 노력과 고난 및 희생과 고통 등에 대한 현세의 보상을 바라지 않게 되었을 때 알라의 도움이 쿠란에 구체화되었다. 이것은 알라가 내린 결정이었다. 그리고 우리는 현재 그 지혜의 깊이를 헤아리기 위해 노력하고 있는 것이다.

어느 나라 어느 시대에 속해 있건 알라의 소명을 행하는 자들은 이 난해한 사안에 대해 깊이 숙고해야 한다. 이를 통해서만 그들이 걷고 있는 길의 이정표를 명확히 볼 수 있기 때문이다. 또 이를 통해서만 그 최종 목적지가 어디든 간에 이 길을 끝까지 가려는 사람들에게 여정을 확실히 보여줄 수 있기 때문이다. 알라의 부름을 받고 소명을 행하는 자의 운명은 오직 알라가 정할 뿐이다. 이런 마음가짐을 가져야만 소명을 행하는 자들이 해골과 잘려나간 사지, 피와 땀으로 포장된 이 길을 걷는 동안 성급하게 도움과 승리를 원하지 않고 진리와 거짓에 대한 최종 결정이 지상에서 이뤄지기를 조급하게 바라지 않을 것이다. 만약 알라가 이들을 통해 이슬람의 소명과 종교를 완성하기를 원하신다면, 그것은 이들의 고통과 희생에 대한 현세의 보상으로서가 아니라 알라께서 스스로 정하신 뜻에 의한 것이다. 실로 이 세상은 보상이 이루어지는 장소가 아니다.

믿음의 전쟁에서 승리하라!

여기에서 심사숙고할 또 다른 사실이 있다. '불구덩이를 만든 사람들' 이야기에 대한 쿠란의 평가다.

> 그들은 오직 권능과 찬미로 충만하신 알라를 따른다는 이유로 믿는 자들을 학대하였도다.

어느 시대 어느 세대에 있건 알라의 소명을 행하는 자들은 이 구절이 보여주는 진리를 깊이 생각해야 한다.
믿는 자들과 그들의 적들 간에 벌어진 투쟁은 다른 어떤 것이 아니라 본질적으로 믿음을 둘러싼 투쟁이다. 적들은 오직 그들의 신앙과 믿음 때문에 분노했다.

이는 정치적인 것도, 경제적인 것도, 인종적인 투쟁도 아니었다. 투쟁의 원인이 이것들 중 하나였다면 그 해결도 쉬웠을 것이다. 그러나 근본적으로 이것은 믿음을 놓고 발생한 갈등이었다. 즉, 불신과 믿음, 자힐리야와 이슬람의 문제였다.

메카의 다신교 지도자들이 예언자 무함마드에게 믿음의 투쟁을 포기하고 합의를 하자는 단 한 가지 조건을 받아들인다면 부와 왕권, 세속적인 이권들을 주겠다고 제안한 이유도 여기에 있다. 만약 무함마드가 그들이 제안한 것을 받아들였다면 그들과 무함마드 사이에는 어떠한 갈등도 남지 않았을 것이다.

실로 이것은 믿음의 문제였고 믿음의 전쟁이었다. 믿는 자들은 적들이 어떠한 제안과 선언을 하더라도 이 점에 대해서 확고한 신념을 가져야 한다. "그들이 권능과 찬미로 충만하신 알라를 믿는다는 이유로"라는 구절에 잘 나타나 있듯이 단지 믿음 때문에 그들은 믿는 자들을 억압했다. 또 믿는 자들이 복종과 순종으로 알라만을 순수하게 따른다는 이유 때문에 적들은 분노했다.

믿는 자들의 적은 이런 투쟁을 경제적·정치적·인종적인 투쟁으로 변모시키려 할 것이다. 투쟁의 본질에 대해 믿는 자들이 혼동하도록, 그들의 마음에 있는 믿음의 불길이 꺼지도록 획책할 것이다. 믿는 자들은 이에 현혹되지 말아야 하고, 이것이 속임수임을 알아야 한다. 투쟁의 본질을 변모시킴으로써 적들은 진정한 승리를 위한 믿는 자들의 무기를 제거하려는 것이다. 믿는 자들의 승리는 다양한 형태로 나타난다. '불구덩이를 만든 사람들' 이야기에서 보이듯 믿는 자들에게 주어진 영혼의 자유라는 승리도 있고, 초기 무슬림 세대의 경우처럼 영혼의 자유를 통해서 현세의 통치권을 얻은 것과 같은 승리도 있다.

우리는 이와 유사한 사례를 오늘날에도 볼 수 있다. 역사를 왜곡해 우리를 속이려는 기독교 세계의 시도들이다. 적지 않은 기독교 학자들은 십자군전쟁이 제국주의의 한 형태라고 말한다. 그러나 진실은 제국주의가 아니라 기독교와 이슬람 간 신앙의 전쟁이었다는 것이다. 후대의 기독교 세계는 제국주의라는 가면을 쓰고 있지만 과거 십자군의 정신을 그대로 이어받고 있다. 중세에 가능했던 십자군이 그 원래의 형태로 역사에 다시 등장하기는 불가능하기 때문이다. 그런데 중요한 것은 과거의 십자군이 다양한 지역에서 온 무슬림 지도자들의 신앙의 바위에 무참히 박살났다는 점이다. 이라크 북부 쿠르드 족 출신의 살라훗딘Salahuddin*, 마믈루크Mamluk, '소유된 사람'이라는 의미로, 이슬람으로 개종한 외국인 노예 출신의 전사들 출신의 투란-샤(Turan-Shah)** 등은 국적의 차이를 넘어 믿음을 마음에 새기고 용맹하게 싸워 이슬람의 기치하에 승리를 거두었다.

* 살라흐 알 딘 유수프 이븐 아이유브(Salah al-Din Yusuf Ibn Ayub)이지만 살라딘(Saladin, 1137~1193)으로 표기하기도 한다. 십자군에 맞서 승리를 거둔 이슬람의 영웅이다. 아이유브 왕조의 창시자(재위 1169~1193)이기도 한 그는 북아프리카에서 시리아와 메소포타미아에 이르는 제국을 형성하고 국가 공인 종교를 수니파로 바꾸어 이슬람 세계의 통일을 회복했다. 제3차 십자군의 리처드 1세와 휴전협정을 맺어 팔레스타인에서 권력을 확보했다.

** 알 무앗잠 투란 샤(al-Muazzam Turan shah)는 이집트에 설립된 터키계 아이유브 왕조의 통치자였다. 1249~1250년, 짧은 기간 왕위를 유지하다가 쿠데타로 왕권을 잃고 살해당했다. 그러나 피살 직전인 1250년 4월, 이집트를 침공한 십자군 7차 원정대를 이집트 북부 만수라(Mansura)지역에서 격퇴한 인물로 무슬림들의 존경을 받고 있다.

그들은 오직 권능과 찬미로 충만하신 알라를 따른다는 이유로 믿는 자들을 학대하였도다.

전능하신 알라는 오로지 진실을 말씀하셨다. 역사를 왜곡하는 이들 기독교 세계의 사기꾼들은 모두 거짓말쟁이들이다!

한 원리주의자가 본
사이드 쿠틉의 삶과 사상

A. B. al-Mehri

죽은 지 40여 년이 지난 지금도 무슬림 세계에서 아스-사흐와이슬람 부흥의 가장 영향력 있는 이론가로 꼽히는 알 샤히드순교자 사이드 쿠틉Sayyid Qutb. 그는 1906년 이집트 남부 아시유트 부근에 있는 한 마을에서 태어났다. 그곳이 정확히 무샤Musha인지 카하Qaha인지는 확실치 않다. 아버지는 주흐드신앙심와 일므학식로 마을에서 존경을 받던 인물이었다. 쿠틉은 오남매 중 장남으로, 동생 무함마드Muhammad 쿠틉 역시 나중에 작가이자 다이이슬람의 소명을 받은 사람로 명성을 얻게 되고, 누이 아미나Amina와 하미다Hamida는 무슬림형제단에서 상당히 중요한 지위에 오르게 된다.

 어릴 적부터 부모의 독려에 힘입어 학문에 열정을 갖게 된 사이드 쿠틉은 열 살의 나이에 지역 초등학교에서 쿠란의 하피즈암송자가 되었다. 3년 후에는 가족이 헬완Helwan으로 이사하여 다르 알 울룸Dar al-Ulum 예비학교에 들어갈 수 있었으며, 1929년에 카이로에 있는 이집트 최고의 교사 양성 대학 다르 알 울룸에 입학했다.

청년기

1933년 졸업과 동시에 다르 알 울룸의 교사로 임명된 쿠틉은 몇 년 후에는 이집트 교육부에서 일하게 되었다. 1933년은 또한 사이드 쿠틉의 놀라울 만큼 다채롭고 풍성했던 문학 경력이 시작된 해이기도 하다. 《시인의 숙명Muhimmat al-Sha'ift 'l-Hayah》이라는 책을 처음 펴낸 쿠틉은 그 후 십여 년 동안 교육과 함께 문학에 열의를 쏟았다. 시와 자전적 소품, 문학비평, 장편 및 단편소설 등을 쓰며 사랑과 결혼의 문제를 다뤘다. 훗날 그는 이때 쓴 작품 상당수를 부정하고, 개인적인 글쓰기와는 공적으로 거리를 두었다.

사이드 쿠틉은 반체제 성향인 와프드Wafd당의 일원으로 적극적으로 활동했으며, 이집트 군주제에 대한 탁월한 비판자로 자리매김했다. 당연히 교육부 내 상관들과 충돌을 피할 수 없었던 쿠틉은 사직하고자 했지만 타하 후세인Taha Hussain, 이집트의 저명한 사상가이자 소설가이 가까스로 그를 만류했다. 1947년 쿠틉은 공무원이라는 구속에서 벗어나기 위해 잡지의 편집장을 맡았다. 하지만 《아랍세계 al-'Alam al-'Arabi》에서는 편집 방침에 대한 의견 충돌로 자리를 잃었고, 부패·전제정치·외세 등으로부터 자유로운 이슬람 사회의 모델을 제시하고자 했던 《새로운 생각al-Fikr al-Jadid》은 단 6호만에 발행이 금지되었다. 순교자 사이드 쿠틉은 다양한 분야의 문학잡지 및 정치잡지에 계속 글을 쓰면서 교육부에 머물렀다.

미국의 인상

1948년, 이집트 교육부는 쿠틉에게 미국 유학의 기회를 제공했다. 미국 생활을 직접 체험하면 쿠틉도 정부 정책을 더 호의적인 시선으로 바라볼 것이라는, 그리고 점점 더 이슬람 색깔이 짙어가던 반체제 활동을 그만두도록 유도할 수 있을 것이라는 계산을 바탕에 깔고 있었음에 틀림없다.

그러나 사이드 쿠틉이 미국에서 받은 인상은 대부분 부정적인 것이었다. 쿠틉은 미국이 산업 및 사회조직 면에서 이뤄놓은 성과에 주목하면서도 물질주의, 인종주의, 자유방임적 성문화 등이 미국적 삶의 지배적인 특징임을 크게 강조했다. "그 앞선 교육과 완벽주의에도 불구하고 미국인의 인생관은 얼마나 원시적인지 놀랍기 그지없다. (…) 그 행동을 보고 있노라면 정말 원시인을 떠올리게 된다. 그들은 그야말로 원시적인 방식으로 권력을 욕망하고 이상과 예의, 원칙을 무시한다. (…) 교회와 오락을 위한 장소, 자기들 말로 'fun재미'을 얻기 위해 마련된 장소와의 차이를 구분하기가 어렵다."

게다가 쿠틉의 미국 체류 기간 중 제1차 팔레스타인전쟁이 발발했을 때 미국인들이 시오니즘을 무비판적으로 용인하는 것과 반이슬람적 편견이 도처에 퍼져 있는 것을 목도하고 깊은 절망감을 느꼈다. 그릴리Greeley의 노던콜로라도 대학교University of Northern Colorado에서 석사 학위를 마친 사이드 쿠틉은 미국에 계속 머물며 박사과정을 밟을 수도 있었지만, 그러지 않고 1951년에 이집트로 귀국했다.

귀국

사이드 쿠틉은 1949년 2월 12일 무슬림형제단의 창립자 이맘 하산 알 반나Imam Hasan al-Banna가 암살당했다는 소식에 미국이 열광하며 기뻐하는 것을 목격한 이후, 무슬림형제단에 대한 호감이 점점 더 커져가고 있었다. 그리고 이집트로 돌아와 영국인 관리 제임스 헤이워스 듄James Heyworth Dunne으로부터 무슬림형제단이 중동의 '서구문명화'를 확립하는 데 유일한 장벽이라는 말을 듣고 난 뒤에 무슬림형제단을 이슬람의 수호자로 보는 그의 인식은 더더욱 강해졌다.

사이드 쿠틉은 미국에서 돌아온 직후 무슬림형제단에 가입했고, 1953년에는 무슬림형제단의 기관지인 《무슬림형제단》의 편집장이 되었다.

1952년 7월 23일, 스스로를 '자유장교단Free Officers'이라 칭하는 일단의 군인들이 일으킨 쿠데타로 이집트 군주제가 무너졌다. 표면상으로 쿠데타를 이끈 인물은 무함마드 나집Muhammade Najib, 흔히 나깁이라 불림 장군이었지만, 배후에서 쿠데타를 지휘한 주역은 가말 압둔 나시르였음이 곧 드러났다. 그리고 혁명위원회Revolutionary Command Council가 주도한 혁명이 지향하는 국가가 이슬람 국가가 아닌 세속 국가라는 것이 명백해지자, 처음에는 혁명을 지지했던 무슬림형제단도 혁명이 일어나고 사흘이 지난 후인 7월 26일에 혁명위원회가 샤리아이슬람법를 이집트의 근간으로 삼아야 한다는 성명을 발표했다.

1954년 7월 19일, 혁명위원회는 영국군을 수에즈 운하에서 철수시키는 대신 운하에서 영국의 상업적 이익을 보장하기 위해 협력하겠다는 내용의 조약을 영국과 체결했다. 무슬림형제단은 즉각적으로 그 조약을 거부했으며, 그것이 이슬람에 대한 '반역'이라고 비난했다.

15년형 선고

혁명위원회는 무슬림형제단의 해산을 선포하고, 사이드 쿠틉을 비롯한 무슬림형제단 지도부와 4,000여 명의 단원들을 체포했다. 지도부 상당수는 종신형을 선고받았다. 순교자 사이드 쿠틉은 체포 당시 고열에 시달리고 있었지만, 보안장교들은 수갑을 채우고 그를 감옥으로 끌고 갔다. 감옥으로 가던 도중 쿠틉은 여러 번 혼절했다. 쿠틉은 몇 시간 동안 감방 안에 사나운 개들과 함께 방치되었고, 그 다음에는 오랜 기간 심문을 받으며 구타당했다. 그의 재판을 맡은 판사는 세 사람으로, 그중 한 사람은 나중에 이집트 대통령이 되는 안와르 사다트였다. 사이드 쿠틉은 법정에서 셔츠를 찢고 고문 자국을 보여주었다. 그는 15년형을 선고받았고, 결국 1965년에 단 8개월간의 짧은 자유를 맛본 것을 제외하고 남은 생을 감옥에서만 보내게 된다.

무슬림형제단 단원들은 심문받는 과정에서 비인간적인 대접을 받고 일상적으로 고문을 당했다. 무슬림형제단의 지도적인 여성단원이었던 자이납 알 가잘리Zainab al-Ghazali는 회고록에서 이렇게 회상했다. "문이 잠기고 전등불이 하나 켜졌다. (…) 방에는 개들이 가득 차 있었다. 몇 마리인지 셀 수도 없이 많았다! 겁을 먹은 나는 눈을 꼭 감고 두 손으로 가슴을 감쌌다. 순식간에 개들은 으르렁대며 내 주위에 몰려들어 내 온몸을 물어뜯었다. (…) 개들의 공세는 가차 없이 계속되어 내 머리와 어깨, 등, 가슴, 그리고 다른 개가 물지 않은 곳이면 어디든 이빨이 파고들었다."

감옥에서의 시련은 오늘날 울라마학자와 두아트소명을 받은 이라면 누구나 겪는, 거의 보편적인 체험이었다. 그들 중 다수는 그것을 고난으로만 받아들이지 않았다. 오히려 과거의 투쟁을 반추하는 속에서 이론과 전략을 검토하고, 계획을 수립하고 재정비하며 통찰력을 깊고 날카롭게 다듬는 시간으로 받아들였다.

옥살이

최근 서구의 작가들은 순교자 사이드 쿠틉을 20세기의 가장 영향력 있는 2대 무슬림 사상가 중 한 명으로 집중 조명하고 있다. 다른 한 명은 마울라나 마우두디Maulana Mawdudi이다. 순교자 사이드 쿠틉은 감옥에서 마울라나 마우두디의 사상을 처음 접하게 되었는데, 특히 이슬람이 완전한 삶의 방식이 되어야 한다는 주장과 땅위에 샤리아를 확립시키는 것이 모든 무슬림의 첫째 의무라는 주장에 깊이 공감하였다.

순교자 사이드 쿠틉은 옥살이를 하면서 쿠란에 대한 주해서인 《쿠란의 그늘에서》를 비롯한 몇 편의 중요한 저작물을 완성할 수 있었다. 쿠틉의 타프시르주해는 언어의 경계를 넘어 현대 최고의 쿠란 타프시르 중 하나라는 찬사를 받고 있으며, 여러 판본으로 거듭 발행되고 있다.

무함마드 쿠틉 교수사이드 쿠틉의 동생이자 오사마 빈 라덴의 스승는 이렇게 적고 있다. "《쿠란의 그늘에서》는 저자사이드 쿠틉의 지성이 한창 무르익은 시절에 수확한 결실인 동시에, 그가 평생 싸워왔고 1966년 순교 때 절정에 이른 그의 성전聖戰을 생생하게 표현한 책이다." 무함마드 쿠틉 교수는 나아가 다음과 같은 사항도 지적한다. 즉, 쿠란을 소극적인 자세로 거리를 두고 읽는다면 쿠란이 의미하는 바와 지향하는 바를 많이 놓치게 되지만, '라 일라하 일랄라알라 외에 다른 신은 없다'를 확립하고자 하는 대의명분에 마음을 맡기고 쿠란을 읽는다면 놓칠 수도 있었던 의미들을 마음을 열고 받아들이게 되며, 이전까지는 전혀 인식하지 못했던 무엇인가의 개입을 이끌어내게 된다는 것이다. 《쿠란의 그늘에서》는 이러한 사실을 증명하는 징표이다.

순교자 사이드 쿠틉은 분명히 자신이 살았던 환경, 매일 투쟁하고 부딪혀 싸워야 했던 환경으로부터 영감을 받았을 것이다. 그는 다음과 같은 말로 《쿠란의 그늘에서》의 서문을 끝맺는다. "쿠란의 그늘 아래에 사는 것은 그것을 경험한 이들만이 완전히 알 수 있는 커다란 축복이다. 그것은 삶에 의미를 주고, 삶을 살아갈 가치가 있는 것으로 만들어주는 풍성한 경험이다."

순교자 사이드 쿠틉은 쿠란의 주해를 쓰는 한편으로 시를 쓰는 데 시간을 바치기도 했다. 그가 쓴 시들 중 가장 유명한 것은 '철창 속에서'라는 제목의 시인데 다음과 같은 구절로 시작된다.

> 형제여, 이 철창 속에서 너는 자유롭구나.
> 형제여, 이 사슬에 묶여 너는 자유롭구나.
> 알라에게 의지한다면
> 그 노예들의 악행 따위 조금도 고통스러울 것 없으니.

자힐리야

사이드 쿠틉을 비롯한 수감자들은 수년 동안 야만적인 처우와 고문에 시달렸으며, 1957년 6월에는 리만 투라 군사감옥에서 무슬림형제단 단원 21명이 학살당하는 사건도 발생했다. 이런 일들을 마주한 쿠틉은 "전례 없이 무자비한 정권이 이집트의 권력을 장악했으며, 이제는 외세 지배 또는 사회 정의 부재 등과 같은 것이 가장 큰 문제가 아니다"라는 결론에 도달할 수밖에 없었다. 이제 당면한 가장 큰 문제는 이슬람에 극도로 적대적인 세력이 권력을 완전히 찬탈했다는 것이며, 그 결과 사회 전반의 삶이 부패와 태만으로 인해 서서히 비非이슬람적인 양상 속으로 빠져 들어가 그 속에 고정되어 버렸다는 것이다.

사이드 쿠틉은 무슬림 세계의 다른 정부들도 다 마찬가지지만 이집트 정부가 신의 가르침에 대해 무지하고 그것을 경시한다는 면에서 이슬람 이전의 아라비아에 비견되며, 따라서 그러한 상태를 '자힐리야Jahiliyyahh'라는 동일한 용어로 칭할 수 있다는 결론을 내렸다. 쿠란에 네 번 언급되는 자힐리야라는 용어는 사이드 쿠틉에게 커다란 의미를 지닌 것으로, 곤경에 빠진 무슬림들의 처절한 심경을 요약해 보여주는 동시에 이슬람 외에는 다른 어떤 것도 받들지 않겠다는 인식론적 장치로서도 기능했다.

사이드 쿠틉은 '이 새로운 자힐리야는 그 역사적 기반이 공고하며, 나아가 현대 독재 국가의 모든 강압적 기구에 의해 육성되고 보호된다. 그러므로 그것은 단기간에 쉽게 개선될 수 없다. 이념적이고 조직적인 작업을 수행하는 장기간의 프로그램이 필요하며, 더불어 헌신적인 이슬람 전위대 양성도 이루어져야 한다. 이 전위대는 극심한 위험의 시기에 이상을 수호할 것이며 (필요하다면 폭력에 의지해서) 이슬람 국가가 자힐리야를 대체하는 과정을 통솔할 것'이라고 보았다.

사이드 쿠틉은 처음에는 동료 수감자 몇 명과 대화를 나누면서 이런 생각들을 발전시켰다. 그리고 이 생각들을 노트에 적은 뒤 감옥 밖으로 몰래 반출시켜 가족 및 가까운 이들이 읽어보도록 했다. 그 노트들이 훗날 쿠틉의 가장 풍성한 사상이 담긴 책《진리를 향한 이정표》의 근간이 되었다. 당시 무슬림형제단의 지도자였던 무르시드 알 후다이비Murshid al-Hudaybi는 이렇게 이야기했다. "위대하신 알라의 은총으로, 나는 이 책《진리를 향한 이정표》을 통해 내가 사이드를 완전히 신뢰하고 있다는 것을 다시금 확인하게 되었다. 알라여 그를 지켜주소서! 신의 뜻으로 사이드는 이제 다와선교를 위한 간절한 희망이 되었다."

《진리를 향한 이정표》는 출판되기 2~3년 전부터 필사본 형태로 지하에서 돌아다니기 시작했고, 카이로에서 출판된 직후 금서가 되었다. 《진리를 향한 이정표》를 소지하고 있다가 적발되면 선동죄로 체포되었다. 《진리를 향한 이정표》의 최종본에는 순교자 사이드 쿠틉이 감옥에서 보낸 편지 몇 통과 《쿠란의 그늘에서》의 핵심 부분도 수록되어 있었다. 따라서 《진리를 향한 이정표》는 사이드 쿠틉이 그간 발전시켜온 주요 사상의 핵심적이고 강력한 요약본이라고 할 수 있었다. 기존 사회·정부·문화의 자힐리야적인 속성. 그리고 이슬람 국가를 수립하기 위해 필요한 장기간의 프로그램.

순교자 사이드 쿠틉은 《진리를 향한 이정표》에 이렇게 적고 있다. "오늘날 인류는 낭떠러지 끝에 서 있다. 원자폭탄 뿐만 아니라 가치관의 부재가 인간성을 위협하고 있다. 서구 세계는 활력을 잃었고 맑스주의는 실패했다. 이 혼란스럽고 중대한 시기, 이제 이슬람의 차례가 왔다. 무슬림공동체의 시대가 도래했다."

지금까지 계속해서 읽히고 재발간되고 있으며 다양한 언어로 번역된 《진리를 향한 이정표》는 누가 뭐라 해도 20세기의 가장 중요한 이슬람 저작물이라 할 수 있다.

석방과 재구속

1964년 12월, 사이드 쿠틉은 석방되었다. 석방 이유는 계속되는 건강 악화와 더불어, 그를 이라크로 초청하고자 한 이라크 대통령 압둘 살람 아리프Abdul Salam Arif의 중재 덕분이라고 이야기되고 있다. 하지만 쿠틉이 일생에서 마지막으로 자유라면 자유를 누렸다고 할 이 시기에 참담한 비난이 가해진 것을 돌이켜보면, 이집트 정부가 그를 재구속해서 완전히 제거하기 위한 구실을 만들어내려는 의도로 석방했다고 보는 것도 가능하다. 쿠틉은 음모를 꾸몄다는 죄를 덮어썼지만, 사실 그 자신이야말로 음모의 희생양이었던 것이다.

1965년 8월 5일, 사이드 쿠틉은 재구속되었다. 2주 후에는 쿠틉의 누이 아미나와 하미다 역시 무슬림형제단 지도부의 여성단원 자이납 알 가잘리와 함께 구속되었다. 사이드 쿠틉의 죄목은 '국가전복기도 및 선동죄'였다. 국가전복기도라는 혐의는 쿠틉이 1959년에 무르시드 알 후다이비로부터 이집트의 여러 감옥 및 정치범수용소에서 무슬림형제단을 조직할 책임을 위임받은 적이 있다는 단 한 가지 사실에 기초하고 있었다. '탄짐'이라는 이름의 그 조직은 외부의 서클들과 연결되어 있으며, 그 서클들은 쿠틉이 감옥에서 쓴 편지를 함께 공부하면서 이집트 정부를 폭력적 방식으로 전복하겠다는 목표를 갖고 있다는 것이었다. 하지만 사이드 쿠틉이나 그와 연결된 그룹이 무장폭동을 계획하고 있었다는 증거는 법정에 전혀 제출된 것이 없었고, 오히려 두 번이나 무슬림형제단 단원들이 그런 행동을 시도하려고 했을 때 사이드 쿠틉이 나서서 그들을 말렸다는 사실이 밝혀졌다. 쿠틉이 그들을 말렸던 까닭은, 필요한 변화는 본질적으로 대중행동을 통해 이루어져야 하기 때문이었다.

검찰은 두 번째 혐의인 선동죄의 증거로 《진리를 향한 이정표》를 강력하게 내세웠다. 이 책은 이미 폭넓은 계층에 호소력을 갖고 있음이 증명되었으며 장기간의 혁명적 전망에 대한 함의도 품고 있었다. 따라서 《진리를 향한 이정표》는 이집트 정부에게 가장 커다란 골칫거리였을 것이며, 검찰의 태도는 그러한 사실을 명백히 드러낸 셈이었다. 그리하여 1966년 5월 17일, 법정은 사이드 쿠틉에게 사형선고를 내렸다. 알 후다이비를 비롯한 무슬림형제단의 주요 단원 6명도 함께 사형선고를 받았다.

사이드 쿠틉은 사형선고를 받으며 이렇게 말했다. "알함두릴라모든 찬양을 알라에게 돌리라! 나는 15년간 지하드를 수행하여 마침내 샤하다순교를 얻었다."

사형선고

사이드 쿠틉은 사형선고가 내려지기 전에 이미 자신의 최후를 예견했으며, 형을 기꺼이 받아들이고 최후의 순간이 올 때까지 자신의 태도를 바꾸려는 그 어떤 시도도 하지 않았다. 왜냐하면 바로 이 죽음을 계기로 자신이 지금까지 했던 말들이 진정으로 대중에게 영향을 끼치게 될 것이라는 것을 느꼈기 때문이다. 그래서 그는 다음과 같이 썼다. "사실 우리의 말이란 생명력도 열정도 없이 시들어 있는 것에 지나지 않는다. 하지만 그 말의 결과로 우리가 목숨을 잃게 된다면, 바로 그 순간부터 우리의 말은 갑자기 생명을 얻어 죽어 있는 마음들 사이에서 살아가게 되며, 나아가 그 죽어 있는 마음들까지 다시 살려내게 된다." 그리고 쿠틉은 동료 수감자들에게 이런 말을 하곤 했다. "형제들이여 그대로 나아가라, 우리의 길이란 피에 젖어있는 것. 고개를 왼쪽으로도 오른쪽으로도 돌리지 말고, 오직 하늘만을 올려다보라."

저널리스트 마흐무드 알 라카비Mahmud ar-Rakaabi는 순교자 사이드 쿠틉이 투옥되기 전 그의 집에서 두 사람이 나눴던 이상한 토론에 대해 다음과 같이 이야기했다. "내가 선생님께 말씀드렸다. '건강하시니 알라께 찬양을 드립니다. 알라의 뜻이 어떠하든, 이렇게 건강하시니 이제 필요하신 건 신부인가요?' 그러자 사이드 선생님은 크게 웃더니 이렇게 말씀하셨다. '어떤 신부를 말씀하시는 건가요? 이 세상에서의 신부요, 아니면 내세에서의 신부요?' 나는 '우리는 그 둘 다를 얻을 수 있도록 창조되었지요'라고 대답했다. 그렇게 같이 이야기를 나누던 중, 선생님께서 갑자기 이런 질문을 하셨다. '꿈을 해석할 줄 아시나요? 어젯밤에 꿈을 꿨는데 붉은 뱀 한 마리가 내 몸을 칭칭 감더니 나를 힘껏 죄는 겁니다. 그 순간 잠을 깼는데 다시 잠들 수가 없었어요.' 나는 이렇게 답했다. '선생님! 그건 선물을 의미합니다. 신도들 가운데 한 사람이 붉은 리본으로 선물을 칭칭 감아서 선생님께 바친다는 거지요. 괜찮으시다면 제가 지금 그렇게 선물을 해드릴 테니 그걸 받으시고 다시 푹 주무십시오.' 그러자 선생님께서 말씀하셨다. '오히려 내가 신도들에게 바쳐지는 선물이라고 해석할 수는 없을까요?' 나는 대답했다. '정의로운 것은 존재하는 게 이슬람 선교에 더 이익이 되지 않을까요?' 선생님께서 대답하셨다. '항상 그렇지는 않습니다. 사실 어떤 때에는 정의로운 것이 떠나주는 게 더 이익이 될 때도 있지요! 비록 내가 스스로를 죽음에 몰아넣고자 하는 뜻은 없더라도, 굳건한 태도를 지키고자 하는 뜻은 품고 있어야 합니다. 그러한 굳건한 태도가 죽음을 불러올 것이라는 사실을 알고 있다 할지라도요.' 그래서 나는 이렇게 말씀드렸다. '아, 선생님! 그렇게 비관적으로 말씀하지 마십시오. 사람은 어느 쪽에도 치우치지 않고 중도를 걸어야 합니다.' 그랬더니 선생님께서는 '나중에 내 말 뜻을 알게 될 겁니다'라고 말씀하셨다."

순교자 사이드 쿠틉은 많은 제안을 받았다. 제안의 목적은 쿠틉이 자신의 사상을 포기하고 무슬림형제단과 절연하겠다는 선언을 하도록 만드는 것이었다. 압둔 나시르 대통령에게 용서를 구하는 글을 단 한 문장만 쓴다면 사형선고는 경감되어 감옥에서 석방되고, 세상이 그의 앞에 열려 그는 정부 요직에서부터 가늠할 수 없는 부유함까지 원하는 것을 마음껏 가질 수 있게 될 터였다. 하지만 순교자 사이드 쿠틉은 사형선고에서 벗어나기 위해 자신의 믿음을 저버리는 짓은 어떤 것도 하려 들지 않았다.

그런 식의 거래에 대한 시도는 쿠틉 인생의 마지막 밤까지 계속되었다. 사형 집행 전날 밤, 이집트 정부는 누이인 하미다를 이용해 쿠틉에게 압박감을 줘 제안을 받아들이게 하고자 했다. 하미다는 그날 밤을 이렇게 회상했다. "감옥의 관리 함자 알 바시유니Hamzah al-Basyuni가 나를 사무실로 부르더니 서명이 된 사형 집행 문서를 보여주었다. 그러고는 만약 오빠가 정부 요청에 응한다면 정부는 당장 사면시켜줄 것이라고 말했다. 그의 말은 이랬다. '당신 오빠의 죽음은 당신만의 손실이 아니라 이집트 전체의 손실이오. 나는 몇 시간 후면 이 사람을 잃게 된다는 사실을 상상조차 할 수가 없소. 우리는 어떤 방법, 어떤 수단을 써서라도 당신 오빠를 살리고 싶소. 단지 당신 오빠가 몇 마디만 해준다면 이 사형 집행을 중지할 수 있을 텐데, 당신 오빠를 설득할 수 있는 힘을 가진 사람은 당신밖에 없소. 당신만이 이 말을 당신 오빠에게 할 수가 있소. 원래 이 말은 내가 가서 해야 할 말이지만, 당신이 가서 하는 게 가장 효과가 있을 거요. 그냥 당신 오빠가 몇 마디만 해주면 돼. 그걸로 얘기는 끝나는 거요. 이 운동무슬림형제단 뒤에는 이러저러한 커넥션이 있다는 말만 해주면 당신이고 당신 오빠고 다 해결되는 거요. 당신 오빠는 건강상의 이유로 사면되는 거요!'

나는 이렇게 말했다. '하지만 이 운동 뒤에 아무 커넥션도 없다는 건 압둔 나시르도 잘 알고 있잖아요.' 함자 알 바시유니가 대답했다. '이집트에서 아무 커넥션 없이 오직 아키다믿음만을 위해 운동하고 있는 사람들은 당신들밖에 없다는 건 나도 알고 우리 모두가 다 알고 있소. 당신들이 우리나라에서 제일 훌륭한 사람들이라는 걸 우리는 잘 알고 있소. 하지만 어쨌든 사이드 쿠틉이 사형당하는 걸 막고 싶어서 이러는 거요.' 그리고 그는 사프와트 알 루비Safwat ar-Rubi를 향해 말했다. '사프와트, 이분을 안내해 드려.'

그래서 나는 오빠에게 가서 그들이 원하는 바를 이야기해주었다. 오빠는 내 얼굴을 물끄러미 쳐다보며 내 표정을 읽어내려 했다. 마치 이렇게 말하고 있는 듯했다. '이걸 요구하는 게 너냐, 그들이냐?' 나는 이걸 요구하는 게 그들이라는 걸 몸짓으로 전하려고 했다. 그러자 오빠는 나를 보며 말했다. '알라의 이름으로! 만약 그 말이 진실이었다면 내가 이미 그 말을 분명히 했었겠지! 이 땅 위의 어떤 힘도 내가 그 말을 하지 못하도록 막지 못했을 것이다. 그런

데 나는 그 말을 한 적이 없다. 나는 결코 거짓말을 하지 않으니까.' 사프와트가 오빠에게 물었다. '그게 선생 대답이오?' 오빠는 대답했다. '그렇소!' 그러자 사프와트는 우리를 남겨두고 나가며 말했다. '아무튼, 두 분 잠깐 같이 앉아계시오.'

그래서 나는 오빠에게 자초지종을 이야기했다. '함자 알 바시유니가 저를 불러서 사형 집행 문서를 보여주고는, 오빠에게 그런 말을 해달라고 했어요.' 오빠가 물었다. '이런 일을 하니 기분이 좋으냐?' 나는 답했다. '아뇨.' 그러자 오빠는 '그들에겐 해를 끼칠 힘도, 이익을 줄 힘도 없다. 실로 사람의 일생은 알라의 손안에 있을 뿐이다. 그들은 사람의 수명을 늘릴 수도, 줄일 수도 없어. 그 모든 건 알라의 손에 달려 있기 때문이지. 알라만이 인간의 일을 두루 관장하신다'라고 말했다."

순교자 사이드 쿠틉은 자신의 태도를 흔들고 아키다_믿음_를 포기하게 하려는 온갖 제안과 설득을 거부하면서 많은 말을 남겼다. 동료 수감자 중 한 명이 그에게 물었다. "법정에서는 조금이라도 꼬투리를 잡으려고 눈에 불을 켜고 달려드는데 선생님께서는 속마음을 어찌 그리 다 털어놓으셨습니까?" 쿠틉이 대답했다. "아키다에는 감추는 것이 허용되지 않기 때문이지. 그리고 종교에서는 지도자라면 더더욱 정상참작을 받을 수 없다."

사이드 쿠틉의 가장 신랄한 발언 중 하나는 압둔 나시르에게 용서를 구하는 말을 몇 자 적을 것을 요구받았을 때 나온 것이었다. 쿠틉은 이렇게 말했다. "진정으로 말하건대, 기도할 때 알라의 유일함을 증언하는 내 검지가 타구트_폭군_의 통치를 지지하는 글을 쓰려니 어찌나 완강히 거부하는지 단 한 글자도 쓰지 못하겠구나." 그리고 이렇게 말하기도 했다. "내가 왜 그의 용서를 구해야 하는가? 만약 내가 옥살이를 하는 것이 정당한 거라면, 나는 정당한 판결을 받아들인다. 만약 이 옥살이가 정당하지 않은 것이라 해도 거짓으로 용서를 구하는 것보다는 옥살이를 하는 것이 더 참된 일이 아니겠는가."

순교

일반적으로 죄수들은 자신의 사형 집행 날짜를 사전에 고지받지 못한다. 그래서 사이드 쿠틉도 사형 집행 날짜를 미리 알지 못했다. 사형 집행 당일, 군 장교가 사이드 쿠틉의 방에 들어와 감방을 교체하라는 명령이 내려왔다고 말했다. 하지만 사이드 쿠틉은 이것이 단순한 방 교체가 아니라는 것을 알고 이렇게 말했다. "나를 어디로 데려가는지 알고 있다. 꿈에 선지자 무함마드가 나타나 (오늘이라고) 말씀해주셨다. 그러니 나를 데리고 가라."

파이잘 왕과 이븐 바즈를 비롯한 정치가들과 학자들이 그를 살려내기 위해 많은 노력을 기울였지만 1966년 8월 29일, 순교자 사이드 쿠틉은 두 명의 동료 무함마드 유수프 아우와쉬Muhammad Yusuf Awwash와 압둘 파타흐 이스마일Abdul Fattah Isma'il과 함께 황급히 교수형에 처해졌다.

자이납 알 가잘리는 감방에서 사이드 쿠틉의 누이 하미다와 함께 쿠틉의 사형 집행 소식을 들었던 순간을 이렇게 회상했다. "우리는 사이드 쿠틉과 다른 두 사람의 사형이 집행되었다는 소식을 전해 들었다. 그 소식은 우리 가슴을 엄청난 무게로 짓눌렀다. 사형당한 이들 모두가 소중한, 훌륭한 무자히드신성한 무슬림 전사였기 때문이다. 사이드의 누이를 어떻게 위로해주어야 할까? (…) 그 전에, 이 모든 재앙 속에서 나 자신을 어떻게 위로할 것이며 나 자신이 어떻게 위안을 찾아야 할까? (…) 너무도 커다란 상실감. 사이드 쿠틉은 쿠란의 무팟시르해석자이자 이슬람의 다이였으며, 생각이 깊고 언변이 뛰어나며 명확하고 힘 있는 주장을 펼친 현인이었다. 자신의 종교에 대한 신념을 잃지 않고 알라의 승리를 자신하던 사람이었다. (…) 그런 일 앞에서 말은 아무런 위로가 되지 못한다!《진리를 향한 이정표》를 읽어보라, 그러면 사이드가 왜 처형되었는지 알 수 있을 것이다! 사이드 쿠틉은 두 개의 초강대국 땅에서 이슬람이 다시 일어설 것이라고 예측하기까지 했다. 즉, 언젠가 이 초강대국들이 최후를 맞이하고 자힐리야의 혼란을 일소하기 위해 이슬람의 통치가 수립된다는 것이다. 사실 이슬람이 부상한다는 것은 곧 이 세상을 지배할 권리를 가진 유일한 합법적인 권력이 수립된다는 것을 뜻한다."

　순교자 사이드 쿠틉의 사형이 집행되었던 날 밤, 자이납 알 가잘리는 꿈에서 사이드 쿠틉을 보았다. 쿠틉은 자이납에게 "나는 그들과 함께 있는 게 아니라, 선지자들과 함께 메디나Madina에 있다는 걸 알고 있으라"라고 말했다. 다음 날 자이납은 또 다른 꿈을 꾸었다. 파즈르새벽 기도를 마친 후 마침기도를 읽다가 깜박 잠이 들었는데, 어떤 목소리가 들렸다. "사이드는 가장 높은 (잔나트) 피르

두스천국에서 가장 높은 곳에 있다." 잠을 깬 자이납이 하미다에게 그 이야기를 그대로 전했더니 하미다는 울면서 이렇게 말했다고 한다. "알라께서 우리를 돌보아주시는 것도, 신의 뜻대로 오빠가 가장 높은 피르두스에 있는 것도 틀림없는 일이에요. 그 꿈들은 높고 고귀하신 알라께서 힘을 주시고 위안을 주시는 거예요."

나시르 정권은 '사이드 쿠틉과 그 동료들에 대한 사형 집행으로 이슬람 운동이 치명타를 입었을 것'으로 생각했다. 하지만 겉으로는 잠잠해 보이는 표면 아래에서는 사이드 쿠틉의 사상이 개개인들과 직접적인 상호작용을 일으키고 있었고, 현대 이집트 이슬람 지하드 운동의 핵이 형성되고 있었다.

순교자 사이드 쿠틉의 유산

그토록 훌륭한 이슬람의 아들이 무슬림 국가에서 그런 박해와 모멸을 받았다는 것은 무슬림 세계의 정권들이 어디까지 타락했는지를 보여주는 징표라고 할 수 있다. 어쩌면 1년 뒤인 1967년 6월의 '6일 전쟁'에서 나시르 군대가 시오니스트 세력의 손에 그토록 수치스러운 패배를 당했던 것도 그러한 타락에 일부 원인이 있었다고 볼 수 있다.

쿠틉 사상에 대한 이집트의 중추적인 이론가 아이만 알 자와히리Ayman al-Zawahiri, 오사마 빈 라덴과 함께 알 카에다를 창설한 이슬람 원리주의 지도자 박사는 이렇게 적고 있다. "사이드 쿠틉은 이슬람에서 타우히드유일신 사상의 중요성을 강조했고, 그래서 타우히드와 그 적들과의 싸움에서 핵심에 놓인 것은 신의 유일성 문제에 대한 이념적 분쟁이다. 그것은 곧 누구에게 권력이 있느냐 하는 문제가 된다. 즉, 신과 신의 샤리아에 권력이 있느냐, 아니면 사람이 만든 물질주의적 법에 권력이 있느냐의 문제이다. 비록 쿠틉이 나시르 정권에게 억압받고 그 사상도 곡해되긴 했지만 (…) 젊은 무슬림들에게 끼친 영향은 독보적인 것이었다. 쿠틉의 메시지는 신은 유일하다는 것과 신적인 길이 가장 우위에 있다는 것을 믿는 것이었고, 그 메시지는 지금도 유효하다. 이 메시지는 국내에서, 그리고 외국에서 이슬람의 적들에게 대항하는 이슬람 혁명의 불길을 더욱 거세게 지펴 올렸다. 쿠틉의 혁명은 나날이 새로워지고 있다."

이집트 내부적으로 보면, 순교자 사이드 쿠틉의 유산에 힘입어 압드 알 살람 파라즈Abd al-Salam Faraj와 같이 샤리아를 요구하는 새로운 세대의 무슬림 활동가들이 부상했다. 압드 알 살람 파라즈가 쓴 《간과한 의무》는 안와르 사다트 암살범들의 행동을 이끌어낸 책으로 알려져 있고, 그들의 정신적 스승으로 여겨지며 현재 의심스러운 죄목으로 미국에서 투옥 중인 샤이크 우마르 압둘 라흐만Shaykh Umar Abdul Rahman 역시 《간과한 의무》를 읽고 큰 영향을 받았다고 한다.

순교자 사이드 쿠틉이 통찰한 것 중 많은 것은 오랜 세월이 지나도 그 생명력을 유지하고 있다. 그는 서구 문화의 핵심에 치명적인 십자군 정신이 아직도 남아 있다고 주장했다. 이제는 기독교에 대한 적극적인 충성 의식이 비교적 낮아졌음에도 불구하고, 보스니아·체첸·팔레스타인·아프가니스탄·이라크 등에 대한 대량 학살

공격을 보면 슬프지만 그의 주장이 틀린 것이 아님을 확인할 수가 있다. 그리고 세계 전역에서 무슬림 활동가 수만 명이 무고하게 투옥되어 있다는 사실은 서구 세계에 대한 (그들이 무슬림 세계를 증오한다는) 쿠틉의 분석을 다시금 각인시켜 준다.

사이드 쿠틉은 죽음으로써 '순교라는 이슬람의 지고한 영예'를 얻게 되었고, 아직도 그를 기억하는 무수한 숭배자들의 가슴에 깊은 열정을 솟구치게 만든다. 그가 쓴 책들은 사실상 무슬림들이 사용하는 모든 언어로 번역되었고, 여전히 커다란 영향력을 발휘하고 있다. 그의 영향력은 수니파 지역에만 머물지 않았으며, 이란 이슬람 공화국의 '라흐바르정치 분야 최고지도자'인 아야톨라 알리 카메네이 Ayatullah Seyyed Ali Khamenei가 쿠틉의 주요 책들을 페르시아어로 직접 번역하기도 했다.

순교자 사이드 쿠틉은 타우히드알라의 유일성와 하키미야알라의 통치라는 기본 사상을 명확하게 규정한 유산을 남겼기에, 인간성 구원의 유일한 희망으로서 역사에 남을 것이다. 순교자 사이드 쿠틉은 처형당하던 순간 미소를 띠고 있었다. 그 미소는 곧 자신의 아름다운 삶이 잔나천국로 들어갈 것이라는 확신을 보여주는 미소였다. 그가 당연히 누릴 자격이 있었던 그 아름다운 삶이!

| 사이드 쿠틉 저작 목록

문학작품

Mahammat al-Sha'ir fi'l-Hayah wa Shi'r al-Jil al-Hadir (The Task of the Poet in Life and the Poetry of the Contemporary Generation), 1933.

al-Shati al-Majhul (The Unknown Beach), 1935.

Naqd Kitab: Mustaqbal al-Thaqafa fi Misr (Critique of a Book by Taha Husain: the Future of Culture in Egypt), 1939.

Al-Taswir al-Fanni fi'l-Qur'an (Artistic Imagery in the Qur'an), 1945.

Al-Atyaf al-Arba'a (The Four Apparitions), 1945.

Tifl min al-Qarya (A Child from the Village), 1946.

Al-Madina al-Mashura (The Enchanted City), 1946.

Kutub wa Shakhsiyyat (Books and Personalities), 1946.

Askwak (Thorns), 1947.

Mashahid al-Qiyama fi'l-Qur'an (Aspects of Resurrection in the Qur'an), 1946.

Al-Naqd al-Adabi: Usuluhu wa Manahijuhu (Literary Criticism: Its Foundation and Methods), 1948.

이론서

Al-Adalah al-Ijtima'iyyah fi al-Islam (Social Justice in Islam), 1949.

Ma'arakat al-Islam wa-l-Ra'smaliyyah (The Battle Between Islam and Capitalism), 1951.

Al-Salam al-'Alami wa-l-Islam (World Peace and Islam), 1951.

Fi Zilal al-Qur'an (In the Shade of the Qur'an), first installment 1954~1965.

Dirasat Islamiyya (Islamic Studies), 1953.

Hādha al-Din (This Religion is Islam), n.d. (after 1955).

Al-Mustaqbal li-hādha al-Din (The Future of This Religion), n.d. (after 1956).

Khasa'is al-Tasawwur al-Islami wa Muqawamatuhu (The Characteristics and Values of Islamic Conduct), 1960.

Al-Islam wa Mushkilat al-Hadarah (Islam and the Problems of Civilization), n.d. (after 1960).

Ma'ālim fīat-Tarīq (Signposts on the Road, or Milestones), 1964 [1] (Reviewed by Yvonne Ridley).